Hyperkinetische Störungen

Leitfaden
Kinder- und Jugendpsychotherapie

herausgegeben von

Prof. Dr. Manfred Döpfner, Prof. Dr. Gerd Lehmkuhl
Prof. Dr. Franz Petermann

Band 1

Hyperkinetische Störungen

von

Manfred Döpfner, Jan Frölich
und Gerd Lehmkuhl

Hogrefe · Verlag für Psychologie
Göttingen · Bern · Toronto · Seattle

Hyperkinetische Störungen

von

Manfred Döpfner, Jan Frölich
und Gerd Lehmkuhl

Hogrefe · Verlag für Psychologie
Göttingen · Bern · Toronto · Seattle

Prof. Dr. sc. hum., Dipl.-Psych. Manfred Döpfner, geb. 1955. Seit 1989 Leitender Psychologe an der Klinik und Poliklinik für Psychiatrie und Psychotherapie des Kindes- und Jugendalters der Universität zu Köln und dort seit 1999 Professor für Psychotherapie in der Kinder- und Jugendpsychiatrie.

Dr. med., Dr. päd., Dipl.-Päd. Jan Frölich, geb. 1963. Seit 1995 Wissenschaftlicher Mitarbeiter an der Klinik und Poliklinik für Psychiatrie und Psychotherapie des Kindes- und Jugendalters der Universität zu Köln und seit 1998 Oberarzt in der Kinderklinik Köln Porz.

Prof. Dr. med., Dipl.-Psych. Gerd Lehmkuhl, geb. 1948. Seit 1988 Professor für Kinder- und Jugendpsychiatrie und Direktor der Klinik und Poliklinik für Psychiatrie und Psychotherapie des Kindes- und Jugendalters der Universität zu Köln.

Die Deutsche Bibliothek – CIP-Einheitsaufnahme

Ein Titeldatensatz für diese Publikation ist bei Der Deutschen Bibliothek erhältlich.

Rohnsweg 25, D-37085 Göttingen

http://www.hogrefe.de
Aktuelle Informationen • Weitere Titel zum Thema • Ergänzende Materialien

Abbildungen: Klaus Gehrmann, Koblenz
Satz: Beate Hautsch, Göttingen
Druck: Schlütersche GmbH & Co. KG
Verlag und Druckerei, Hans-Böckler-Allee 7, 30173 Hannover
Printed in Germany
Auf säurefreiem Papier gedruckt

ISBN 3-8017-1354-7

Zielsetzung der Reihe „Leitfaden Kinder- und Jugendpsychotherapie“

Die Reihe Leitfaden *Kinder- und Jugendpsychotherapie* vermittelt die allgemein akzeptierten Standards in der Diagnostik und Therapie psychischer Störungen im Kindes- und Jugendalter und gibt dem Leser Hilfsmittel zur Umsetzung dieser Standards an die Hand. Sie basiert auf dem aktuellen Stand der empirisch gesicherten Erkenntnisse und den Erfahrungen aus der klinischen Praxis. Um diesen Anspruch erfüllen zu können, werden auf entsprechende Veröffentlichungen nationaler und internationaler Fachorganisationen, beispielsweise der American Academy of Child and Adolescent Psychiatry oder der Deutschen Gesellschaft für Kinder- und Jugendpsychiatrie und Psychotherapie sowie von international anerkannten Arbeitsgruppen und einzelnen Experten zurückgegriffen. Die Reihe leistet damit einen Beitrag zur Qualitätssicherung in der Diagnostik und Therapie psychischer Störungen im Kindes- und Jugendalter.

Diese Buchreihe ist weder spezifischen Therapieschulen noch einzelnen Berufsgruppen verpflichtet. Für die meisten Störungsbilder im Kindes- und Jugendalter kristallisiert sich die Notwendigkeit eines *multimodalen Ansatzes* sowohl in der Diagnostik als auch in der Therapie heraus. Bei den einzelnen Störungsbildern werden in der Diagnostik und in der Therapie verschiedene Methoden und Ansätze unterschiedlich gewichtet. Kognitiv-behaviorale Interventionen stellen für die meisten Störungsbilder den Schwerpunkt der psychologischen Therapieverfahren dar.

Das Konzept der multimodalen Therapie psychischer Störungen im Kindes- und Jugendalter bezieht sich erstens auf unterschiedliche psychotherapeutische Ansätze und Methoden. Eine multimodale Psychotherapie integriert Einzeltherapie, Interventionen in der Familie und in der Schule, Gruppentherapie sowie kognitive, einsichtsorientierte und verhaltensorienterte Interventionen. Die multimodale Therapie bezieht aber auch explizit sowohl die pharmakologische Behandlung als auch andere therapeutische Ansätze (z.B. Ergotherapie, Mototherapie) sowie pädagogische Zugänge (Heil-, Sonder-, Freizeitpädagogik) und allgemeine psychosoziale Interventionen (z.B. Selbsthilfegruppen, Maßnahmen der Jugendhilfe) mit ein.

Jeder Band der Reihe wird durch einen *Ratgeber* ergänzt, der sich an Jugendliche, Eltern, Erzieher und Lehrer richtet und Bezugspersonen dazu anleitet, mit jüngeren Kindern über die Problematik zu sprechen. Der Ratgeber gibt Informationen über das jeweilige Störungsbild, sowie seine Ursachen, den Verlauf und die Behandlungsmöglichkeiten. Den Bezugspersonen werden konkrete Ratschläge zum Umgang mit der Problematik in der Familie, im Kindergarten und in der Schule gegeben und Jugendliche erhalten Tips zur Selbsthilfe.

Die Herausgeber der Reihe

Manfred Döpfner, Gerd Lehmkuhl und Franz Petermann

Einleitung: Grundlagen und Aufbau des Buches

Hyperkinetische Störungen gehören zu den häufigsten psychischen Störungen im Kindesalter, ihr Verlauf ist häufig chronisch und eine langfristige Therapie und Begleitung der Kinder ist meist indiziert.

Der vorliegende Leitfaden ist das Ergebnis einer langjährigen wissenschaftlichen und praktischen Arbeit mit diesem Thema an der Klinik und Poliklinik für Psychiatrie und Psychotherapie des Kindes- und Jugendalters der Universität zu Köln. Er basiert auf den Leitlinien zur Diagnose und Behandlung hyperkinetischer Störungen bzw. von Aufmerksamkeitsdefizit/Hyperaktivitätsstörungen deutscher und internationaler Fachgesellschaften und Arbeitsgruppen, im einzelnen auf:

- den Practice Parameters for Assessment and Treatment of Children, Adolescents and Adults with Attention-Deficit/Hyperactivity Disorder (American Academy of Child and Adolescent Psychiatry, 1997) bzw. den Vorversionen dieser Practice Parameters (American Academy of Child and Adolescent Psychiatry, 1991; siehe auch Döpfner & Lehmkuhl, 1993);
- den Clinical Guidelines for Hyperkinetic Disorder der europäischen Arbeitsgruppe um Taylor (1998);
- den Leitlinien zur Diagnose und Behandlung hyperkinetischer Störungen, die die Deutsche Gesellschaft für Kinder- und Jugendpsychiatrie und -psychotherapie zusammen mit den Kinder- und Jugendpsychiatrischen Berufsverbänden (2000) herausgegeben hat.

Der Leitfaden unterteilt sich in insgesamt *fünf Kapitel:*

1 Im ersten Teil des Buches wird der *Stand der Forschung* hinsichtlich der Symptomatik, der Komorbidität, der Pathogenese, dem Verlauf und der Therapie in den für die Formulierung der Leitlinien relevanten Aspekten zusammenfassend dargestellt.

2 Im zweiten Teil werden die *Leitlinien* zu folgenden Bereichen formuliert und ihre Umsetzung in die klinische Praxis dargestellt:

- Diagnostik und Verlaufskontrolle
- Behandlungsindikationen
- Therapie

3 Im dritten Kapitel sind *Verfahren* kurz und prägnant beschrieben, die für die Diagnostik, die Verlaufskontrolle und die Behandlung eingesetzt werden können.

4 Das vierte Kapitel enthält *Materialien* zur Diagnostik und Verlaufskontrolle, zur Elternberatung und zur medikamentösen Therapie und erleichtert damit die Umsetzung der Leitlinien in die konkrete klinische Praxis.

5 Im fünften Kapitel wird anhand eines Fallbeispieles die Umsetzung der Leitlinien in die klinische Praxis abschließend illustriert. Die Darstellung orientiert sich an den Gliederungspunkten für Psychotherapie im Rahmen der gesetzlichen Krankenversorgung.

Den Kern dieses Buches bilden die in Kapitel 2 dargestellten insgesamt 14 Leitlinien zur Diagnostik, Verlaufskontrolle und Behandlung hyperkinetischer Störungen.

Übersicht über die Leitlinien zur Diagnostik, Verlaufskontrolle und Behandlung hyperkinetischer Störungen

L1	Exploration der Eltern, des Kindes/Jugendlichen und der Erzieher/Lehrer
L2	Durchführung der Exploration von Kindern und Jugendlichen mit hyperkinetischer Störung
L3	Standardisierte Fragebögen für Eltern, für das Kind/den Jugendlichen und für Erzieher/Lehrer
L4	Testpsychologische Untersuchung
L5	Körperliche Untersuchung
L6	Verlaufskontrolle
L7	Indikationen für eine stationäre oder teilstationäre Therapie
L8	Indikationen für eine multimodale Behandlung bei Schulkindern und Jugendlichen
L9	Besonderheiten in der multimodalen Behandlung von Kindern im Kindergarten- und Vorschulalter
L10	Beratung der Eltern, der Erzieher/Lehrer und des Kindes/Jugendlichen (Psychoedukation)
L11	Elterntraining und Interventionen in der Familien
L12	Interventionen im Kindergarten/in der Schule
L13	Kognitive Verhaltenstherapie des Kindes/Jugendlichen
L14	Medikamentöse Behandlung

Die Umsetzung dieser Leitlinien wird in Kapitel 2 beschrieben. Die Darstellungen von Verfahren und Materialien zur Diagnostik, Verlaufskontrolle und Behandlung in den beiden folgenden Kapiteln ergänzt die Leitlinien und erleichtert ihre Umsetzung.

Außerdem wird dieser Band durch einen kompakten Ratgeber *Hyperkinetische Störungen* (Döpfner, Frölich & Lehmkuhl, 2000) ergänzt, der Informationen für Betroffene, Eltern, Lehrer und Erzieher enthält. Der Ratgeber informiert über die Symptomatik, die Ursachen, den Verlauf und die Behandlungsmöglichkeiten bei hyperkinetischen Störungen. Die Eltern, Lehrer und Erzieher erhalten konkrete Ratschläge zum Umgang mit der Problematik in der Familie, in der Schule und im Kindergarten und Jugendlichen werden Tips zur Selbsthilfe gegeben.

Inhaltsverzeichnis

1 Stand der Forschung

1.1 Symptomatik

Hyperkinetische Störungen stellen zusammen mit den aggressiven Verhaltensstörungen (Störungen des Sozialverhaltens) die häufigsten psychischen Störungen im Kindesalter dar. Sie sind durch eine Beeinträchtigung der Aufmerksamkeit (Aufmerksamkeitsstörung, Ablenkbarkeit), der Impulskontrolle (Impulsivität) und der Aktivität (Hyperaktivität) gekennzeichnet. Diese Auffälligkeiten treten bereits vor dem Alter von sechs Jahren auf und sind in mehreren Situationen und Lebensbereichen nachweisbar – in der Familie, im Kindergarten, in der Schule oder auch in der Untersuchungssituation (vgl. Barkley, 1998; Döpfner et al., 1998a). Tabelle 1 zeigt die Kriterien für die Diagnose dieser Störung, wie sie in den beiden derzeit gültigen internationalen Klassifikationssystemen, dem ICD-10 (Dilling et al., 1991; 1994) und dem DSM-IV (Saß et al., 1996) definiert werden. Die Störungen der Aufmerksamkeit, der Aktivität und der Impulskontrolle müssen über einen Zeitraum von mindestens sechs Monaten in einem Ausmaß vorhanden sein, das zu einer Fehlanpassung führt und das dem Entwicklungsstand des Kindes nicht angemessenen ist.

Kernsymptome: Aufmerksamkeitsstörung, Hyperaktivität, Impulsivität

Obwohl beide Klassifikationssysteme voraussetzen, daß die hyperkinetischen Symptome in mehreren Lebensbereichen auftreten, können die Auffälligkeiten in den verschiedenen Lebensbereichen unterschiedlich stark ausgeprägt sein. Typischerweise treten die Symptome stärker in solchen Situationen auf, in denen von den Kindern oder Jugendlichen eine längere Aufmerksamkeitsspanne vorausgesetzt wird, beispielsweise im Unterricht, bei den Hausaufgaben oder beim Essen. Anzeichen der Störung können in sehr geringem Maße oder gar nicht auftreten, wenn sich das Kind in einer neuen Umgebung befindet, wenn es nur mit einem Gegenüber konfrontiert ist oder wenn es sich einer Lieblingsaktivität widmet, selbst wenn diese in vermehrtem Maße Aufmerksamkeit erfordert (z. B. beim Computerspiel). Das Fehlen von Symptomen in der Untersuchungssituation ist daher auch kein eindeutiger Hinweis darauf, daß die Störung nicht vorliegt.

situationsspezifische Variationen

Beide Diagnosesysteme unterscheiden sich zwar nur unwesentlich in der Definition der einzelnen Kriterien, wohl aber in der Bestimmung der Anzahl und der Kombination dieser Kriterien, die für die Diagnose einer hyperkinetischen Störung vorliegen müssen. Wie Abbildung 1 zeigt, fordert das ICD-10, daß sowohl Störungen der Aufmerksamkeit als auch Störungen der Impulskontrolle und Störungen der Aktivität für die Diagnose einer *Störung von Aktivität und Aufmerksamkeit* (F90.0) vorhanden sein müssen. Sind zusätzlich die Kriterien einer Störung des Sozialverhaltens erfüllt, dann wird eine *Hyperkinetische Störung des Sozialverhaltens* (F90.1) diagnostiziert.

Tabelle 1: Symptomkriterien der hyperkinetischen Störung nach ICD-10 (Forschungskriterien) und der Aufmerksamkeitsdefizit-/Hyperaktivitätsstörung nach DSM-IV

A) Unaufmerksamkeit

1. Beachtet häufig Einzelheiten nicht oder macht Flüchtigkeitsfehler bei den Schularbeiten, bei der Arbeit oder bei anderen Tätigkeiten.
2. Hat oft Schwierigkeiten, längere Zeit die Aufmerksamkeit bei Aufgaben oder Spielen aufrechtzuerhalten.
3. Scheint häufig nicht zuzuhören, wenn andere ihn ansprechen.
4. Führt häufig Anweisungen anderer nicht vollständig durch und kann Schularbeiten, andere Arbeiten oder Pflichten am Arbeitsplatz nicht zu Ende bringen (nicht aufgrund von oppositionellem Verhalten oder Verständnisschwierigkeiten).
5. Hat häufig Schwierigkeiten, Aufgaben und Aktivitäten zu organisieren.
6. Vermeidet häufig, hat eine Abneigung gegen oder beschäftigt sich häufig nur widerwillig mit Aufgaben, die länger andauernde geistige Anstrengungen erfordern (wie Mitarbeit im Unterricht oder Hausaufgaben).
7. Verliert häufig Gegenstände, die er/sie für Aufgaben oder Aktivitäten benötigt (z. B. Spielsachen, Hausaufgabenhefte, Stifte, Bücher oder Werkzeug).
8. Läßt sich oft durch äußere Reize leicht ablenken.
9. Ist bei Alltagstätigkeiten häufig vergeßlich.

B) Hyperaktivität

1. Zappelt häufig mit Händen oder Füßen oder rutscht auf dem Stuhl herum.
2. Steht {häufig} in der Klasse oder in anderen Situationen auf, in denen Sitzenbleiben erwartet wird.
3. Läuft häufig herum oder klettert exzessiv in Situationen, in denen dies unpassend ist (bei Jugendlichen oder Erwachsenen kann dies auf ein subjektives Unruhegefühl beschränkt bleiben).
4. Hat häufig Schwierigkeiten, ruhig zu spielen oder sich mit Freizeitaktivitäten ruhig zu beschäftigen.
5. {Ist häufig „auf Achse" oder handelt oftmals, als wäre er „getrieben".}
   (Zeigt ein anhaltendes Muster exzessiver motorischer Aktivität, das durch die soziale Umgebung oder durch Aufforderungen nicht durchgreifend beeinflußbar ist.)

C) Impulsivität

1. Platzt häufig mit der Antwort heraus, bevor die Frage zu Ende gestellt ist.
2. Kann häufig nur schwer warten, bis er/sie an der Reihe ist (bei Spielen oder in Gruppensituationen).
3. Unterbricht und stört andere häufig (platzt z. B. in Gespräche oder in Spiele anderer hinein).
4. Redet häufig übermäßig viel (ohne angemessen auf soziale Beschränkungen zu reagieren).{Im DSM-IV unter Hyperaktivität subsumiert.}

{ } = nur DSM-IV; ( ) = nur ICD-10

Demgegenüber unterscheidet das DSM-IV zwischen:

Klassifikation: ICD-10 versus DSM-IV

- dem *gemischten Subtypus der Aufmerksamkeitsdefizit-/Hyperaktivitätsstörung,* bei dem wie beim ICD-10 alle Kernsymptome auftreten,
- dem *vorherrschend unaufmerksamen Subtypus* und
- dem *vorherrschend hyperaktiv-impulsiven* Subtypus.

Diese Aufteilung ließ sich empirisch bestätigen (vgl. Brühl et al., 2000). Bei Jugendlichen, die nicht mehr alle für eine Diagnose notwendigen Symptome zeigen, kann nach DSM-IV die Diagnose durch den Zusatz „in partieller Remission" spezifiziert werden.

Differenzierung empirisch nachweisbar

Als Ausschlußkriterien legen beide Systeme übereinstimmend die Diagnosen einer tiefgreifenden Entwicklungsstörung, einer Schizophrenie oder einer anderen psychotischen Störung fest. Darüber hin-

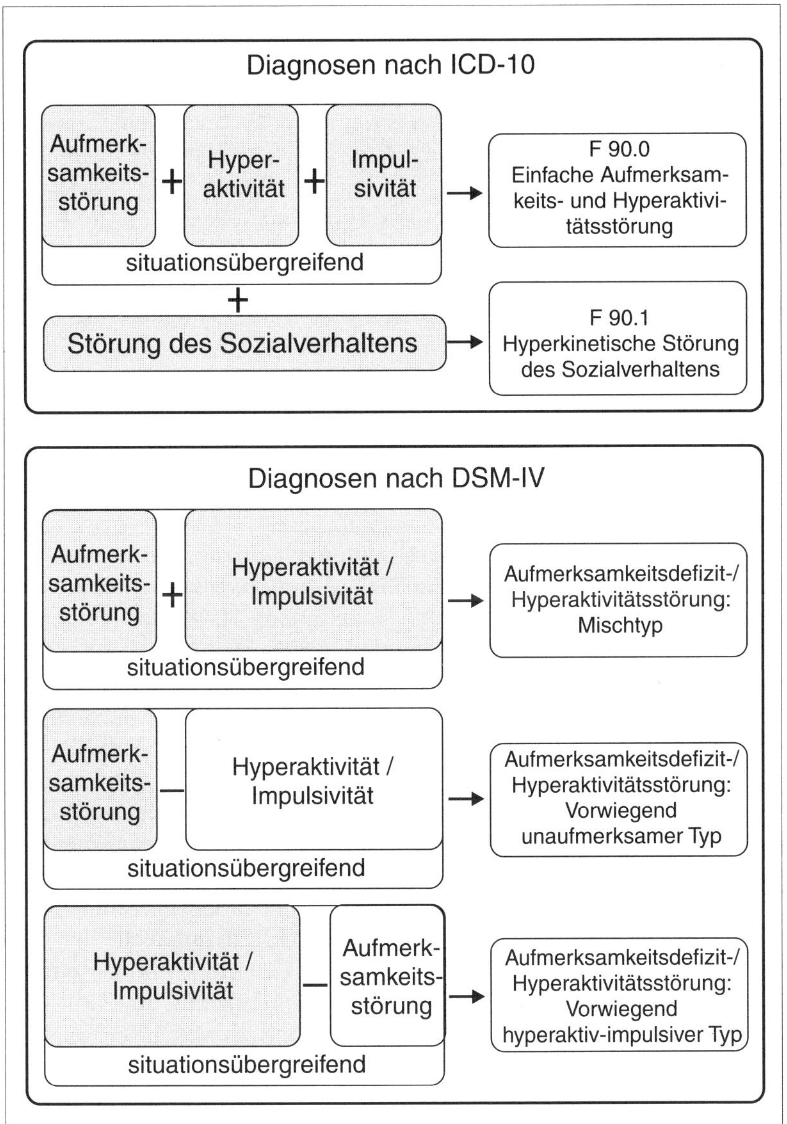

Abbildung 1: Kriterien für die Diagnose einer hyperkinetischen Störung nach ICD-10 und einer Aufmerksamkeitsdefizit-/Hyperaktivitätsstörung nach DSM-IV (aus Döpfner et al., 1998a)

Ausschluß-kriterium: tiefgreifende Entwicklungs-störung, Psychose

aus benennt das ICD-10 eine depressive Episode oder eine Angststörung als Ausschlußkriterium, während nach DSM-IV gefordert wird, daß die hyperkinetischen Symptome nicht durch eine andere psychische Störung besser beschrieben werden können (z. B. durch eine affektive Störung, eine Angststörung, eine dissoziative Störung oder eine Persönlichkeitsstörung). Die Formulierung nach DSM-IV erscheint zutreffender gewählt.

Sowohl im ICD-10 als auch im DSM-IV wird außerdem die Kategorie einer *nicht näher bezeichneten hyperkinetischen Störung* bzw. *Aufmerksamkeitsdefizit-/Hyperaktivitätsstörung* vorgegeben, die dann gewählt werden kann, wenn einzelne Kriterien nicht voll erfüllt sind. Ein weiterer grundlegender Unterschied zwischen DSM-IV und ICD-10 besteht darin, daß ICD-10 Kombinationsdiagnosen für jene Störungen vorsieht, die gehäuft gemeinsam auftreten, während nach DSM-IV in diesem Fall Mehrfachdiagnosen vergeben werden. Ein Kind, das sowohl die Kriterien für eine hyperkinetische Störung als auch die Kriterien für eine Störung des Sozialverhaltens (beispielsweise mit oppositionellem, aufsässigem Verhalten) erfüllt, erhält nach ICD-10 die Diagnose einer *hyperkinetischen Störung des Sozialverhaltens* (F90.1), während nach DSM-IV zwei getrennte Diagnosen zu vergeben sind.

1.1.1 Prävalenz

deutsche Studien

In einer deutschen bundesweit repräsentativen Stichprobe werden hyperkinetische Kernsymptome (Unruhe, Aufmerksamkeitsstörung, Impulsivität) im Urteil der Eltern bei 3 % bis knapp 10 % aller Kinder im Alter von vier bis zehn Jahren als deutlich ausgeprägt vorhanden eingeschätzt (Lehmkuhl et al. 1998). In dem Altersbereich von 4 bis 18 Jahren werden Jungen in allen Altersstufen im Vergleich zu Mädchen auf der Skala, die Aufmerksamkeitsprobleme, hyperkinetische Auffälligkeiten und verwandte Merkmale erfaßt, von den Eltern als deutlich auffälliger eingeschätzt. Bei älteren Kindern und Jugendlichen sind diese Merkmale nach Einschätzung der Eltern geringer ausgeprägt als bei jüngeren Kindern. Im Selbsturteil von Jugendlichen sind ab dem Alter von 11 Jahren allerdings weder eindeutige Alters- noch Geschlechtseffekte nachweisbar (Döpfner et al., 1997c). Deutsche Eltern unterscheiden sich nicht von Eltern in den Niederlanden und in den USA in der Beurteilung hyperkinetischer Auffälligkeiten von Kindern und Jugendlichen (Döpfner et al., 1996b) und auch nicht wesentlich von Eltern aus 12 anderen Ländern und Kulturen (Crijnen et al., 1999).

Prävalenzen abhängig von Diagnose-kriterien

Angaben zur Häufigkeit von hyperkinetischen Störungen entsprechend den Diagnosekriterien weisen aufgrund der unterschiedlichen diagnostischen Kriterien ein breites Spektrum auf. Tabelle 2 gibt eine Zusammenfassung der Ergebnisse. Die wesentlich niedrigeren DSM-IV-Kriterien für die Diagnose einer Aufmerksamkeitsdefizit-/Hyperaktivitätsstörung führen dazu, daß die Prävalenz von Aufmerksamkeitsdefizit-/Hyperaktivitätsstörungen deutlich höher ist als die der Störung von Aktivität und Aufmerksamkeit nach ICD-10. In Abhängigkeit von Diagnosekriterien, Alter und Erhebungsmethode wird die Diagnose in den USA nach DSM (meist nach DSM-III oder DSM-III-R) anhand von strukturierten Interviews der Eltern bei 7 % bis 17 % aller Jungen und bei 3,3 % bis 6 % aller Mädchen gestellt (z. B. Szatmari et al., 1989; Cohen et al., 1993).

Prävalenz abhängig von Kriterien

Tabelle 2: Prävalenz hyperkinetischer Störungen

- die Prävalenz ist abhängig von den zugrundeliegenden Diagnosekriterien und den verwendeten Meßinstrumenten
- nach DSM III/IIIR/IV bei 7 bis 17 % aller Jungen und 3 bis 6 % aller Mädchen
- nach DSM IV sowohl im Elternurteil als auch Lehrerurteil 2,4 % aller Kinder

In den wenigsten Studien werden jedoch die Angaben von Eltern und von Lehrern über hyperkinetische Auffälligkeiten des Kindes in der Schule und in der Familie miteinander kombiniert. Die relativ hohen Prävalenzraten in diesen Studien können daher nicht als Prävalenz situationsübergreifender hyperkinetischer Störungen betrachtet werden. Das DSM-IV schätzt die Prävalenz situationsübergreifender Aufmerksamkeitsdefizit-/Hyperaktivitätsstörungen im Schulalter auf 3 bis 5 %. Prävalenzraten nach ICD-10 liegen deutlich darunter. Nach Taylor und Mitarbeitern (1991) werden sie nur bei 1,7 % aller Jungen im Grundschulalter festgestellt. Auf der Basis von ICD-9 stellten Esser und Mitarbeiter (1990) in einer deutschen Stichprobe im Alter von 8 Jahren bei 8,3 % aller Jungen und fünf Jahre später im Alter von 13 Jahren bei 3 % aller Jungen eine hyperkinetische Störung fest.

Prävalenzraten auf der Basis von Eltern- oder Lehrerfragebögen nach DSM-IV schwanken von 8,8 bis 17,8 % für die Diagnose einer Aufmerksamkeitsdefizit/Hyperaktivitätsstörung nach DSM-IV (AD/HD) (Brühl et al., 2000). In einer Studie an deutschen Grundschulen stellten Baumgaertel und Mitarbeiter (1995) auf der Grundlage eines Lehrerfragebogens nach DSM-IV eine Rate von Kindern mit einer Aufmerksamkeitsdefizit-/Hyperaktivitätsstörung von 17,8 % fest, wobei 4,8 % eine Störung vom gemischten Subtypus, 3,9 % eine Störung vom vorherrschend hyperaktiv-impulsiven Subtypus und 9 % eine Störung vom vorherrschend unaufmerksamen Subtypus aufwiesen. Angaben über die Ausprägung der Symptomatik in der Familie liegen in dieser Studie nicht vor.

unaufmerksamer Subtypus ist häufig

Brühl und Mitarbeiter (2000) ermittelten bei deutschen Kindern im Alter von sechs bis zehn Jahren für eine Aufmerksamkeitsdefizit-/Hyperaktivitätsstörung nach DSM-IV eine Diagnoseprävalenz von 6 % und für eine hyperkinetische Störung nach ICD-10 von 2,4 %. Prävalenzraten auf der Basis von Eltern- und Lehrerbeurteilungen legten erstmals

Gomez und Mitarbeiter (1999) für Australien vor. Bei Kindern von fünf bis elf Jahren fanden sie Prävalenzen von 9,9 % für eine Aufmerksamkeits-/Hyperaktivitätsstörung auf der Basis des Elternurteils. Die in der gleichen Stichprobe ermittelten Prävalenzen nach Lehrerbeurteilungen lagen bei 8,8 %. Bei Kombination von Eltern- und Lehrerurteil vermindert sich jedoch die Rate der übereinstimmend als hyperkinetisch auffällig diagnostizierten Kinder auf 2,4 %.

Jungen zwei- bis dreimal häufiger

Jungen sind gegenüber Mädchen deutlich häufiger von der Symptomatik betroffen. Das Verhältnis wird in den meisten Studien zwischen 3:1 und 9:1 angegeben (vgl. Döpfner, 2000). In der deutschen Studie von Baumgaertel und Mitarbeitern (1995) lag die Jungen-Mädchen-Relation je nach Subtypus zwischen 2:1 beim vorherrschend unaufmerksamen Subtypus und 5:1 beim hyperaktiv-impulsiven Subtypus.

1.1.2 Differentialdiagnose

Die differentialdiagnostische Abgrenzung wird in Kapitel 2 ausführlich dargestellt. Auf der Basis empirischer Ergebnisse lassen sich folgende differentialdiagnostischen Aspekte beleuchten:

Nebeneffekte von Medikamenten

- *Andere Körperliche Ursachen:* Sehstörungen, Hörstörungen, epileptische Anfälle oder die Folgen eines Schädel-Hirntraumas sowie mangelnder Schlaf können als Störungen der Aufmerksamkeit fehlinterpretiert werden oder solche Störungen verursachen. Medikamente, beispielsweise Phenobarbital (Burd et al., 1987) und Carbamazepin sowie Alkohol oder andere Drogen können die Aufmerksamkeit beeinträchtigen. Die Daten über Aufmerksamkeitsstörungen als Folgen von Antiasthmatika (Theophyllin) sind nicht eindeutig (Creer & Gustafson, 1989). Möglicherweise sind bei diesen Medikamenten solche Nebenwirkungen nur bei Kindern zu beobachten, die bereits Aufmerksamkeitsstörungen oder Leistungsprobleme haben (Schlieper et al., 1991). Die Berichte der Eltern über Nebenwirkungen von Medikamenten auf das Verhalten stimmen nicht zwangsläufig mit objektiveren Daten überein (Bender & Milgrom, 1992).

Grenzen zur Norm nicht eindeutig

- *Altersgemäße Verhaltensweisen bei aktiven Kindern:* Vor allem bei jüngeren Kindern sind die Grenzen zwischen einem noch altersgemäßen Bewegungsdrang und hyperaktivem Verhalten oft nur schwer zu ziehen. In zunehmendem Maße wird jedoch akzeptiert, daß die hyperkinetische Störung keine diskrete gut von der Normvariation abgrenzbare diagnostische Einheit darstellt, sondern daß eine dimensionale Betrachtung eher angemessen ist. Die Bestimmung von Grenzwerten für die Definition von Auffälligkeit muß unter diesem Gesichtspunkt immer fragwürdig bleiben (vgl. Döpfner & Lehmkuhl, 1997).

- *Oppositionelle Verhaltensweisen:* Kinder mit oppositionellen Verhaltensauffälligkeiten können gegen Arbeiten oder schulische Aufgaben Widerstand leisten, die Anstrengung und Aufmerksamkeit verlangen, da sie nicht gewillt sind, sich den Forderungen anderer anzupassen. Oppositionelle Verhaltensweisen treten aber bei Kindern mit hyperkinetischen Störungen häufig auch als komorbide Störung auf. Angesichts der hohen Überschneidungen von aggressiven und hyperkinetischen Störungen haben manche Autoren eine Differenzierung in zwei Diagnosegruppen in Frage gestellt. In einer Vielzahl empirischer Studien konnte jedoch belegt werden, daß in diesen Diagnosegruppen tatsächlich voneinander differenzierbare Verhaltensmuster zu finden sind. Faktorenanalysen bestätigen meist, daß sich ein Hyperaktivitätsfaktor von einem Aggressionsfaktor abgrenzen läßt (vgl. Döpfner, 2000).

starke Überschneidungen bei hyperkinetischen und aggressiven Störungen

1.2 Komorbide Störungen

Bis zu zwei Drittel aller Kinder mit hyperkinetischer Störung weisen neben den Kernsymptomen weitere, sogenannte komorbide Störungen auf, die für die Entwicklung des Kindes zusätzliche Risikofaktoren darstellen (Biederman et al. 1991; Richters et al., 1995). Externale Verhaltensstörungen mit aggressiven und dissozialen Symptomen treten dabei in weitaus größerem Ausmaß auf (in 43 % bis 93 % der Fälle) als internale Störungen mit Angst und Depressivität (in 13 % bis 51 % der Fälle) (Jensen et al., 1993, 1997; Piacentini et al., 1993; Schwab-Stone et al., 1993). Diese erhöhten Komorbiditätsraten lassen sich nicht nur in klinischen, sondern auch in epidemiologischen Stichproben finden. Im deutschen Sprachraum wird in einer bundesweit repräsentativen Studie ausgeprägtes dissoziales bzw. aggressives Verhalten in 27 % bzw. in 36 % der hyperkinetisch auffälligen Kinder nachgewiesen. Das ist etwa zehn Mal häufiger als es in einer zufällig ausgewählten Gruppe zu erwarten ist. Sozialer Rückzug und Angst/Depressivität tritt in 30 bis 35 % der Fälle auf. In der klinischen Stichprobe liegen die Komorbiditätsraten noch deutlich darüber (Döpfner et al., 2000d). Tabelle 3 faßt die Ergebnisse der verschiedenen Studien zusammen.

komorbide Störungen bei bis zu zwei Drittel

Tabelle 3: Häufigkeit komorbider Störungen bei Kindern und Jugendlichen mit hyperkinetischen Störungen

50 %	oppositionelle Störung des Sozialverhaltens
30 – 50 %	Störung des Sozialverhaltens (ohne oppositionelle Verhaltensstörung)
10 – 40 %	affektive, vor allem depressive Störungen
20 – 25 %	Angststörungen
10 – 25 %	Lernstörungen, Teilleistungsschwächen
bis 30 %	Tic-Störungen oder Tourette-Syndrom

Oppositionelle, aggressive und dissoziale Verhaltensstörungen

bis 50% komorbide oppositionelle Störungen

Etwa 50 % aller Kinder mit hyperkinetischer Störung weisen begleitend eine oppositionelle Verhaltensstörung auf. Fast alle Kinder unter zwölf Jahren mit einer oppositionellen Störung oder Störung des Sozialverhaltens weisen auch eine hyperkinetische Störung auf, während in der Adoleszenz eine isolierte Störung des Sozialverhaltens häufiger auftritt und nur ein Drittel der Betroffenen begleitend auch eine hyperkinetische Störung hat (Reeves et al., 1987; Szatmari et al., 1989). Neben den oppositionellen Verhaltensstörungen treten in weiteren 30 bis 50 % der Fälle dissoziale Verhaltensstörungen auf, vor allem im Jugendalter.

Prognose bei hyperkinetisch und aggressiv Auffälligen schlechter

Kinder mit einer kombinierten Störung haben weitaus größere Entwicklungsrisiken als Kinder, die nur hyperkinetisch auffällig sind. Sie weisen auch im Durchschnitt eine stärker ausgeprägte Hyperaktivität und Aufmerksamkeitsproblematik auf (Reeves et al., 1987; Shapiro & Garfinkel, 1986), und sie zeigen eine erhöhte Rate an Teilleistungsstörungen, wie Lese-Rechtschreib-Störungen (Moffit & Silva, 1988; Mc Gee et al., 1984). Der sozio-ökonomische Status dieser Gruppe ist zudem geringer als bei einfacher hyperkinetischer Störung (Lahey et al., 1988).

Schließlich ist die Langzeitprognose beider Gruppen deutlich unterschiedlich. Hyperkinetische Kinder und Jugendliche mit einer besonders früh einsetzenden, ausgeprägten komorbiden Störung des Sozialverhaltens haben ein deutlich höheres Risiko für spätere Delinquenz, Substanzmißbrauch und die Entwicklung einer antisozialen Persönlichkeitsstörung (August et al., 1983; Loeber et al., 1988; Mannuzza et al., 1989; 1991).

Depressive Störungen

bis 40% komorbide depressive Störungen

In Abhängigkeit von der untersuchten Stichprobe und den verwendeten diagnostischen Instrumenten liegt die Komorbidität einer depressiven mit einer hyperkinetischen Störung im Kindesalter zwischen 9 und 38 % (Biederman et al., 1992; Anderson et al., 1987; Milberger et al., 1995). Meistens treten die depressiven Symptome nach Manifestation der hyperkinetischen Störung auf (Kovacs et al., 1994; Biederman et al., 1995). Vermutlich verhindern das anhaltende Schulversagen und die zunehmenden sozialen Probleme dieser Kinder den Aufbau eines gesunden Selbstbewußtseins und unterstützen die Entwicklung depressiver Störungen.

Angststörungen

bis 25% komorbide Angststörungen

Etwa 25 % der Kinder mit hyperkinetischer Störung haben begleitend eine Angststörung, verglichen mit 5 bis 15 % in der Normalbevölkerung (Cohen et al., 1993). Die Diagnose komorbider Angststörungen bei hyperkinetischen Kindern bereitet allerdings einige Schwierigkeiten, da die Eltern ihre Aufmerksamkeit vor allem auf die externalen Auffälligkeiten ihres Kindes lenken und diese folglich im Vordergrund der Symptomschilderungen stehen. Das diagnostische Augenmerk muß sich deshalb diesbezüglich stärker auf das Kind zentrieren (Tannock, 1994).

Tic-Störungen

Bis zu 30 % der Kinder mit hyperkinetischer Störung weisen begleitend eine Tic-Störung auf (Comings, 1990). Patienten mit Tourette-Syndrom haben umgekehrt in bis zu 70 % der Fälle eine hyperkinetische Störung, wobei sich die hyperkinetische Störung vor der Tic-Störung entwickelt (Rothenberger, 1991; Lavenstein, 1995). Pathogenetisch könnte es sich hierbei um Parallelitäten in der Störung des Dopaminstoffwechsels im Neostriatum i.S. einer Hypersensitivität handelt (Comings & Comings, 1987).

bis 30 % komorbide Tic-Störungen

Umschriebene Entwicklungsstörungen, Lernstörungen und Teilleistungsschwächen

Kinder mit hyperkinetischer Störung weisen häufiger psychomotorische Entwicklungsverzögerungen auf: Die Sprachentwicklung ist verzögert und die expressive Sprachfähigkeit ist teilweise beeinträchtigt. Im Schulalter werden vermehrt Lese-Rechtschreib-Störungen oder isolierte Rechenstörungen angetroffen (Taylor et al., 1991; Semrud-Clikeman et al., 1992). Die Intelligenzleistungen von Kindern mit hyperkinetischen Störungen sind um sieben bis 15 IQ-Punkte vermindert (u. a. Ackerman et al., 1986). Ob diese Diskrepanzen hauptsächlich durch verminderte Aufmerksamkeitsleistungen in der Testsituation verursacht werden, ist bislang nicht geklärt. Taylor et al. (1991) weisen nach, daß Kinder mit ausgeprägter Hyperaktivität keine verminderten Intelligenztestwerte aufweisen, wohl aber Kinder mit ausschließlicher Aufmerksamkeitsstörung ohne Hyperaktivität.

IQ vermindert bei Kindern mit Aufmerksamkeitsstörung

1.3 Pathogenese

Generell wird eine Interaktion psychosozialer und biologischer Faktoren vermutet, die letztlich zum klinischen Bild der hyperkinetischen Störung führen. Andererseits weisen die Studien der letzten Jahren eindeutig darauf hin, daß psychosoziale Faktoren eine geringere Rolle und biologischen Faktoren ein zunehmend größerer Stellenwert für die Entstehung hyperkinetischer Störungen eingeräumt werden muß.

Pathogenese: Interaktion biologischer und psychosozialer Faktoren

Ein allgemeines Modell (siehe Abb. 2) geht von einer erhöhten biologischen Vulnerabilität aus, die sich in bestimmten Funktionsdefiziten äußert, wobei sich das hyperkinetische Verhalten dann manifestiert, wenn eine unzureichende äußere Steuerung erfolgt oder wenn spezielle Anforderungen an Aufmerksamkeit und Ausdauer durch Spiel- und Gruppensituationen bzw. Kindergarten und Schule gestellt werden.

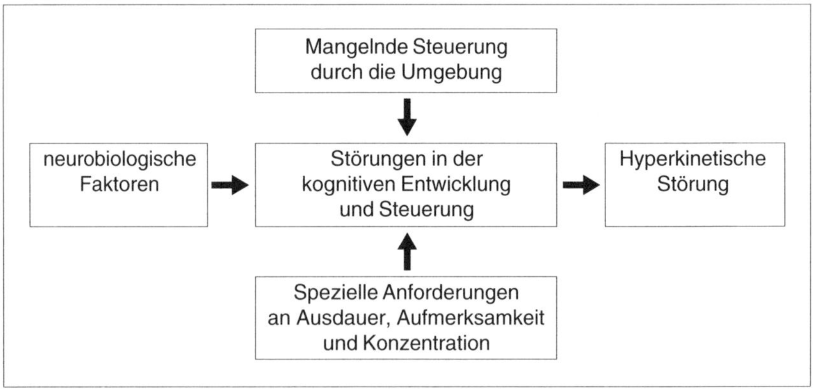

Abbildung 2: Allgemeines Modell für die Entstehung von hyperkinetischen Störungen

1.3.1 Neurobiologische Faktoren

Dysfunktionen im kortikalen-striatalen Netzwerk

Die Vielzahl der Untersuchungsbefunde läßt sich dahingehend zusammenfassen, daß bei Patienten mit hyperkinetischen Störungen eine grundlegende Dysfunktion des kortikalen-striatalen Netzwerkes vorliegt. Hierbei scheinen erbliche Faktoren eine große Rolle zu spielen mit einer wahrscheinlich genetisch bedingten dysfunktionalen Informationsverarbeitung zwischen Frontalhirn und Basalganglien (Barkley, 1998; Cantwell, 1996). Diese Funktionseinschränkung kann jedoch möglicherweise auch durch Komplikationen in der Schwangerschaft, durch Exposition gegenüber toxischen Substanzen oder durch neurologische Erkrankungen verursacht oder verstärkt werden.

Genetische Faktoren

familiäre Häufung hyperkinetischer Störungen

In Familienstudien konnte eine höhere Prävalenz der Psychopathologie von Eltern und Verwandten der Kinder mit hyperkinetischen Störungen festgestellt werden – insbesondere eine höhere Rate von hyperkinetischen Störungen, dissozialen Störungen, Substanzmißbrauch und depressiven Störungen (Biederman et al., 1992). Störungen des Sozialverhaltens, Substanzmißbrauch, Depressionen treten bei den Eltern häufiger auf, deren Kinder eine kombinierte hyperkinetische Störung des Sozialverhaltens zeigen (Barkley et al., 1991). Die Familienuntersuchungen veranschaulichen insgesamt, daß zwischen 10 und 35 % der nächsten Familienangehörigen von Kindern mit hyperkinetischen Störungen ebenfalls eine solche Verhaltensauffälligkeit besitzen (Biederman et al., 1992). Kinder von Eltern mit hyperkinetischen Störungen entwickeln in 57 % der Fälle ebenfalls eine solche Störung (Biederman et al., 1995).

Diese Zusamenhänge sind jedoch noch kein schlüssiger Beleg für die Wirkung genetischer Faktoren. In Adoptionsstudien wurde allerdings nachgewiesen, daß höhere Raten von hyperkinetischen Störungen bei den biologischen Eltern hyperkinetisch auffälliger Kinder auftreten und daß hyperkinetische Kinder ihren biologischen Eltern hinsichtlich dieser Eigenschaften mehr ähneln als den Adoptiveltern (Van den Ord et al., 1994; Biederman et al., 1994).

Die Ergebnisse von Zwillingsstudien führten zu folgenden weitgehend konsistenten Ergebnissen (Edelbrock et al., 1995; Gillis et al., 1992): Bei eineiigen Zwillingen beträgt die Konkordanzrate 81 %, bei zweieiigen 29 %. Bei enger Diagnosestellung konnte gezeigt werden, daß der überwiegende Anteil der Varianz, d. h. 70 bis 91 % für die Eigenschaft Hyperaktivität-Impulsivität genetisch bedingt ist.

hohe genetische Disposition

Molekulargenetische Ansätze überprüfen die Bedeutung von Genen, die in die Dopamin-Regulation eingreifen, insbesondere weil eine Stimulanzienbehandlung bei 70 bis 80 % der Patienten erfolgreich ist (Smalley 1998). Vor allem beim Dopamin-D4-Rezeptor wurden Veränderungen (Polymorphismen) festgestellt, die mit Persönlichkeitseigenschaften wie einem sensationssuchenden Verhalten verbunden sind. Diskutiert wird außerdem der Einfluß des Dopamin-D2-Gens sowie eines Dopamin-Transporter-Gens, wobei Replikationsstudien hierfür noch ausstehen (vgl. Swanson et al., 1997; Tannock, 1998).

Molekulargenetik: Dopamin-Rezeptor-Gene

Schädigungen des Zentralnervensystems

Zentralnervöse Infektionen während der Schwangerschaft, Schädelhirntraumen oder Verletzungen sowie Komplikationen während der Schwangerschaft und der Geburt werden mit späteren hyperkinetischen Auffälligkeiten in Beziehung gebracht. Allerdings konnte die allgemeine Annahme einer durch Schwangerschafts- und Geburtskomplikationen ausgelösten minimalen cerebralen Dysfunktion (MCD) als Ursache dieser Störung nicht bestätigt werden (Esser & Schmidt, 1987; Shaffer & Greenhill, 1979).

MCD meist nicht Ursache der Störung

In einigen Studien konnte jedoch gezeigt werden, daß insbesondere eine hypoxische Hirnschädigung später zu Aufmerksamkeitsstörungen und Hyperaktivität führen kann (Cruikshank et al., 1988). Ein geringes Geburtsgewicht erhöht das Risiko für Veränderungen der weißen Hirnsubstanz mit Parenchymläsionen und/oder Ventrikelerweiterungen (Whittaker et al., 1997). Kinder mit sehr geringem Geburtsgewicht entwickeln später in deutlich höherem Maße hyperkinetische Störungen als normalgewichtige Kinder (Botting et al., 1997). Saisionale Einflüsse sprechen dafür, daß Kinder, die im September geboren werden, bei hyperkinetischen Störungen überrepräsentiert sind. Dieser Befund wird mit viralen Infektionen während der Schwangerschaft in Beziehung gebracht und hierdurch verursachten Reifungsstörungen der weißen Substanz (Mick et al., 1996).

Geringes Geburtsgewicht

Virale Infektionen

Eine Schädigung des Zentralnervensystems kann auch durch toxische Substanzen verursacht werden. In verschiedenen Studien konnte eine

Toxische Substanzen

Beziehung zwischen einem erhöhten Bleigehalt im Körper und hyperkinetischen Auffälligkeiten festgestellt werden. Die Befunde zeigen jedoch auch, daß hierdurch nicht mehr als 4 % der Varianz erklärt werden können. Als vorläufig sind aus methodischen Gründen Ergebnisse zu betrachten, die Alkohol und Tabakkonsum der Mütter während der Schwangerschaft mit späterem hyperkinetischen Verhalten ursächlich in einen Zusammenhang bringen (vgl. Tannock, 1998).

Allergische Reaktionen

Nahrungsmittelunverträglichkeiten, insbesondere Farb- und Konservierungsstoffe spielen nach der Feingold-Hypothese eine wichtige Rolle bei der Entwicklung hyperkinetischer Störungen. Die Ergebnisse hierzu sind jedoch nicht konsistent, wobei Placebo-Effekte nicht kontrolliert wurden und es an Replikationsstudien fehlt. Auch die Überprüfung der sogenannten Phosphat-Hypothese ergab keine konsistenten Ergebnisse. Vielmehr muß angenommen werden, daß eine phosphatarme Diät das hyperkinetische Verhalten der Kinder nicht verändert (Egger, 1995). Diskutiert werden ferner allergische Reaktionen auf natürliche Nahrungsmittelbestandteile, die durch eine sogenannte oligoantigene Diät teilweise verbessert werden konnten (Carter et al., 1993). Die bisher vorliegenden Ergebnisse lassen sich dahingehend zusammenfassen, daß bislang kein eindeutiger Wirkungsmechanismus bekannt ist, über den Nahrungsmittel bzw. Nahrungsmittelzusätze hyperkinetisches Verhalten auslösen oder verstärken. Diäten haben bei einigen hyperkinetischen Kindern günstige Effekte, wobei eine individuell angepaßte Eliminationsdiät, ausgehend von einer hypoallergenen Basisdiät bestehend aus Nahrungsmitteln mit geringer allergischer Potenz, starren, nach bestimmten biochemischen Gesichtspunkten ausgewählten Diätschemata überlegen zu sein scheint. Die positiven Effekte sind bei Vorschulkindern am deutlichsten, insbesondere wenn verschiedene körperliche Beschwerden oder Allergien vorliegen. Blank (1995) sowie Marcus (1995) gehen nur von einem geringen Zusammenhang von Allergie und hyperkinetischem Verhalten aus, so daß nur ein kleiner Teil der Patienten von diätetischen Maßnahmen profitiert.

Phosphat-Hypothese ist verworfen

Nahrungsmittelallergien selten von zentraler Bedeutung

1.3.2 Neuroanatomische und neurophysiologische Auffälligkeiten

Hynd und Mitarbeiter (1991, 1993) konnten in Magnetresonanztomographie-Studien nachweisen, daß bei Kindern mit hyperkinetischen Störungen einzelne Hirnregionen morphologische Besonderheiten aufweisen (z. B. kleineres rechtshemisphärisches Planum temporale, kleineres Corpus callosum). Darüber hinaus wurden jedoch auch Abweichungen im Kleinhirn gefunden, die gut mit der Annahme übereinstimmen, daß

morphologische Auffälligkeiten

dieser Region bei der motorischen Aktivität vorangehenden sensorischen Wahrnehmung eine wichtige Bedeutung zukommt.

Neurophysiologische Untersuchungen insbesondere mit dem Elektroencephalogramm einschließlich evozierter Potentiale ergaben eine vermehrte Aktivität langsamer Thetaaktivität und eine Vermehrung von Betawellen. Darüber hinaus weisen hyperkinetisch auffällige Kinder eine schmalere Amplitude bei den späten positiven Komponenten der evozierten Potentiale auf, die mit der Funktion des präfrontalen Kortex in Zusammenhang gebracht werden und mit schlechteren Leistungen in Vigilanztests korrelieren. Durch eine Stimulanzien-Medikation lassen sich diese neurophysiologischen Veränderungen aufheben (Kupermann et al., 1996).

EEG-Auffälligkeiten

In den präfrontalen Regionen und den Verbindungsbahnen zum limbischen System über das Striatum speziell den Nucleus caudatus konnte eine verminderte Durchblutung nachgeweisen werden (Sieg et al., 1995). Entsprechende Ergebnisse finden sich in neueren Positronemissionstomographie-Untersuchungen, die auf eine Verminderung des Glucosemetabolismus in der vorderen Frontalregion hinweisen.

Glucosemetabolismus

Barkley (1998) faßt die Ergebnisse der Literatur neurologischer Auffälligkeiten dahingehend zusammen, daß Abweichungen in der Entwicklungen des frontalen-striatalen Cortex wahrscheinlich der Entstehung hyperkinetischen Verhaltens zugrunde liegt.

1.3.3 Neuropsychologische Befunde und Modelle

zerebrale Inhibition

Die bei Kindern mit hyperkinetischen Störungen beeinträchtigten neuropsychologischen Funktionen umfassen die Selbstregulation, Flexibilität im Denken, Reaktionshemmung, Planen und Organisieren von Verhalten sowie dessen Sequenzierung. Hierbei sind insbesondere zwei Mechanismen und zwar die Hemmung von Impulsen (Inhibition) und das Arbeitsgedächtnis von zentraler Bedeutung. Eine mangelnde Inhibition kann möglicherweise durch eine Imbalance zwischen zwei basalen neuropsychologischen Systemen verursacht werden, die auf Verstärkungs- und Bestrafungsreize reagieren. Personen mit hyperkinetischen Störungen besitzen möglicherweise ein geringeres Reaktionshemmungssystem und können so schlechter Reaktionen kontrollieren, die mit Bestrafung oder Nichtverstärkung verbunden sind. Andere Befunde sprechen dafür, daß die geringere Hemmung durch beschleunigte Antwortprozesse oder verlangsamte Hemmungsprozesse bedingt ist (vgl. Tannock, 1998). Barkley (1997) postuliert eine Störung in drei zentralen neuropsychologischen Prozessen, die für eine effektive Verhaltenshemmung notwendig sind (siehe Abb. 3):

- der Hemmung eines dominanten Handlungsimpulses;
- der Unterbrechung einer laufenden Handlung;
- Hemmung interferierender Handlungstendenzen.

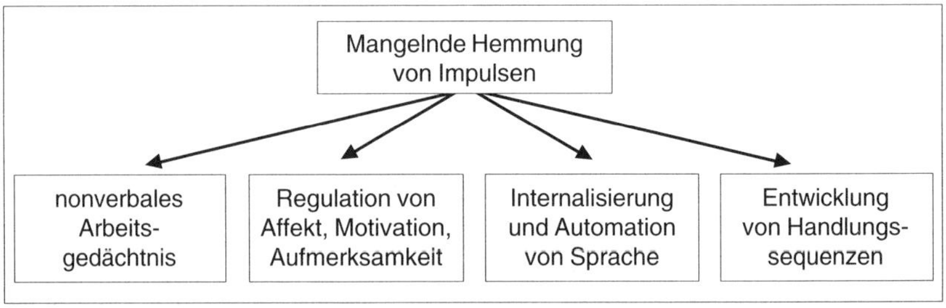

Abbildung 3: Neuropsychologische Faktoren bei der Entstehung hyperkinetischer Störungen (nach Barkley, 1997)

Störung exekutiver Funktionen

Diese inhibitorischen Prozesse sind die Grundlage für vier exekutive Funktionen, die sich als psychologische Prozesse beschreiben lassen, welche der Ausführung von Handlungen unmittelbar vorangehen oder sie begleiten. Bei Kindern mit hyperkinetischen Störungen können Beeinträchtigungen in diesen vier exekutiven Funktionen nachgewiesen werden (vgl. Barkley, 1997):

- im (nonverbalen) Arbeitsgedächtnis (z. B. bei der Antizipation von Verhaltenskonsequenzen und bei der zeitlichen Organisation von Verhalten),
- in der Selbstregulation von Affekten, der Motivation und der Aufmerksamkeit;
- in der Internalisierung und Automation von Sprache (z. B. durch Selbstinstruktionen oder bei der Problemlösung) sowie
- in der Analyse und Entwicklung von Handlungssequenzen.

1.3.4 Psychosoziale Faktoren

psychosoziale Faktoren keine Hauptursache

Familiären Belastungsfaktoren kommt keine primäre ätiologische Bedeutung zu (Cantwell, 1996). Eine Häufung hyperkinetischer Störungen in Familien mit geringerem sozioökonomischen Status wurde allerdings in mehreren Studien nachgewiesen (Scahill et al., 1999), andere konnten keinen Zusammenhang finden (z. B. Campbell et al., 1986a,b; McGee et al., 1984). Engere Zusammenhänge konnten mit ungünstigen familiären Bedingungen, u. a. unvollständigen Familien, überbelegten Wohnungen und einer psychischen Störung der Mutter nachgewiesen werden (z. B. Barkley et al., 1993; Scahill et al., 1999). Allerdings gehen ungünstige familiäre Bedingungen stärker mit aggressiven und dissozialen Verhaltensauffälligkeiten einher als mit hyperkinetischen Störungen (u. a. McGee et al., 1985; Taylor et al., 1986).

Verschiedene Eltern-Kind-Beziehungsmuster wurden mit hyperkinetischen Störungen in einem ursächlichen Kontext gebracht. Tatsächlich richten Mütter von Kindern mit hyperkinetischen Störungen häufiger

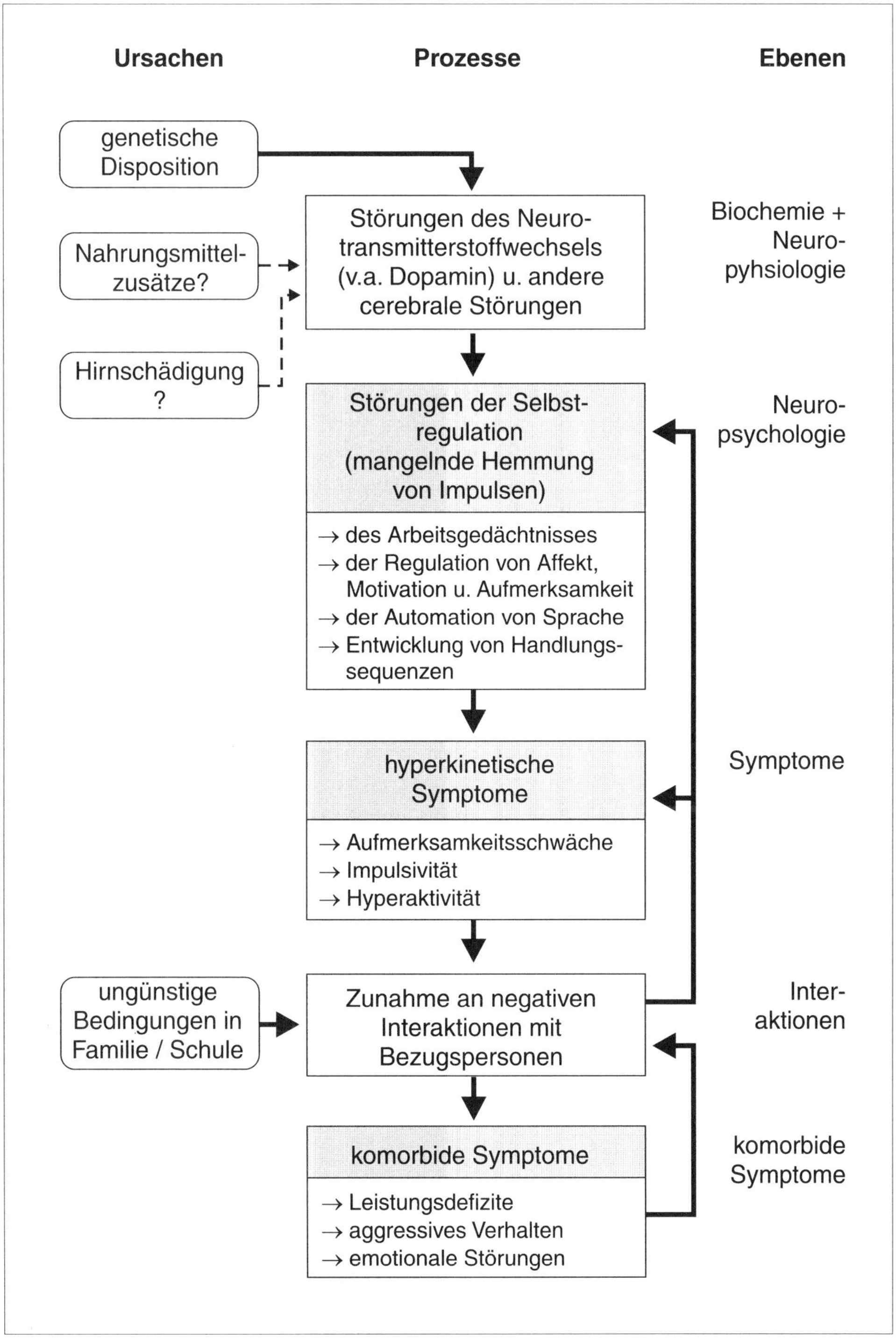

Abbildung 4: Biopsychosoziales Modell zur Entstehung von Aufmerksamkeitsstörungen (aus Döpfner, 2000)

Störungen der Eltern-Kind-Interaktionen

Aufforderungen an diese und äußern sich häufiger in negativer Weise. Dies scheint jedoch zumindest teilweise eine Funktion der Aufgabe (Tallmadge & Barkley, 1983) und des Alters der Kinder (Barkley et al., 1985) zu sein. Darüber hinaus vermindern sich diese negativen Mutter-Kind-Beziehungen infolge von Stimulanzienbehandlung (u. a. Barkley et al., 1985). Das Verhalten der Mütter scheint daher eher eine Reaktion auf die hyperkinetische Störung als deren Ursache zu sein. Längsschnittstudien zeigen jedoch auch, daß überwiegend negative Eltern-Kind-Interaktionen im Vorschulalter mit der Stabilität hyperkinetischer Auffälligkeiten korrelieren (Campbell, 1990). Psychosoziale Bedingungen sind nach dem gegenwärtigen Wissensstand zwar keine primäre Ursache, aber sie tragen entscheidend zum Schweregrad der Störung bei.

biopsychosoziales Modell

Abbildung 4 gibt eine biopsychosoziales Modell zur Entstehung von hyperkinetischen Störungen wieder, das die weitgehend gesicherten Befunde zu den ätiologischen Faktoren von hyperkinetischen Störungen integriert (vgl. Döpfner, 2000). Danach liegen die primären Ursachen dieser Störung in genetischen Dispositionen, die eine Störung des Neurotransmitterstoffwechsels (insbesondere Dopamin-Stoffwechsels) bewirken. Der Einfluß anderer Faktoren, wie allergische Reaktionen auf Nahrungsmittelzusätze oder erworbene Hirnschädigungen, ist fraglich, zumindest aber deutlich geringer. Auf der neuropsychologischen Ebene lassen sich verschiedene Störungen der Selbstregulation in verschiedenen Funktionsbereichen nachweisen, wie die von Barkley (1997) beschrieben wurde. Diese Störungen werden auf der Symptomebene in den klassischen Symptomen deutlich. Die hyperkinetischen Symptome bewirken wiederum eine Zunahme an negativen Interaktionen zwischen dem Kind und seinen Bezugspersonen (Eltern, Erzieher, Lehrer, Geschwister, Gleichaltrige). Ungünstige Bedingungen in Familie und Schule (z. B. psychische Belastungen der Bezugspersonen, inkompetentes Erziehungsverhalten, große Klassen), aber auch in der Gleichaltrigengruppe (z. B. andere auffällige Kinder) unterstützen die weitere Entwicklung solcher ungünstiger Interaktionen. Diese bewirken ihrerseits wiederum eine Zunahme der hyperkinetischen Symptomatik und der Störungen im Selbstregulationsprozeß und sie unterstützen die Entwicklung weiterer komorbider Symptome.

1.4 Verlauf

Verlauf bei Mädchen und Jungen ähnlich

Aufgrund der Häufung der Störung bei Jungen liegen fast keine größeren Studien zum Verlauf bei Mädchen vor. Nach bisherigen Ergebnissen scheint die Langzeitprognose aber zumindest ähnlich zu sein wie bei Jungen (Mc Gee et al., 1990). Tabelle 4 gibt eine Übersicht über die wesentlichen Befunde zum Verlauf der Störung.

Tabelle 4: Verlauf hyperkinetischer Störungen

Säuglings- und Kleinkindalter

- sehr hohes psychophysiologisches Aktivitätsniveau
- ungünstige Temperamentsmerkmale (Schlafprobleme, Eßprobleme, gereizte Stimmung) und negative Eltern-Kind-Interaktion

Vorschulalter

- Hyperaktivität (ziellose Aktivität)
- geringe Spielintensität u. -ausdauer
- Entwicklungsdefizite
- oppositionelles Verhalten
- Risikofaktoren für ungünstige Entwicklung: aversive Eltern-Kind-Interaktion, Aggressivität des Kindes, Entwicklungsdefizite

Grundschulalter

- Schuleintritt!
- Unruhe/Ablenkbarkeit im Unterricht
- Lernschwierigkeiten/Teilleistungsschwächen
- Umschulungen/Klassenwiederholungen
- aggressives Verhalten (mind. 30 – 50 %)
- Ablehnung durch Gleichaltrige
- Leistungsunsicherheit/Selbstwertprobleme

Jugendalter

- Verminderung der motorischen Unruhe
- Aufmerksamkeitsstörungen persistieren häufig
- aggressives Verhalten
- dissoziales Verhalten/Delinquenz (30 %)
- Alkohol-/Drogenmißbrauch
- emotionale Auffälligkeiten

Erwachsenenalter

- Persistenz hyperkinetischer Symptome bei 30 – 60 %
- Ausgeprägte Symptomatik bei ca. 30 %
- geringere Schulbildung
- Delinquenz und dissoziale Persönlichkeitsstörung bei etwa 15 – 30 %

Säuglings- und Kleinkindalter. Ab dem Alter von drei Jahren ist eine Abgrenzung hyperkinetischer Symptome von Normvarianten des Verhaltens kleiner Kinder prinzipiell möglich, wenn auch in Einzelfällen schwierig. Die Anamnese bezüglich des Störungsbildes weist jedoch bis in das Säuglingsalter zurück. Die Kinder werden bezüglich ihres Temperamentes oft als unausgeglichen und wenig adaptiv beschrieben. Sie fallen durch Eß- und Schlafprobleme auf und zeigen ein allgemein erhöhtes, instabiles psychophysiologisches Aktivitätsniveau. Generell scheinen schwierige Temperamentsmerkmale, Schlafprobleme, Eßschwierigkeiten und gereizte Stimmungslage im Kleinkind- und Vorschulalter zwar ein Risikofaktor zur Entwicklung psychischer Auffälligkeiten im späteren Kindesalter zu sein, doch steigt das Risiko noch einmal erheblich, wenn neben diesen Temperamentsmerkmalen auch

im Säuglingsalter häufig Regulationsstörungen

psychische Störungen der Eltern, Eheprobleme, feindselige Einstellung zum Kind sowie negative und überwiegend kritisierende Interaktionen der Mutter mit dem Kind berücksichtigt werden. Wenn es der Hauptbezugsperson nicht gelingt, die Belastungen zu bewältigen, die durch ungünstige Temperamentsmerkmale auftreten und sich eine dauerhafte, angespannte, negative Eltern-Kind-Interaktion entwickelt, dann ist die Wahrscheinlichkeit zur Entwicklung psychischer Störungen im späteren Kindesalter und die Persistenz hyperkinetischer Symptomatik deutlich erhöht (Cameron, 1978; Earls & Jung, 1987; Campbell, 1990).

negative Eltern-Kind-Interaktionen

Im *Kindergarten- und Vorschulalter* tritt die motorische Hyperaktivität als hervorstechende Symptomatik zu Tage, die eine erhöhte Unfallgefährdung sowie eine mangelnde soziale Integrierbarkeit, z.B. im Kindergarten, nach sich zieht. Bei einem Teil der Kinder treten oppositionelle Verhaltenstendenzen gegenüber den Eltern sowie aggressive Verhaltensweisen gegenüber Gleichaltrigen auf (Hartsough & Lambert, 1985). Die Stabilität der Störung wird zwischen dem Alter von drei und sechs Jahren mit ungefähr 50% angegeben (Campbell, 1986a,c). Die Persistenz der Symptomatik ist ausgeprägter bei denjenigen Kindern, die sowohl zu Hause als auch im Kindergarten als hyperkinetisch klassifiziert werden, je stärker die Symptomatik ausgeprägt ist (Campbell, 1987) und je aversiver die Eltern-Kind-Interaktion ist (Campbell, 1990). Im psychosozialen Bereich sind als Risikofaktoren für die Stabilität der Störung psychische Erkrankungen der Eltern und Partnerkonflikte zu nennen (Campbell, 1990). Als weitere, den Verlauf komplizierende Risikofaktoren können Entwicklungsrückstände im motorischen Bereich, der Sprache und der visuellen Wahrnehmungsfähigkeit angesehen werden (Barkley, 1990).

im Kindergartenalter motorische Unruhe

Mit der *Einschulung* verlagert sich die Problematik vor allem auf den Lern- und Leistungsbereich. Die Stabilität der Störung beträgt im Alter von sechs bis neun Jahren zwischen 60 und 70%. Höhere Anforderungen an die Arbeits- und Handlungsstruktur im Unterricht sowie während der Hausaufgabensituation lassen die Aufmerksamkeitsschwäche und die kognitive Impulsivität voll zum Vorschein treten. Die Schullaufbahn hyperkinetischer Kinder zeichnet sich gegenüber unauffälligen Kindern in erhöhtem Maße durch Klassenwiederholungen, Ausschluß vom Unterricht, Schulverweisen sowie Schulabbrüchen aus. Außerdem erfolgen häufiger Wechsel in Sonderschulen, z.B. für Lern- und Erziehungshilfe (Barkley et al., 1990a; Fischer et al., 1990). Insgesamt verläuft die Schullaufbahn bei hyperkinetischen Kindern trotz der in der Regel normalen Intelligenz zum Teil noch weniger erfolgreich als bei lerngestörten Kindern. Die Langzeitprognose der Schulleistung ist dabei um so schlechter, je stärker die Aufmerksamkeitsstörung ausgeprägt ist.

im Schulalter Schulprobleme

aggressive Störungen

Neben hyperkinetischen Auffälligkeiten treten im Grundschulalter Konflikte mit Gleichaltrigen auf. Hyperkinetische Kinder sind häufig Außenseiter und haben nur wenige Freunde (Pelham & Bender, 1982). Die

Sozialverhaltensprobleme sind um so gravierender ausgeprägt, je früher sie auftreten (Lambert et al., 1987; Fischer et al., 1993). Die bereits früh aggressiv auffälligen hyperkinetischen Kinder stellen eine Risikogruppe dar für die Entwicklung späterer Delinquenzkarrieren sowie einer antisozialen Persönlichkeitsstörung (Barkley, 1990).

im Jugendalter Rückgang der Unruhe

Im *Jugendalter* beträgt die Stabilität der Störung immer noch zwischen 30 und 70 % (Gittelman et al., 1985; Lambert et al., 1987). Die Symptomatik unterliegt nun bis zu einem gewissen Grade einem Symptomwandel, da die motorische Hyperaktivität nachläßt. Die Impulsivität und Aufmerksamkeitstörung persistieren dagegen. Im Vordergrund der Problematik stehen neben der Schulleistungsproblematik in zunehmenden Maße Störungen des Sozialverhaltens und delinquente Handlungen, die bei 25 bis 50 % der hyperkinetischen Jugendlichen auftreten. Der Anteil der Jugendlichen, die dissoziale Störungen des Sozialverhaltens entwickeln, liegt auch in Deutschland bei etwa 40 % (Schmidt et al., 1991). Ein großes Problem stellt in diesem Alter auch ein vermehrter Alkohol- und Drogenmißbrauch dar. Gerade in dieser Teilgruppe hyperkinetischer Jugendlicher ist zudem das Risiko, weitere psychische Störungen zu entwickeln, signifikant erhöht (Lambert et al., 1987; Fischer et al., 1993). Das Störungsspektrum beinhaltet vor allem affektive Störungen und interpersonelle Beziehungsstörungen (Barkley, 1990; Steinhausen, 1995).

im Erwachsenenalter teilweise Persistenz der Störung

Erwachsenenalter. Entgegen früherer Annahmen persistieren einzelne hyperkinetische Symptome in etwa 50 bis 80 % der Fälle bis in das Erwachsenenalter hinein (Wender, 1995; Weiss & Hechtman, 1993). Fast ein Drittel der Betroffenen zeigt als Erwachsener nach wie vor das Vollbild der Störung, bei den übrigen liegt zumindest noch eine Residualproblematik vor (vgl. Lehmkuhl et al., 1998b). Zur Prävalenz hyperkinetischer Störungen im Erwachsenenalter liegen bislang keine ausreichenden epidemiologischen Daten vor. Wender (1995) schätzt die Prävalenz zwischen 2 und 7 % ein, während Shaffer (1994) nur von 0,3 % ausgeht. Möglicherweise bleibt die Störung bei Erwachsenen oft unerkannt, da die Symptomatik sich nicht so charakteristisch äußert wie im Kindesalter.

protektive Faktoren

Insgesamt ist also die hyperkinetische Störung als ein chronisches, von der frühkindlichen Entwicklung bis in das Erwachsenenalter hineinreichendes persistierendes Störungsbild zu betrachten. Entsprechend besteht die Notwendigkeit, bereits früh erkennbare Risikofaktoren zu identifizieren, die mit einem erhöhten Risiko zu einer Chronifizierung der Störung einhergehen (Fischer et al., 1993). Tabelle 5 gibt zusammenfassend die Risikofaktoren für eine schwere hyperkinetische Störung mit chronischem Verlauf wieder. Demgegenüber haben sich folgende Merkmale als protektive Faktoren für eine im Entwicklungsverlauf eher remitierende Symptomatik gezeigt (Satterfield et al., 1987): Hohe Intelligenz, zufriedenstellende familiäre Kohäsion bei intakter Eltern-Kind-

Beziehung, eine soziale Eingebundenheit des Kindes in Schule und Gleichaltrigengruppe sowie eine früheinsetzende und dauerhaft durchgeführte multimodale Therapie.

Tabelle 5: Risikofaktoren für chronifizierte und schwere hyperkinetische Störungen

1. Niedrige Intelligenz
2. Früh einsetzende schwere und hartnäckige oppositionelle und aggressive Verhaltensstörung
3. Schlechte Beziehung zu Gleichaltrigen und Eltern; schlechte soziale Einbindung
4. Psychische Störung bei den Eltern, vor allem antisoziale Persönlichkeitsstörung des Vaters
5. Familiäre Instabilität, Ehezwistigkeiten
6. Niedriger sozioökonomischer Status
7. Strafender und inkonsistenter Erziehungsstil

1.5 Therapie

chronischer Verlauf

Die Behandlung hyperkinetischer Störungen setzt eine Kooperation des Patienten, der Eltern und des Kindergartens/der Schule voraus. Hyperkinetische Störungen haben einen chronischen Verlauf, der eine kontinuierliche Fortführung der Behandlung erfordert, um die Wirksamkeit der Behandlung zu gewährleisten und um neu auftretende Probleme zu bearbeiten (American Academy of Child and Adolescent Psychiatry, 1997; Conners et al., 1994). Die Behandlungspläne müssen individualisiert sein, um den spezifischen Zielsymptomen und den Stärken des Patienten gerecht zu werden (Satterfield et al., 1987).

Psychoedukation ist die Basis

Die Beratung und Psychoedukation der Eltern, des Kindes (in altersangemessener Form) und der Erzieher/Lehrer gilt als Grundlage aller weiteren Interventionen, obwohl die Wirksamkeit dieser Maßnahmen bisher kaum systematisch evaluiert wurde (Weiss, 1992; American Academy of Child and Adolescent Psychiatry, 1997). Im Rahmen der Kölner Studie zur Wirksamkeit multimodaler Behandlung von Kindern mit hyperkinetischen Störungen (Döpfner et al., 2000c) wurde in der ersten Behandlungsphase eine allgemeine Beratung und Psychoedukation der Eltern und Lehrer auf verhaltenstherapeutischer Grundlage durchgeführt. Im Verlauf dieser Beratungsphase konnte bereits eine Verminderung der Symptomatik festgestellt werden. Von allen Therapieverfahren ist die Wirksamkeit von Pharmakotherapie und von verhaltenstherapeutischen Interventionen sowie deren Kombination (multimodaler Therapie) am besten untersucht. Andere Methoden sind dagegen bislang wenig überprüft worden.

1.5.1 Verhaltenstherapeutische Interventionen

Verhaltenstherapeutische Interventionen lassen sich danach unterscheiden, wer im Mittelpunkt der Intervention steht. Tabelle 6 gibt eine Übersicht über die Interventionsansätze.

Ansatzpunkte der Therapie

Tabelle 6: Übersicht über verhaltenstherapeutische Interventionsansätze

Eltern- und familienzentrierte Verfahren
Elterntrainings oder Eltern-Kind-Therapien zielen auf eine Verminderung problematischer Verhaltensweisen in der Familie durch Veränderung der Eltern-Kind-Interaktionen.
Kindergarten- und schulzentrierte Interventionen
Diese versuchen, konkrete Verhaltensauffälligkeiten des Kindes oder Jugendlichen im Kindergarten oder in der Schule hauptsächlich durch operante Methoden zu vermindern.
Patientenzentrierte Verfahren
Diese setzen direkt beim hyperkinetischen Kind oder Jugendlichen an. Dazu zählen 1. Spieltrainings, die darauf abzielen intensives und ausdauerndes Spielverhalten aufzubauen, 2. Selbstinstruktionstrainings, durch die ein reflexives Arbeitsverhalten aufgebaut werden soll und 3. Selbstmanagement-Verfahren, mit denen ältere Kinder und Jugendliche zu einer eigenständigen Verhaltensänderung angeleitet werden sollen.

Elterntrainings

Die Wirksamkeit von Elterntrainings und die Langzeitstabilität der Effekte wurde in mehreren Studien mit oppositionell auffälligen Kindern nachgewiesen (vgl. McMahon & Forehand, 1984; McMahon & Wells, 1989). Bei hyperkinetischen Kindern belegen frühere Studien die Wirksamkeit von Methoden des Kontingenzmanagements (u. a. Dubey et al., 1983; Firestone et al., 1981). Horn et al. (1990) weisen nach, daß die Kombination von Elterntraining mit Selbstinstruktionstraining beiden unimodalen Behandlungsformen (nur Elterntraining, nur Selbstinstruktionstraining) bei der Verminderung hyperkinetischer Störungen in der Familie überlegen ist. Die Effekte des Elterntrainings und der Kombinationsbehandlung ließen sich auch noch drei Monate nach Behandlungsende nachweisen. Im Lehrerurteil konnten Therapieeffekte jedoch nur unmittelbar nach Behandlungsende nachgewiesen werden.

Wirksamkeit von Elterntrainings belegt

Im Vergleich zu Stimulanzientherapie zeigen frühere Studien (z. B. Pelham et al., 1988; Gittelman et al., 1980), daß Elterntrainings und Interventionen in der Familie weniger oder ähnlich wirksam sind. In der groß angelegten „Multimodal Treatment Study of Children with ADHD", in der insgesamt 579 Kinder mit hyperkinetischen Störungen behandelt wurden (MTA Cooperative Group, 1999a,b) konnte im Verlaufe verhaltenstherapeutischer Interventionen (Elterntraining, Interventionen in der

MTA-Studie

Schule und kindzentrierte Interventionen) die hyperkinetische Symptomatik in der Familie zwar deutlich reduziert werden, doch war die medikamentöse Therapie wirkungsvoller. Bei der Verminderung von oppositionellem und aggressivem Verhalten sowie von internalen Störungen und bei der Verbesserung sozialer Kompetenzen und von Eltern-Kind-Beziehungen waren Verhaltenstherapie und medikamentöse Behandlung gleichermaßen wirkungsvoll. Erhardt und Baker (1990) konnten anhand mehrerer Einzelfallstudien die Wirksamkeit eines Elterntrainings bei hyperkinetisch gestörten Vorschulkindern nachweisen, allerdings wurden nicht alle Problemverhaltensweisen wirkungsvoll verringert, und nicht alle Therapieeffekte stabilisierten sich.

Effekte von THOP

Die Wirksamkeit der familienzentrierten Interventionen aus dem Therapieprogramm für Kinder mit hyperkinetischem und oppositionellem Problemverhalten (THOP) wurde im Rahmen einer Studie zur Wirksamkeit multimodaler Therapie bei Kindern mit hyperkinetischen Störungen geprüft. Bislang liegen mehrere Einzelfallstudien vor, welche die Effektivität der familienzentrierten Interventionen von THOP belegen (Döpfner et al., 1996a; 1997a,b). In der Gesamtgruppe von N=75 Kindern mit der Diagnose einer hyperkinetischen Störungen lassen sich im Verlaufe der verhaltenstherapeutischen Interventionen nach dem Therapieprogramm THOP Verhaltensauffälligkeiten in der Familie deutlich reduzieren. 50 bis 60 % der Kinder, die ausschließlich mit dem Therapieprogramm THOP behandelt wurden und bei denen keine medikamentöse Behandlung durchgeführt wurde, zeigen nach dem Urteil der Eltern sehr gute Erfolge (Döpfner et al., 2000c). In einer Vorstudie konnte nachgewiesen werden, daß durch das Elterntraining in Verbindung mit einem Selbstinstruktions- und Selbstmanagement-Training die Verhaltensauffälligkeiten in der Familie (vor allem Hyperaktivität und Aufmerksamkeitsstörungen) gegenüber der ersten Behandlungsphase (Selbstinstruktion plus Selbstmanagement) noch einmal deutlich vermindert werden. Das Verhalten in der Schule änderte sich jedoch nicht in gleichem Maße (Frölich, 1993; Frölich et al., 2000). Dies läßt auf einen spezifischen, auf das Verhalten in der Familie begrenzten Effekt des Elterntrainings schließen. Pistermann et al. (1989) überprüften die Wirksamkeit eines vergleichbaren Trainingsprogrammes bei hyperkinetisch auffälligen Vorschulkindern und konnten eine deutliche Verminderung des oppositionellen Verhaltens nachweisen, während sich die hyperkinetischen Verhaltensweisen nicht änderten.

Interventionen in Schule/Kindergarten

In einer größeren Anzahl von Studien konnte gezeigt werden, daß sich diese Auffälligkeiten im Kindergarten und in der Schule durch die Verstärkung reduzierter Aktivität oder erhöhter Ausdauer vermindern lassen. Meist finden Tokensysteme Anwendung, da einige Studien zeigen, daß Lob alleine hyperkinetische Symptome nicht deutlich beeinflußt

(Pfiffner et al., 1985a,b). Allerdings verbessert die Verstärkung von ruhigem und ausdauerndem Beschäftigen mit Aufgaben nicht automatisch auch die schulischen Leistungen (Marholin & Steinman, 1977). Wird jedoch die korrekte Leistung verstärkt, dann verbessern sich nicht nur die Schulleistungen, sondern auch die Aufmerksamkeitsschwächen und die Hyperaktivität (u. a. Pfiffner et al., 1985a,b; Robinson et al., 1981). Im Rahmen der Multimodal Treatment Study (MTA Cooperative Group, 1999a,b) konnte die Wirksamkeit verhaltenstherapeutischer Interventionen auf hyperkinetische, aggressive und internale Symptomatik im Unterricht belegt werden. Lediglich bei der Veränderung von Aufmerksamkeitsstörungen im Unterricht war die Stimulanzienbehandlung der Verhaltenstherapie überlegen. Die Wirksamkeit der schulzentrierten Interventionen aus dem Therapieprogramm für Kinder mit hyperkinetischem und oppositionellem Problemverhalten (THOP) wurde im Rahmen einer Studie zur Wirksamkeit multimodaler Therapie bei Kindern mit hyperkinetischen Störungen geprüft. Bislang liegen mehrere Einzelfallstudien vor, welche die Effektivität der schulzentrierten Interventionen von THOP belegen (Döpfner et al., 1996a; 1997a,b). In der Gesamtgruppe von N=75 Kindern mit der Diagnose einer hyperkinetischen Störung lassen sich im Verlaufe der verhaltenstherapeutischen Interventionen nach dem Therapieprogramm THOP Verhaltensauffälligkeiten in der Schule deutlich reduzieren. 35 bis 40 % der Kinder, die ausschließlich mit dem Therapieprogramm THOP behandelt wurden und bei denen keine medikamentöse Behandlung durchgeführt wurde, zeigen nach dem Urteil der Lehrer sehr gute Erfolge (Döpfner et al., 2000c). In 30 % der Fälle, in denen zunächst verhaltenstherapeutische Interventionen durchgeführt wurden, wurde ergänzend medikamentös behandelt, da mit den verhaltenstherapeutischen Interventionen in der Schule keine hinreichenden Effekte erzielt werden konnten. Kolko und Mitarbeiter (1999) konnten die Wirksamkeit eines teilstationären Behandlungsprogrammes auf verhaltenstherapeutischer Grundlage nachweisen.

Wirksamkeit von Interventionen in der Schule belegt

THOP-Studie

Bei Vorschulkindern kann hyperkinetisches Verhalten durch ein Response-Cost-Verfahren reduziert werden. Die Therapieeffekte generalisieren zudem auf Spielsituationen (Döpfner & Sattel, 1992). Generell ist die unmittelbare Wirksamkeit von Response-Cost-Methoden gut gesichert. Meist erwies sich Response-Cost im Vergleich zu positiver Token-Verstärkung als wirkungsvoller (u. a. Rapport et al., 1982; Pfiffner & O'Leary, 1987).

Vorschulkinder

Patientenzentrierte Interventionen

Spieltraining. Kognitive Interventionsformen, wie Selbstinstruktionstraining und Selbstmanagement, sind im Vorschulalter aufgrund der noch nicht ausreichend entwickelten kognitiven Selbstkontrollfähigkeit nicht anwendbar. Das Spieltraining ist eine bislang kaum untersuchte Interventionsform, die auf die Steigerung von Spiel- und Beschäftigungsin-

Wirksamkeit von Spieltraining wenig untersucht

tensität und Ausdauer bei hyperkinetisch auffälligen Kindern im Alter von drei bis sechs Jahren zielt. Die Wirksamkeit einzelner Behandlungskomponenten dieses Verfahrens wurde in einem einzelfallanalytischen Vorgehen belegt (Döpfner & Sattel, 1992).

Selbstinstruktionstraining. Mit dem auf Meichenbaum und Goodman (1971) sowie Douglas (1975) basierenden Selbstinstruktionstraining wurden anfangs große Hoffnungen verbunden. Durch diese Behandlung soll das Kind lernen, seine Aufmerksamkeit anhaltender zu zentrieren und seinen impulsiven Denk- und Handlungsstil besser zu kontrollieren, indem es handlungsanleitend zu sich selbst spricht. Es soll lernen, sich bei Problemkonfrontationen verbal zu stoppen und reflektiert Handlungspläne zu entwickeln. Mit Hilfe von Selbstinstruktionskarten werden die einzelnen Problemlöseschritte eingeübt, die in Abbildung 5 dargestellt sind (Döpfner et al., 1998a).

Ziele von Selbstinstruktion

Abbildung 5: Signalkarten für das Selbstinstruktionstraining (aus Döpfner et al., 1998a)

In den USA wurde eine Reihe von Selbstinstruktionstrainings entwikkelt (Camp & Bash, 1981; Kendall & Braswell, 1985). Im deutschsprachigen Raum legten Lauth und Schlottke (1995) ein umfassendes Behandlungsprogramm vor. Das Selbstinstruktionstraining ist auch Bestandteil des Therapieprogrammes für Kinder mit hyperkinetischem und oppositionellem Problemverhalten (THOP) (Döpfner et al., 1998a). Die klinische Wirksamkeit von Selbstinstruktionsverfahren hielt bislang den hoch gestellten Erwartungen nicht stand. Zwar konnte ein Rückgang hinsichtlich der kognitiven Impulsivität in Laborverfahren wie dem Continous-Performance-Test (CPT) (Abikoff, 1991) erzielt werden, und im Hinblick auf die schulischen Fähigkeiten kamen einzelne Verbesserungen, z. B. der Rechenleistung, zustande (Varni & Henker, 1979; Cameron & Robinson, 1980). Ein umfassender Nachweis der Generalisierung von Behandlungseffekten auf Alltagsproblemstellungen, wie z. B. der Hausaufgabenbewältigung oder der sozialen Anpassung konnte in den Studien aus dem angloamerikanischen Sprachraum jedoch nicht erbracht werden (Abikoff, 1985, 1987; Abikoff & Gittelman, 1985). Möglicherweise stellen Aspekte der Fremd- oder Selbstverstärkung die wirksamen Komponenten der Behandlungsinhalte dar (Friedling & O'Leary, 1979). Im deutschen Sprachraum konnten Lauth und Mitarbeiter (1996) durch ein Selbstinstruktionstraining in Verbindung mit operanten Verfahren und Elterngesprächen auf einigen Variablen die Aufmerksamkeitsleistungen sowie das hyperkinetische Verhalten in der Schule und in der Familie verbessern. Das Kernproblem von Selbstinstruktonstrainings scheint der begrenzte Transfer von erlernten Strategien und Verhaltensänderungen von der Trainingssituation auf das natürliche soziale Umfeld des Kindes zu sein.

Wirksamkeit von Selbstinstruktionstraining eher gering

Selbstmanagement. Diese Methoden zielen darauf ab, das Kind anzuleiten, in seiner natürlichen Umgebung (in der Schule, in der Familie) auf die eigenen Verhaltensprobleme zu achten und sie zu registrieren. In den kritischen sozialen oder Leistungssituationen soll das Kind alternatives, angemessenes Verhalten zeigen, indem es versucht, sich an bestimmte Regeln zu halten und indem es sich für eine erfolgreiche Situationsbewältigung selbst positiv verstärkt. Insgesamt wurden relativ wenige Untersuchungen zur Wirksamkeit von Selbstmanagement-Methoden durchgeführt, meist wurden sie mit anderen Techniken kombiniert (Selbstinstruktion, Fremdverstärkung, Tokensysteme). Die meisten Studien lassen vermuten, daß Selbstmanagement-Methoden möglicherweise eine erfolgversprechende Interventionsform darstellen. Die Wirksamkeit von Selbstbeobachtung auf das eigene Arbeitsverhalten konnte Harris (1986) bei lernbehinderten und aufmerksamkeitsgestörten Kindern nachweisen. Varni und Henker (1979) zeigten jedoch, daß allein durch die Selbstbeobachtung das Arbeitsverhalten hyperkinetischer Kinder nicht verändert wird, wohl aber durch die Kombination von Selbstbeobachtung mit Selbst- und Fremdverstärkung. Barkley et al. (1980) konnten eine gegenüber dem Selbstinstruktionstraining erhöhte Wirk-

Wirksamkeit von Selbstmanagement teilweise belegt

Selbstbeobachtung

Selbstverstärkung

samkeit von Selbstbeobachtung und Selbstverstärkung nachweisen. Hinshaw et al. (1984 a, b) zeigten, daß die Kombination von Stimulanzienbehandlung mit Selbstbeobachtung und Selbstverstärkung wirkungsvoller ist, als Stimulanzienbehandlung alleine. Bowers et al. (1985) fanden, daß Verstärkung durch den Lehrer einerseits und Selbstbeobachtung plus Selbstverstärkung andererseits die Arbeitsqualität im Unterricht in gleicher Weise verbessern, daß aber die Aufmerksamkeitsleistung durch Selbstbeobachtung plus Selbstverstärkung stärker verbessert wird als durch Fremdverstärkung. Frölich (1993; Frölich et al., 2000) untersuchte die Wirksamkeit von Selbstmanagement in Verbindung mit Selbstinstruktion. Gegenüber der Wartezeit konnte mit dieser Intervention die hyperkinetische und die aggressive Symptomatik, sowohl im Urteil der Eltern als auch der Lehrer, signifikant verringert werden.

1.5.2 Pharmakotherapie

In der psychopharmakologischen Behandlung der hyperkinetischen Störung stellen Psychostimulanzien die Medikamente der ersten Wahl dar. In den USA wurden 1994 etwa 80 % der Kinder mit einer hyperkinetischen Störung mit Methylphenidat behandelt (Swanson et al., 1995). Als die wirksamsten Substanzen gelten Methylphenidat, D-Amphetamin und Pemolin. Zusammengenommen haben sich in über 170 Studien an mehr als 5000 Kindern etwa 70 % bis 85 % der Patienten als sogenannte Responder auf mindestens eines der drei Stimulanzien erwiesen. (Elia et al., 1991; Spencer et al., 1996; Greenhill et al., 1999, MTA Cooperative Group, 1999a). Deanol und Koffein als nicht cathecholaminerg wirkende Stimulanzien sind dagegen nicht annähernd so wirksam (DuPaul et al., 1998).

mindestens 70 % Responder auf Stimulanzien

Methylphenidat (Ritalin®, Medikinet®) ist das wirksamste und am weitesten verbreitete Psychostimulanz. Seine chemische Struktur ist verwandt mit den Neurotransmittern Dopamin und Noradrenalin. Methylphenidat wirkt wie alle Psychostimulanzien dopaminagonistisch.

Methylphenidat zeichnet sich pharmakokinetisch durch eine rasche Blut-Hirnpassage aus. Maximale Plasmaspiegel werden nach etwa eineinhalb bis zwei Stunden erreicht. Die bereits nach 20 Minuten einsetzenden klinischen Effekte halten sich auf hohem Niveau für etwa drei bis vier Stunden. Die Halbwertszeit beträgt zweieinhalb bis vier Stunden. Individuell recht unterschiedlich lassen die klinischen Wirkungen nach drei bis sieben Stunden nach (Pelham et al, 1990). Bei der Retard-Präparation (Ritalin® SR) treten Verhaltenseffekte nach ein bis zwei Stunden auf, maximale Wirkungen sind nach drei bis fünf Stunden zu erwarten und die gesamte Wirkdauer beträgt etwa acht Stunden. Insgesamt wird das Präparat aber als geringer wirksam und therapeutisch als schlechter steuerbar betrachtet (Pelham et al., 1990). Bei Methylphenidat und den anderen Stimulanzien existiert keine Korrelation zwischen der kli-

Halbwertszeit: 2,5 – 4 Stunden

nischen Wirkung und Erhebung von Plasmaspiegeln (Kupietz, 1991). Insofern kommt Plasmaspiegelbestimmungen auch kein therapeutischer Nutzen zu (Shaywitz & Shaywitz, 1991).

Generell sind mit höheren Dosen auch stärkere Effekte zu erzielen; allerdings gibt es eine erhebliche interindividuelle Variation, die eine individuelle Titrierung (Austestung der optimalen Dosierung) notwendig macht. Obwohl keine eindeutige, gewichtsabhängige Dosis-Wirkung-Beziehung besteht (Dulcan, 1990; Rapport et al., 1989; Rapport & Denney, 1997), wird die Dosierung in der Regel am Körpergewicht orientiert. Im Schulalter liegt die mittlere Dosierung in der Regel zwischen 0,3 und 0,8 mg/kg Körpergewicht (Barkley et al., 1991).

Kontraindikationen. Als absolute Kontraindikation gelten Psychosen, die durch die Medikation vermutlich aggraviert werden können. Wegen der Mißbrauchsgefahr ist die Verschreibung bei Jugendlichen mit bekanntem Drogenabusus kontraindiziert. Als relative Kontraindikationen gelten Tic-Störungen und das Tourette-Syndrom, da Stimulanzien Tics auslösen oder bereits bestehende Tics verschlechtern können (Shapiro et al, 1981; Erenberg et al., 1985). Ungefähr 1 % der Patienten mit hyperkinetischer Störung entwickeln hierbei eine anhaltende Tic-Symtomatik, bei 10 – 65 % sind die Tics vorübergehender Natur, v.a. am Beginn der Behandlung (Pellock, 1996). Es gibt aber auch Studien, die über eine positive Beeinflussung der Tic-Symptomatik unter Stimulanzienmedikation berichten (Borcherding et al. 1990; Gadow et al, 1995 a,b). Zumindest bei einer mittleren Dosierung von Methyphenidat (0,5mg/kg Körpergewicht) wurden gegenüber Placebo Tic-Störungen nicht vermehrt ausgelöst. Bei höheren Dosierungen scheint dagegen ein linearer Zusammenhang zur Auslösung von Tic-Symptomen zu bestehen (Castellanos et al., 1997, Gadow et al., 1995 b).

absolute Kontraindikationen: Psychosen

relative Kontraindikationen:
– Tics

Als weitere relative Kontraindikation gelten extreme, komorbide Angstzustände, die durch Psychostimulanziengabe aufgrund der sympathikusstimulierenden Effekte verschlechtert werden können, sowie bekannte schwere kardiale Arrhythmien bzw. eine arterielle Hypertonie. Psychostimulanzien bewirken außerdem in therapeutischer Dosierung eine für die klinische Anwendung in der Regel nicht relevante Minderung der zerebralen Anfallsschwelle (Crumrine et al., 1987; Spencer et al., 1996). Eine gesteigerte zerebrale Anfallsbereitschaft im EEG stellt somit generell kein Hindernis für eine medikamentöse Behandlung dar. Ein bestehendes cerebrales Anfallsleiden ist keine absolute Kontraindikation für den Beginn einer Stimulanzientherapie, Anfallsfreiheit vorausgesetzt (Gross-Tsur, 1997). Einige antikonvulsive Medikamente wie Carbamazepin können zusammen mit Stimulanzien sogar synergistische Verhalteneffekte bewirken (Silva et al., 1996).

– extreme Angstzustände
– kardiale Arrhythmien/Hypertonie

Kurzzeiteffekte. Etwa 85 % der mit Methylphenidat und anderen Stimulanzien behandelten Kinder profitieren bei exakter Titrierung der Dosierung von der Medikation (Pelham et al., 1990). Bis zu 30 % erweisen sich aber in unterschiedlichem Ausmaß entweder als Non-Responder oder tolerieren die Medikation wegen auftretender Nebenwirkungen schlecht. Die Wirksamkeit ist um so höher, je stärker die Symptome der Aufmerksamkeitsstörung und der Hyperaktivität ausgeprägt sind (DuPaul et al., 1998). Kinder, bei denen die Aufmerksamkeitsstörungen im Vordergrund stehen, sprechen schlechter auf Stimulanzien an als Kinder, die zusätzlich hyperaktive und impulsive Symptomatik zeigen (Barkley et al., 1991; Mc Burnett et al., 1991). Bei Vorschulkindern liegt die Responder-Rate nur bei etwa 50 %. Geistig retardierte Kinder profitieren von einer Behandlung wahrscheinlich ebenfalls in geringerem Ausmaß (Aman,1996; Aman et al., 1997; Handen et al., 1992; 1994).

geringere Effekte bei Aufmerksamkeitsstörungen

Tabelle 7 gibt eine Übersicht über die Effekte von Psychostimulanzien. Bei Respondern kann eine Verringerung der motorischen Unruhe, der Aufmerksamkeitsstörung und der Impulsivität beobachtet werden. Vor allem das störende Verhalten im Unterricht reduziert sich deutlich; Rapport und Mitarbeiter (1994) weisen nach, daß sich unter individueller Titration bei 50 bis 70 % aller Kinder das Verhalten im Unterricht völlig normalisiert. Zu Hause treten Hausaufgabenprobleme in deutlich geringerem Ausmaß auf. Auch bei Verminderung der Kernsymptomatik verbessern sich die schulischen Leistungen nicht durchgehend (DuPaul et al., 1994; Barkley, 1997).

Normalisierung des Verhaltens im Unterricht möglich

Tabelle 7: Kurzzeiteffekte von Stimulanzienbehandlung

1. Verminderung der hyperkinetischen Symptomatik (häufig)

- Reduktion von hyperkinetischem, störendem und impulsivem Verhalten
- Verbesserung der Handschrift
- Verbesserung der Konzentrationsfähigkeit und Ausdauer
- Verminderung der Ablenkbarkeit

2. Verminderung der oppositionellen und aggressive Symptomatik (manchmal)

- Verminderung von oppositionellem Verhalten gegenüber Erwachsenen
- Verminderung von aggressivem Verhalten gegenüber Gleichaltrigen

3. Verbesserung der Beziehungen (manchmal)

- Verbesserung der Eltern-Kind-Beziehungen
- Verbesserung der Lehrer-Kind-Beziehungen
- Verbesserung der Beziehungen zu Gleichaltrigen
- Verbesserung der soziometrischen Position in der Klasse

4. Verbesserung schulischer Leistungen (manchmal)

- Verbesserung der Genauigkeit bei Schulaufgaben
- Verminderung von Flüchtigkeitsfehlern
- Steigerung des Anteils vollendeter Aufgaben

Im Sozialverhalten kann die Medikation einen Rückgang oppositioneller Verhaltensweisen gegenüber Erwachsenen und gleichzeitig eine Zunahme erwünschter Verhaltensweisen bewirken. Entgegen früherer Annahmen können diese Effekte auch bereits im niedrigeren Dosisbereich auftreten (Smith et al., 1998). Diese Wirkung ist vermutlich durch einen Rückgang der Impulsivität zu erklären. Als Resultat kann sich die Eltern- bzw. Lehrer-Kind-Interaktion spürbar verbessern, was auch den Erwachsenen wieder einen entspannteren Zugang zum Kind ermöglicht. In der Gleichaltrigengruppe kann sich die soziale Akzeptanz des Kindes verbessern, was in soziometrischen Ratings nachgewiesen werden konnte. Diese Veränderung geht vermutlich und auf einen Rückgang der aggressiven Verhaltensweisen zurück, während prosoziale Verhaltensweisen sich nicht verändern (Schachar & Tannock, 1993; Spencer et al., 1996).

Veränderung im Sozialverhalten

Langzeiteffekte. Langzeiteffekte wurden bislang nur in wenigen Studien untersucht, die zudem meist erhebliche methodische Schwächen aufweisen. Dem eindeutig erbrachten Nachweis einer kurzfristigen Wirksamkeit von Stimulanzien steht eine geringe Zahl von Untersuchungen gegenüber, die Langzeiteffekte bei ausschließlich mit Stimulanzien behandelten Kindern im Vergleich zu unbehandelten Kindern nicht aufzeigen konnte (Pelham, 1985; Weiss & Hechtman, 1993). Solange Stimulanzien eingenommen werden, sind Effekte auch über Zeiträume von zwölf bis 24 Monaten nachweisbar (Gillberg et al., 1997; MTA Cooperative Group, 1999a).

Langzeiteffekte wenig untersucht

Nebenwirkungen. Grundsätzlich sind Psychostimulanzien – insbesondere Methylphenidat – gut verträglich. In Langzeitstudien konnten keine negativen psychischen oder somatischen Auswirkungen festgestellt werden (Weiss & Hechtman, 1993). Bei einer Dosierung von weniger als 1 mg/kg Körpergewicht Methylphenidat (Tagesdosis) treten selten und meist auch nur vorübergehende Nebenwirkungen am Beginn der Behandlung auf (Calis et al., 1990). In kontrollierten Studien wurden ausgeprägte Nebenwirkungen in 4 bis 10 % der Fälle berichtet (Greenhill et al., 1999; MTA Cooperative Group, 1999a). Die meisten Nebenwirkungen können zudem gut beherrscht werden durch Verminderung der Dosierung, Änderung der Verabreichungszeiten, der Wahl einer Sofort- oder Retardform der Substanz und schließlich auch durch den Austausch eines Stimulans durch ein anderes. Zu bedenken ist, daß bereits vor der Stimulanzienbehandlung bestehende psychische oder somatische Symptome fälschlicherweise als Nebenwirkungen gewertet werden und vorschnell zum Abbruch der Behandlung führen können (Fine & Johnston, 1993). Tabelle 8 gibt eine Übersicht über die am häufigsten auftretenden Symptome (vgl. Barkley, 1990; Ahmann et al., 1993).

Nebenwirkungen meist gering

Tabelle 8: Nebenwirkungen unter Psychostimulanzien

- Appetitminderung
- Übelkeit
- Schlafprobleme
- Kopfschmerzen
- Bauchschmerzen
- dosisabhängige Puls- und Blutdruckerhöhung
- Schwindel
- Reboundhyperaktivität bei Nachlassen der Wirkung
- Irritierbarkeit
- Dysphorie
- Weinerlichkeit und sozialer Rückzug
- Blässe und Ringe unter den Augen
- Auslösung oder Verschlechterung bestehender Tic-Störung (in 10 – 65 % vorübergehend, persistierend ca. 1 %)
- Auslösung oder Exazerbation psychotischen Geschehens im Hochdosisbereich
- vorübergehende Wachstumsverlangsamung bei normaler Endgröße

Schlafstörungen

Die Möglichkeit der Entwicklung einer Schlafstörung unter Stimulanzientherapie muß nach heutiger Kenntnis kritisch bewertet werden. Neuere Studien konnten zeigen, daß auch Methylphenidatgaben am späten Nachmittag nicht unbedingt eine Schlafstörung nach sich ziehen. In manchen Fällen scheint sogar eine vorbestehende Schlafstörung unter Stimulanzientherapie positiv beeinflußt zu werden (Kent et al., 1995; Stein et al., 1996).

Wachstumsverlangsamung

Auch eine durchgängige Gabe von Stimulanzien über Jahre hinweg führt zu keiner signifikanten Beeinflussung der Endgröße (Klein & Mannuzza, 1988). Zudem scheinen Kinder mit hyperkinetischen Störungen auch ohne Stimulanzienbehandlung einer Wachstumsverlangsamung zu unterliegen, die im Jugendalter wieder aufgeholt wird (Klein & Mannuzza, 1988; Spencer et al., 1996). Auch Gewichtsverluste, die infolge des verringerten Appetits auftreten können, sind zumeist gering (< 1 kg) und treten vor allem zu Beginn der Behandlung auf (Reeve & Garfinkel, 1991).

Rebound-Effekte

Bei manchen Patienten kann bei Nachlassen der Psychostimulanzienwirkung am Nachmittag ein sogenannter „Rebound-Effekt" auftreten (Johnston et al., 1988), der sich in einem verstärkten Auftreten der hyperkinetischen Kernsymptomatik äußert. Dieser Problematik kann aber in der Regel erfolgreich durch eine Änderung des Dosierungsschemas oder der Verabreichungsform begegnet werden.

keine körperliche Abhängigkeit

Es gibt keine Hinweise, daß sich eine körperliche Abhängigkeit von Psychostimulanzien entwickeln kann. Die Mehrzahl der Studien zeigt auch, daß durch die Stimulanzientherapie das Risiko eines späteren Medikamentenmißbrauchs oder Drogenkonsums nicht erhöht ist (vgl. Barkley, 1998; Greenhill et al., 1999). Wenn Jugendliche oder Erwachsene andere Medikamente mißbrauchen oder Drogen einnehmen, dann ist auch ein Mißbrauch von Stimulanzien wahrscheinlich. Bei Langzeitmedikation tritt in der Regel keine Toleranzentwicklung, d. h. kein Wirkungsverlust auf (Armentano, 1995). Allerdings konnte im Hochdosisbereich nach sechs bis neun Monaten eine gewisse Toleranzentwicklung beschrieben werden, und auch bei Pemolin wurde bei Langzeiteinnahme eine Wirkungsminderung beobachtet (DuPaul et al., 1998).

Psychostimulanzien der zweiten Wahl

Zu den Psychostimulanzien der zweiten Wahl zählen die Substanzen D-Amphetamin und Pemolin. Eine beträchtliche Zahl der Patienten mit unzureichender Wirkung auf Methylphenidat erwiesen sich als gute Responder für die beiden anderen Stimulanzien. Insofern sollte nach Ausbleiben der Wirkung auf Methyphenidat zunächst auf ein anderes Psychostimulans übergewechselt werden, bevor zu einer anderen Substanzgruppe gewechselt wird.

D-Amphetamin. Pharmakologisch ist D-Amphetamin wie Methylphenidat ein indirekter Dopaminagonist, allerdings mit einer etwas veränderten Pharmakokinetik im Sinne einer verlängerten Halbwertszeit von vier bis fünf Stunden. Die klinische Wirkung setzt nach 30 bis 60 Minuten ein, erreicht ihr Maximum nach etwa zwei Stunden und hält für etwa vier bis sechs Stunden an. Es hat sich in klinischen Studien als eher geringer wirksam im Vergleich zu Methylphenidat erwiesen. Das Nebenwirkungsspektrum ist dasselbe wie bei Methylphenidat, allerdings bei D-Amphetamin etwas stärker ausgeprägt (DuPaul et al., 1998). Eine neue Präparation, die eine Mischung aus links- und rechtsdrehendem Amphetamin darstellt, scheint dagegen genauso wirksam zu sein wie Methylphenidat bei gleichem Nebenwirkungsspektrum (Pelham et al., 1999).

D-Amphetamin eher weniger effektiv

Pemolin (Tradon®) ist strukturell von Methylphenidat verschieden und zeichnet sich gegenüber diesem vor allem durch eine deutlich verlängerte Halbwertszeit aus. Es scheint bei entsprechender Dosierung ebenso wirksam wie Methylphenidat zu sein (Pelham et al., 1995; Pelham et al., 1990). Bezüglich der Nebenwirkungen ist, abweichend von Methylphenidat und D-Amphetamin, besonders auf die potentielle Hepatotoxizität hinzuweisen, da ein bis zwei Prozent der Patienten im Verlauf der Behandlung eine Leberfunktionsstörung entwickeln (Dulcan, 1990). Die hiermit einhergehende Transaminasenerhöhung ist in der Regel als harmlos zu betrachten und nach Absetzen der Substanz vollständig reversibel (Nehra et al., 1990). Andererseits sind bislang einige tödlich verlaufende Fälle von Leberversagen bekannt geworden mit unklarem pathogenetischem Mechanismus (Berkovitch et al., 1995). In Deutschland darf die Substanz nur von einem Facharzt für Kinder- und Jugendpsychiatrie nach vorheriger Austestung anderer Stimulanzien verordnet werden (siehe Kap. 2.3.5).

Hepatotoxität von Pemolin

Fenetyllin. Das in Deutschland als Captagon® im Handel befindliche Medikament besteht chemisch aus rechts- und linksdrehendem Amphetamin und Theophyllin. Es unterliegt, wie die anderen Stimulanzien, dem Betäubungsmittelgesetz. Es wird rasch resorbiert und die klinische Wirkung setzt vergleichbar mit D-Amphetamin ein. Die Befundlage über die klinische Wirksamkeit ist bislang als unzureichend zu bezeichnen.

Alternativsubstanzen zur Psychostimulanzienmedikation

eher geringere Wirkung oder mehr Nebenwirkungen

Alternative medikamentöse Behandlungsmöglichkeiten der hyperkinetischen Störung bilden Substanzgruppen, die entweder eine geringere klinische Wirkung auf die Kernsymptomatik ausüben oder aber wegen ihres ausgeprägteren Nebenwirkungsprofils zumeist erst in zweiter Linie eingesetzt werden können. Hierzu zählen vor allem die trizyklischen Antidepressiva, Mao-Hemmer und Antihypertensiva.

trizyklische Antidepressiva eher weniger effektiv

indiziert bei komorbiden emotionalen Störungen

Trizyklische Antidepressiva greifen vor allen in den noradrenergen Hirnmetabolismus ein. Zu den in ihrer Wirksamkeit bei der hyperkinetischen Störung am besten untersuchten Substanzen gehören Imipramin (Tofranil®) und Despiramin (Pertrofan®) (Elia, 1993). Klinischen Studien zufolge wird ihnen eine gute, jedoch nicht mit einer den Psychostimulanzien vergleichbare Wirksamkeit bei der Verringerung der hyperkinetischen Kernsymptomatik zugeschrieben (Spencer et al., 1996 a). Durch den zum Teil ausgeprägten anticholinergen Effekt wird die Wirksamkeit vor allem auf die kognitiven Funktionen etwas abgeschwächt. Sehr zufriedenstellende Effekte kommen den trizyklischen Antidepressiva allerdings bei begleitenden emotionalen Symptomen zu (Kutcher et al., 1992; Pliszka, 1987).

Nebenwirkungen von TZA problematischer

Das Nebenwirkungspotential weist aber auch erhebliche Risiken auf. Neben harmloseren Symptomen wie Mundtrockenheit, Sehstörungen und Verdauungsproblemen ist vor allem auf die potentielle Kardiotoxizität hinzuweisen. Unter Desipramin-Medikation sind bislang sieben Todesfälle durch Provokation letaler Herzrhythmusstörungenberichtet worden (Riddle et al., 1991; 1993; Varley & Mc Clellan, 1997)

Clondin: Verminderung von Impulsivität/ Aggressivität

Clonidin (z. B. Catapressan®; Parcefan®) ist als Medikament der dritten Wahl zu betrachten und seine Indikation ergibt sich, wenn sowohl Psychostimulanzien als auch Antidepressiva keine ausreichende Wirksamkeit in der pharmakologischen Behandlung erbracht haben oder spezifische Symptomkonstellationen den Einsatz nahelegen. Es handelt sich um einen Alpha-2-Agonisten mit noradrenerger Aktivitätshemmung, der zur Behandlung hypertensiver Krisen eingesetzt wird. Über die klinische Wirksamkeit in der Behandlung der hyperkinetischen Störungen liegen nur wenige Studien vor. (Gunning, 1992; Hunt et al., 1985; 1986; Steingard et al., 1993). Die Substanz beeinflußt im Vergleich zu den Psychostimulanzien die kognitiven Defizite von hyperkinetischen Patienten in geringerem Maße. Dagegen ist sie ausgesprochen gut wirksam im Hinblick auf eine Verringerung der Impulsivität und aggressiver Verhaltenssymptome.

Clonidin: begrenzte Indikation

Die Einsetzbarkeit von Clonidin bei der hyperkinetischen Störung ist gleichwohl als begrenzt anzusehen wegen des zum Teil erheblich ausgeprägten Nebenwirkungsspektrums. In den ersten drei bis vier Wochen können sedative und antichholinerge Effekte dominieren. Des weiteren können niedriger Blutdruck und orthostatische Beschwerden sowie eine verlängerte kardiale Überleitungszeit hinzutreten. Bei zu raschem Absetzen der Substanz ist mit einem arteriellen Rebound-Hochdruck zu rechnen. In der Literatur sind bislang vier Todesfälle unklarer Genese bei kombinierter Behandlung von Clonidin mit Psychostimulanzien beschrieben worden (Popper, 1995; Cantwell et al. 1997). Auch hier ist deshalb ein intensives und kontinuierliches Kreislauf- und kardiologisches Monitoring der Patienten unbedingt erforderlich (Maloney & Schwann, 1995; Swanson et al., 1996).

Verminderung aggressiver Symptomatik

Bupropion ist ein indirekter Dopamin-Agonist und wird als Antidepressivum eingesetzt. Es ist in Deutschland nicht im Handel. Die Substanz hat sich in der Behandlung der hyperkinetischen Störung bei Sechs- bis Zwölfjährigen als effektiv erwiesen (Barrickman et al., 1995; Conners et al., 1996). Bupropion scheint vor allem wirksam bei der Reduktion aggressiver Verhaltensprobleme zu sein (Connors et al., 1996; Barrickman et al., 1995). Bezüglich der Nebenwirkungen ist darauf zu achten, daß hypomanische Episoden ausgelöst werden können, eine Tic-Störung sich verstärken kann und das cerebrale Anfallsrisiko steigt (Spencer et al., 1993; Jacobsen et al., 1994; Bezchlibuyk-Butler & Jeffreys, 1996). Kardiale Nebenwirkungen sind nicht bekannt, was einen Vorteil gegenüber trizyklischen Antidepressiva darstellt. Eine Mißbrauchsgefahr ist ebenfalls nicht beschrieben (Griffith et al., 1983).

Carbamazepin (z. B. Timonil®; Tegretal®). Bei Dominanz einer impulsiven und aggressiven Symptomatik kann der Einsatz von Carbamazepin, einem Antikonvulsivum, erwogen werden, da der Substanz eine die Impulsivität deutlich mindernde Wirkung zukommt bei geringer bzw. nicht vorhandener Sedierung und guter Verträglichkeit (Silva et al., 1996).

Mao-Hemmern (z. B. Aurorix®) wird eine mittelgradig bis gute Wirkung auf die hyperkinetische Kernsymptomatik zugeschrieben (z. B. Trott et al., 1992). Wegen des Nebenwirkungspotentials, vor allem der Auslösung hypertensiver Krisen und der damit verbundenen Diätvorschriften, werden aber zumindest irreversible Mao-Hemmer für die medikamentöse Behandlung der hyperkinetischen Störung nicht empfohlen. Reversible Mao-Hemmer, wie Moclobemid, haben den Vorteil einer größeren Verträglichkeit, aber auch ihre klinische Wirkung ist der von Psychostimulanzien unterlegen.

Selektive Serotonin-Reuptake-Hemmer (SSRI). Über die Wirksamkeit von selektiven Serotonin-Reuptake-Hemmern liegen bislang nur weni-

SSRI: Wirksamkeit unklar

ge wissenschaftliche und zum Teil widersprüchliche Erkenntnisse vor (Barrickman et al., 1991; Hedges et al., 1995; Adler et al., 1995). Andererseits kam es wegen häufiger Nebenwirkungen zu vielen Therapieabbrüchen. Aufgrund der schmalen Befundlage sollte der Einsatz dieser Substanzklasse gegenwärtig mit Zurückhaltung betrachtet werden. Eine Indikation könnte sich allerdings bei komorbider Angststörung oder depressiver Erkrankung ergeben.

Neuroleptika selten indiziert

Als nicht wirksam zur medikamentösen Behandlung der hyperkinetischen Störung haben sich *Babiturate* und *Benzodiazepine* wegen ihres ausgeprägten sedierenden Effektes und einer nicht ausreichenden Beeinflussung der kognitiven Symptome erwiesen. *Neuroleptika* sind vor allem aufgrund ihrer Kurz- und Langzeitnebenwirkungen im extrapyramidalen Spektrum sowie aufgrund ihrer mangelhaften Beeinflussung der kognitiven Defizite hyperkinetischer Patienten abzulehnen. Niederpotente Neuroleptika mit geringem Potential zu extrapyramidalen Nebenwirkungen sind allenfalls bei erethischen Formen der hyperkinetischen Störung, die mit einer Intelligenzminderung einhergehen, zu diskutieren. Hier ist zumindest eine zufriedenstellende Beeinflussung der motorischen Hyperaktivität und Impulsivität möglich (Spencer et al., 1996).

1.5.3 Multimodale Behandlung

Die unterschiedlichen therapeutischen Ansatzpunkte von Stimulanzientherapie und verhaltenstherapeutischen Interventionen haben zu der weit verbreiteten Erwartung geführt, daß jede dieser Behandlungsmodalitäten etwas zu bieten habe, das die Wirksamkeit der anderen Therapieform verbessere. In mehreren Studien wurde die Wirksamkeit einer Kombination von Stimulanzienbehandlung mit verhaltenstherapeutischen Interventionen in der Familie und im Unterricht (u. a. Firestone et al., 1981; Pelham et al., 1985, Kolko et al., 1999) oder mit kognitiven Trainings (u. a. Abikoff & Gittelman, 1985; Cohen et al., 1981) oder durch eine Kombination aller drei Interventionsformen (Horn et al., 1991; Ialongo et al., 1993; MTA Cooperative Group, 1999a,b) untersucht. Die Mehrzahl dieser Studien weist auf eine gegenüber einer ausschließlichen Stimulanzientherapie geringfügig erhöhte Wirksamkeit multimodaler Interventionen hin. Gittelman und Mitarbeiter (1980) konnten eine größere Effektivität der Kombinationsbehandlung (verhaltenstherapeutische Interventionen in der Familie und der Schule plus Stimulanzientherapie) gegenüber Stimulanzientherapie alleine weder durch Verhaltensbeobachtungen im Unterricht noch bei den durch Lehrer beurteilten Aufmerksamkeitsstörungen und den Auffälligkeiten im Sozialverhalten belegen. Bei der Verminderung der durch Lehrer beurteilten motorischen Unruhe war die multimodale Behandlung der Stimulanzientherapie allerdings überlegen. Auch in der groß angelegten „Mul-

Kurzzeiteffekte: multimodale Therapie nicht durchweg wirksamer

timodal Treatment Study of Children with ADHD“, in der insgesamt 579 Kinder mit hyperkinetischen Störungen behandelt wurden (MTA Cooperative Group, 1999a,b) konnte keine höhere Wirksamkeit der multimodalen Behandlung gegenüber einer medikamentösen Therapie einschließlich Beratung nachgewiesen werden. Allerdings benötigten die Kinder, die multimodal behandelt wurden, eine geringere Dosis an Stimulanzien. Bei der Verminderung von Hyperaktivität und Impulsivität im Klassenzimmer, der Verminderung aggressiven Verhaltens und internaler Störungen war die multimodale Therapie auch gegenüber der ausschließlichen Verhaltenstherapie nicht überlegen. In der Untersuchung von Pelham et al. (1988) verbesserte eine zusätzliche Stimulanzienbehandlung die Wirksamkeit einer fünfmonatigen Verhaltenstherapie (Interventionen in der Familie und im Unterricht) auf das Verhalten in der Schule deutlich, allerdings nur, solange Stimulanzien verabreicht wurden.

multimodale Therapie: geringere Dosis nötig

Auf die Komplexität der Interaktionen zwischen Verhaltens- und Stimulanzientherapie weisen die Studien von Pelham et al. (1980) und Horn et al. (1991) hin. Pelham und Mitarbeiter belegen, daß eine Stimulanzienbehandlung nach einer verhaltenstherapeutischen Intervention wirksamer ist als eine bei Behandlungsbeginn durchgeführte Stimulanzientherapie. Horn et al. (1991) konnten zwar ebenfalls keine bessere Wirksamkeit einer kombinierten Behandlung gegenüber einer Stimulanzienbehandlung mit höherer Dosierung nachweisen. Bei niedriger Stimulanziendosierung erwies sich die Behandlungskombination hinsichtlich der Veränderung von Verhaltensauffälligkeiten im Unterricht jedoch als effektiver. Die Behandlungskombination mit niedrig dosierten Stimulanzien war im Vergleich zu einer Stimulanzienbehandlung mit niederer Dosierung alleine und im Vergleich zu Verhaltenstherapie alleine (Interventionen in der Familie und Selbstinstruktionstraining) wirkungsvoller. Darüber hinaus erwies sich die Behandlungskombination mit niedrig dosierten Stimulanzien als ebenso wirkungsvoll wie hoch dosierte Stimulanzientherapie alleine und in Kombination mit Verhaltenstherapie. Eine Nachuntersuchung, neun Monate nach Beendigung der Therapien, belegte vor allem, daß sämtliche durch die medikamentöse Therapie erzielten Effekte verschwunden waren. Im Elternurteil erwiesen sich die verhaltenstherapeutischen Interventionen der medikamentösen Therapie überlegen. Diese Effekte konnten aber durch andere Maße (Verhaltensbeobachtung, Lehrerurteil, Konzentrationsleistung) nicht bestätigt werden. Kolko und Mitarbeiter (1999) können sowohl Effekte von Methylphenidat als auch von Verhaltenstherapie belegen. Außerdem konnten einige Hinweise für eine höhere Wirksamkeit bei kombinierter Therapie gefunden werden.

In der Kölner Multimodalen Therapiestudie (Döpfner et al., 2000c) wurden 75 Kinder im Alter von sechs bis zehn Jahren mit der Diagnose einer hyperkinetischen Störung initial entweder verhaltenstherapeutisch oder medikamentös behandelt, und je nach individuellem Behandlungsverlauf wurde mit der jeweils anderen Interventionsform kombiniert.

Die wichtigsten Ergebnisse lassen sich wie folgt zusammenfassen (vgl. Döpfner et al., 2000c):

- Fast alle Kinder, die initial mit Stimulanzien behandelt wurden (nur eine Gabe am Morgen), erhielten ergänzend Verhaltenstherapie.
- 30 % der Kinder, die initial mit Verhaltenstherapie behandelt wurden, erhielten ergänzend eine Stimulanzienbehandlung.
- Die Kombination von Stimulanzientherapie und Verhaltenstherapie war bei der Verminderung der Verhaltensauffälligkeiten in der Schule der ausschließlichen Verhaltenstherapie überlegen.

Trotz der schwachen Belege für eine Wirksamkeit *kognitiver Interventionen* beim Kind wurde eine Kombinationsbehandlung mit Methylphenidat als erfolgversprechend betrachtet. Es wurde erwartet, daß durch die medikamentös bedingte Verbesserung des Verhaltens und vor allem der Aufmerksamkeitsleistungen die Aneignung von Selbstkontroll- und Problemlösefähigkeiten nachhaltig unterstützt werden könnte. In mehreren Studien mit Schulkindern konnten jedoch keine besseren Effekte durch eine Kombinationsbehandlung aus kognitivem Training plus Stimulanzientherapie gegenüber einer ausschließlichen Stimulanzientherapie erzielt werden (Brown et al., 1985; Abikoff & Gittelman, 1985; Abikoff et al., 1988).

Langzeiteffekte: multimodale Therapie möglicherweise wirksamer

Bei der Beurteilung der *Langzeitwirksamkeit* zeichnet sich eine Überlegenheit multimodaler Interventionen gegenüber einer Stimulanzientherapie ab. Satterfield et al. (1981) konnten in einer Nachuntersuchung drei Jahre nach Beginn einer multimodalen Behandlung nachweisen, daß weniger intensiv behandelte Kinder (durchschnittlich neun Monate), von ihren Lehrern als aufmerksamkeitsschwächer beurteilt wurden, in höherem Maße antisoziale Verhaltensweisen zeigten, größere Leistungsdefizite aufwiesen und in der Schule und zu Hause weniger angepaßt waren als intensiver behandelte Kinder (durchschnittlich 35 Monate). In einer weiteren Nachkontrolle untersuchten Satterfield et al. (1987) die Langzeitwirksamkeit einer multimodalen Behandlung im Vergleich zu einer ausschließlichen Stimulanzientherapie. Die durchschnittliche Katamnese-Zeit lag bei 9,3 bzw. 8,7 Jahren, das Durchschnittsalter bei 17 Jahren. Die Delinquenzrate der multimodal behandelten Jugendlichen lag mit 8 % deutlich unter der von ausschließlich mit Methylphenidat behandelten Patienten (22 %). Patienten, die weniger als zwei Jahre eine multimodale Behandlung erhielten, zeigten einen weniger günstigen Verlauf als Patienten, die zwei bis drei Jahre lang behandelt wurden. Die Wirksamkeit einer teilstationären Langzeitbehandlung von Vorschulkindern mit überwiegend hyperkinetischer und aggressiver Symptomatik konnten nachgewiesen werden (Döpfner et al., 1989; Döpfner, 1993d).

1.5.4 Andere Therapien

- *Diät-Behandlung.* Die Wirksamkeit von Diäten hat sich in den meisten Studien nicht nachweisen lassen (vgl. Taylor et al., 1998; American Academy of child and Adolescent Psychatry, 1997). Es gibt einige begrenzte Hinweise darauf, daß individuell angepaßte Eliminationsdiäten, ausgehend von einer hypoallergenen Basisdiät bestehend aus Nahrungsmitteln mit geringer allergischer Potenz in Einzelfällen einen Einfluß haben können (Egger, 1985; Carter, 1993; Schulte-Körne, 1996). Bei der Durchführung von Diäten entstehen meist erhebliche Probleme. Die Behandlung mit der oligoantigenen Diät ist umständlich, aufwendig, kostspielig und sozial einschneidend. Es besteht ein Risiko von Fehlernährungen (Egger, 1995), so daß die Durchführung von Diäten als Regelbehandlung nicht empfohlen werden kann.

Diät wenig wirksam

- *Entspannungsverfahren.* Die Wirksamkeit von Entspannungsverfahren (autogenem Training, progressiver Muskelentspannung, Biofeedback) wird in Einzelfällen berichtet und ist in einigen Studien belegt worden (Saile, 1996), die allerdings erhebliche methodische Schwächen aufweisen. Die Generalisierung von Effekten auf das Verhalten in der Schule oder in der Familie ist bislang nicht schlüssig nachgewiesen worden. Daher können Entspannungsverfahren allenfalls als ergänzende Interventionen empfohlen werden.

Entspannung vermutlich wenig wirksam

- *Mototherapie, Psychomotorik, Ergotherapie.* Zur Wirksamkeit mototherapeutischer/psychomotorischer Verfahren oder der Ergotherapie bei der Verminderung hyperkinetischer Symptomatik liegen bislang keine kontrollierten Studien vor, obwohl diese Verfahren häufig eingesetzt werden. Vermutlich besteht das Hauptproblem bei diesen Ansätzen in der Generalisierung von Effekten, die während der Therapiesitzung auftreten, auf die natürlichen Lebensbereiche des Kindes. Möglicherweise sind diese Interventionen zur Verminderung von komorbiden Auffälligkeiten in der Körperkoordination oder der Wahrnehmungsfähigkeit hilfreich; in Einzelfällen wird auch von Effekten auf die hyperkinetische Symptomatik berichtet. Nach dem gegenwärtigen Kenntnisstand können diese Interventionen als ergänzende Maßnahmen empfohlen werden.

Generalisierungsprobleme

2 Leitlinien

2.1 Leitlinien zur Diagnostik und Verlaufskontrolle

Die spezifische Diagnostik hyperkinetischer Störungen baut auf einer allgemeinen Diagnostik von Kindern und Jugendlichen mit psychischen Störungen auf, wie sie im Leitfaden zur Diagnostik psychischer Störungen im Kindes- und Jugendalter (Döpfner et al., 2000a; siehe auch Döpfner et al., 2000b) beschrieben ist.

Exploration Kern der Diagnostik

Tabelle 9 gibt eine Übersicht über die Leitlinien zur Diagnostik und Verlaufskontrolle von Kindern und Jugendlichen mit hyperkinetischen Störungen. Die *Exploration der Eltern, des Kindes/Jugendlichen und der Erzieher/Lehrer* steht im Zentrum der Diagnostik. Ohne Informationen sowohl von den Eltern als auch von dem Kind/Jugendlichen und von Erziehern/Lehrern ist die Diagnose einer hyperkinetischen Störung nicht möglich. Die Exploration des Kindes/Jugendlichen bezieht auch die Verhaltensbeobachtung des Kindes/Jugendlichen während der Exploration und während anderer Untersuchungen (z. B. testpsychologische Untersuchung) sowie seine psychopathologische Beurteilung mit ein. Alle anderen diagnostischen Maßnahmen sind optional, aber häufig indiziert:

optionale Diagnostik: – Fragebogen

– *Standardisierte Fragebögen* für die Eltern, für das Kind/den Jugendlichen und für den Erzieher/Lehrer können die Exploration ergänzen und erleichtern. Falls eine Exploration der Erzieher/Lehrer nicht möglich ist, können Fragebögen diese auch ersetzen. Häufig erleichtern Fragebögen die Exploration, wenn sie vor der Exploration beantwortet werden. Der Untersucher kann dann die Informationen aus den Fragebögen zur gezielten weiterführenden Exploration nutzen.

– Testverfahren

– Eine *testpsychologische Untersuchung* der Intelligenz oder des Entwicklungsstandes bzw. der schulischen Leistungsfähigkeit oder der Aufmerksamkeitsleistung und Impulsivität kann unter bestimmten Bedingungen indiziert sein. Eine grundlegende kurze Prüfung der intellektuellen Leistungsfähigkeit ist jedoch meist indiziert.

– körperliche/ neurologische Untersuchung

– Die Bedeutung von *körperlichen und neurologischen Untersuchungen* werden in den Leitlinien der verschiedenen Gesellschaften zurückhaltend bewertet. In den amerikanischen Leitlinien wird eine körperliche Untersuchung und eine spezifische Anamnese körperlicher Erkrankungen innerhalb der letzten 12 Monaten als notwendig eingeschätzt. In den deutschen Leitlinien wird darauf hingewiesen, daß eine orientierende internistische und neurologische Untersuchung durchgeführt werden sollte.

Tabelle 9: Übersicht über die Leitlinien zur Diagnostik und Verlaufskontrolle

L1	Exploration der Eltern, des Kindes/Jugendlichen und der Erzieher/Lehrer
L2	Durchführung der Exploration von Kindern und Jugendlichen mit hyperkinetischer Störung
L3	Standardisierte Fragebögen für Eltern, für das Kind/den Jugendlichen und für Erzieher/Lehrer
L4	Testpsychologische Untersuchung
L5	Körperliche Untersuchung
L6	Verlaufskontrolle

Grau unterlegt: Mindestanforderungen an Diagnostik und Verlaufskontrolle.
Hell unterlegt: optionale, aber häufig notwendige diagnostische Maßnahmen.

2.1.1 Exploration der Eltern und der Erzieher oder Lehrer

Basis: allgemeine Exploration

Leitlinie 1 gibt eine Übersicht über die Empfehlungen zur Exploration der Eltern, des Kindes oder Jugendlichen und der Erzieher oder Lehrer. Wie die Diagnostik von Kindern und Jugendlichen mit hyperkinetischen Störungen generell, baut auch die Exploration auf den im Leitfaden zur Diagnostik psychischer Störungen im Kindes- und Jugendalter (Döpfner et al., 2000a) spezifizierten allgemeinen Explorationsleitlinien bei Kindern und Jugendlichen mit psychischen Störungen auf. Bildet sich im Rahmen der allgemeinen Exploration ein Verdacht auf eine hyperkinetische Symptomatik, dann sollten die in Leitlinie 1 aufgeführten Aspekte in der Exploration berücksichtigt werden. Die Exploration bezieht sich auf die in Leitlinie 1 dargestellten acht Bereiche (Sektionen).

Exploration der Eltern

Die Eltern werden zu allen Sektionen exploriert, Erzieher oder Lehrer nur zu ausgewählten Bereichen. Die Themenbereiche, die ausschließlich bzw. hauptsächlich für die Exploration der Eltern vorgesehen sind, sind in Leitlinie 1 gekennzeichnet. Die Reihenfolge der Exploration dieser Themenbereiche ist nicht festgelegt, sie ergibt sich aber häufig in der genannten Abfolge.

L1 **Leitlinie 1: Exploration der Eltern und der Erzieher/Lehrer**[1)]

Sektion 1: Aktuelle hyperkinetische Symptomatik des Kindes/Jugendlichen

- Auftreten der Leitsymptome Hyperaktivität, Impulsivität und Aufmerksamkeitsstörung (Diagnose-Checklisten können dabei hilfreich sein).
- Häufigkeit, Intensität und situativer Variabilität der Symptomatik (z. B. Symptomatik in der Familie, im Kindergarten bzw. in der Schule, in der Gleichaltrigengruppe, bei fremdbestimmten oder bei selbstbestimmten Aktivitäten).

- Häufigkeit, Intensität und situativer Variabilität der Symptomatik (z. B. Symptomatik in der Familie, im Kindergarten bzw. in der Schule, in der Gleichaltrigengruppe, bei fremdbestimmten oder bei selbstbestimmten Aktivitäten).
- Grad der Beeinträchtigung und Belastung des Patienten und seines Umfeldes durch die Symptomatik im Kindergarten/in der Schule, der Familie und in der Gleichaltrigengruppe.

Sektion 2: Spezifische psychische Komorbidität und differentialdiagnostische Abklärung,

vor allem:

- Störungen des Sozialverhaltens,
- Hinweise auf umschriebene Entwicklungsstörungen, schulische Leistungsdefizite und auf Teilleistungsschwächen,
- Hinweise auf Intelligenzminderung (Lernbehinderung oder geistige Behinderung),
- tiefgreifende Entwicklungsstörung,
- Tic-Störungen (einschließlich Tourette-Störung),
- depressive Symptomatik, z. B. negatives Selbstkonzept, mangelndes Selbstvertrauen
- Angststörungen (insbesondere Leistungsängste und generalisierte Angststörung),
- posttraumatische Belastungsstörung und Anpassungsstörung,
- reaktive Bindungsstörung,
- medikamenteninduzierte Störung
- im Jugendalter zusätzlich: Borderline Persönlichkeitsstörung, drogeninduzierte Störung, manische Episode, schizophrene Störung,
- beeinträchtigte Beziehungen zu Familienmitgliedern, zu Erziehern/Lehrern und zu Gleichaltrigen.

Sektion 3: Relative Stärken und Interessen des Kindes/Jugendlichen

- Freizeitaktivitäten, sportliche Interessen, Fähigkeiten;
- Humor, Charme, Begeisterungsfähigkeit.

Sektion 4: Störungsspezifische Entwicklungsgeschichte des Kindes/Jugendlichen,

insbesondere hinsichtlich:

- Schwangerschafts-/Geburtskomplikationen; Komplikationen in der Neugeborenenperiode und Verzögerungen in der frühkindlichen Entwicklung (nicht notwendigerweise vorhanden) (Elternexploration);
- ungünstiger Temperamentsmerkmale im Säuglingsalter (nicht notwendigerweise vorhanden) und der Reaktion der Bezugspersonen (Elternexploration);
- Beginn der Leitsymptome der hyperkinetischen Störung (muß vor dem Alter von 6 Jahren liegen) und damalige psychosoziale Bedingungen sowie Reaktionen der Bezugspersonen (hauptsächlich Elternexploration);
- Verlauf der Symptomatik (konstant, fluktuierend, Beeinflussung durch andere Belastungen).

Sektion 5: Spezifische medizinische Anamnese

(haupstsächlich Elternexploration), insbesondere hinsichtlich:

- organischer Primärdiagnose, welche die hyperkinetische Symptomatik verursachen kann

(Alkoholembryopathie, Bleiintoxikation, Schilddrüsendysfunktionen, Epilepsie, Migräne, Schädel-Hirn-Trauma, genetische oder metabolische Störung, primäre Schlafstörung) (hauptsächlich Elternexploration);
- Medikamenten, die hyperkinetische Symptome verursachen können (z. B. Antikonvulsiva, Antihistaminika, Theophylllin, Sympathomimetika, Steroide) (hauptsächlich Elternexploration).

Sektion 6: Spezifische Familienanamnese

(haupstsächlich Elternexploration), insbesondere hinsichtlich:
- Psychischer Störung bei Familienmitgliedern/erstgradig Verwandten, vor allem hyperkinetischer Störung, Tic-Störung, Drogen-/Medikamentenmißbrauch, Störung des Sozialverhaltens, Persönlichkeitsstörung, Affektstörung oder Angststörung (früher oder aktuelle Störung);
- Entwicklungs- oder Lernstörungen bei Familienmitgliedern;
- vergangene und gegenwärtige Belastungen und Krisen in der Familie und Veränderungen in der Familienzusammensetzung;
- Organisationsgrad der Familie und besondere Ressourcen;
- Erziehungsverhalten, spezifischer Bewältigungsstrategien der Eltern in kritischen Erziehungssituationen;
- Vernachlässigung oder Mißhandlungen;
- Qualität der Eltern-Kind-Beziehung.

Sektion 7: Bedingungen im Kindergarten / in der Schule und in der Gleichaltrigengruppe,

insbesondere hinsichtlich:
- Integration des Kindes in Gruppen (Kindergarten, Schule, Gleichaltrige, Freizeitgruppen);
- belastender Bedingungen im Kindergarten/in der Schule (z. B. Gruppen-/Klassengröße, Anteil verhaltensauffälliger Kinder);
- Ressourcen im Kindergarten/in der Schule (z. B. Kleingruppenunterricht, Kleingruppenbeschäftigung, Integrationsmaßnahmen, Förderunterricht);
- Erzieher-/Lehrer-Kind-Beziehung und Erzieher-/Lehrer-Eltern-Beziehung.

Sektion 8: Therapie

- Bewältigungsversuche in der Familie, im Kindergarten/in der Schule und ihre Ergebnisse;
- Vorbehandlung (Psycho-, Moto-, Ergo-, Sprachtherapie, andere Übungsbehandlung, Pharmakotherapie mit Dosierung);
- Störungskonzepte der Eltern, Erzieher/Lehrer und des Kindes/Jugendlichen (Ursachen der Störung);
- Therapieerwartungen der Eltern, Erzieher/Lehrer und des Kindes/Jugendlichen;
- Bereitschaft der Eltern, Erzieher/Lehrer und des Kindes/Jugendlichen zur aktiven Mitarbeit;
- Behandlungsziele der Eltern, Erzieher/Lehrer und des Kindes/Jugendlichen (Zielsymptome).

1) In Anlehnung an Leitlinien von Fachgesellschaften und speziellen Arbeitsgruppen in den USA, in Europa und in Deutschland (American Academy of Child and Adolescent Psychiatry, 1991, 1997; vgl. Döpfner & Lehmkuhl, 1993; Taylor et al., 1998; Deutsche Gesellschaft für Kinder- und Jugendpsychiatrie und Psychotherapie et al., 2000)

Hilfreiche Materialien

Das *Explorationsschema für Hyperkinetische und Oppositionelle Verhaltensstörungen (ESHOV),* das in Kapitel 4 (siehe M01, S. 128) abgedruckt ist, orientiert sich an den in Leitlinie 1 dargestellten Explorationsbereichen. Neben der hyperkinetischen Symptomatik werden durch das Explorationsschema auch oppositionelle und aggressive Störungen differenziert erfragt. Das Explorationsschema dient nicht nur zur Exploration der Eltern, sondern kann auch für die Exploration des Kindes/Jugendlichen und für die Exploration der Erzieher/Lehrer eingesetzt werden, und es erlaubt die Einschätzung des Verhaltens des Kindes/Jugendlichen in der Explorations- und Untersuchungssituation. Auf der ersten Seite des Explorationsschemas können Grundinformationen über den Patienten, den Vorstellungsanlaß und über die Kompetenzen des Patienten notiert werden. Die folgenden Seiten sind in acht Sektionen analog zu den in Leitlinie 1 aufgelisteten acht Explorationsbereichen aufgebaut.

Beziehungsaufbau

Die *Exploration der Eltern* stellt den Kern der Diagnostik dar. Sie dient jedoch nicht nur der Informationsgewinnung; ebenso wichtig ist in dieser Phase der Aufbau einer therapeutischen Beziehung zu den Eltern. Trotz der vielfältigen Informationen, die in dieser Phase erhoben werden müssen, sollte der Therapeut genügend Zeit haben, sich die Sorgen der Eltern in Ruhe anzuhören und ihnen Verständnis für ihre Situation zu signalisieren. In der Regel haben die Eltern einen hohen Leidensdruck, der mitunter dazu führen kann, daß die Problematik dramatisiert wird und es den Eltern schwer fällt, die Verhaltensprobleme differenziert zu beschreiben.

Explorationssituation

Die Exploration wird mit mindestens einem Elternteil durchgeführt, günstiger ist jedoch eine gemeinsame Exploration beider Elternteile, weil so Gemeinsamkeiten und Unterschiede in der Bewertung des Kindes und seines Problemverhaltens sowie anderer familiärer Bedingungen deutlich werden können. Häufig werden Eltern und Kind gemeinsam exploriert. Dies hat bestimmte Vor- und Nachteile. Die Reaktionen des Kindes auf die Angaben der Eltern können wertvolle Hinweise zur Konkordanz oder Diskordanz der Beurteilungen von Problemen durch Eltern und Kind geben. Andererseits kann die Anwesenheit des Kindes dazu führen, daß bestimmte Informationen durch die Eltern vorenthalten werden. Außerdem kann das Kind sehr schnell das Gefühl entwickeln, auf einer Anklagebank zu sitzen, wenn die Eltern über die problematischen Verhaltensweisen und ihre Unzufriedenheit mit dem Verhalten des Kindes berichten. Häufig ist es daher sinnvoll nach einer kurzen orientierenden gemeinsamen Exploration von Eltern und Kind mit einer getrennten Exploration fortzufahren. Auf jeden Fall sollten die Eltern und das Kind/der Jugendliche auch alleine exploriert werden, selbst wenn zunächst über alle Themenbereiche eine gemeinsame Exploration erfolgte.

orientierende Exploration

Üblicherweise beginnt die Exploration der Eltern mit der Frage nach dem Vorstellungsanlaß und orientiert sich dann zunächst an den Beschwerden und Bedürfnissen der Eltern. Im Verlauf der weiteren Exploration ist jedoch häufig ein stärker strukturiertes Vorgehen hilfreich, um alle relevanten Informationen zu erhalten. Die Explorationsdauer ist variabel, in der Regel müssen ein bis zwei Stunden für die Exploration der Eltern veranschlagt werden. In Abhängigkeit von der Komplexität der familiären Bedingungen oder der Problemverhaltensweisen sowie von der Fähigkeit der Eltern, gezielt Informationen zu geben, kann dieser Zeitrahmen jedoch auch deutlich überschritten werden.

Information von der Schule zwingend notwendig

Die *Exploration der Erzieher/Lehrer* erfolgt mit Einverständnis der Eltern meist telefonisch oder aber im direkten Kontakt. Sie kann durch Berichte, Zeugnisse, Klassenarbeiten, Schulhefte, Beurteilungen im Rahmen von Sonderschulaufnahmeverfahren und durch Fragebogen ergänzt werden. Fragebogenverfahren werden in Kapitel 2.1.2 ausführlich dargestellt. Die Leitlinien der deutschen und der amerikanischen Fachgesellschaften fordern übereinstimmend, daß für die Diagnose einer hyperkinetischen Störung Informationen direkt vom Kindergarten bzw. von der Schule zwingend notwendig sind. Informationen der Eltern über das Verhalten des Kindes im Kindergarten bzw. in der Schule sind in der Regel nicht ausreichend. Wenn das Kind die Schule besucht, wird in der Regel die Klassenlehrerin exploriert. In der Grundschule können Lehrer das Verhalten des Kindes umfassend beurteilen, in den weiterführenden Schulen mit Fachlehrersystem ist dies problematischer.

Integration von Erziehern/Lehrern in Therapie

Auch mit den Erziehern/Lehrern sollten zum Ende der Exploration Behandlungsziele definiert und ihre Bereitschaft zur aktiven Mitarbeit exploriert werden. Erzieher/Lehrer leiden häufig unter der hyperkinetischen Symptomatik und erwarten Entlastung durch eine Therapie des Kindes oder Interventionen in der Familie. Die aktive Integration von Erziehern/Lehrern in die Therapie ist bislang leider immer noch die Ausnahme. Deshalb sollte für eine aktive Mitarbeit dieser Bezugspersonen geworben und die Notwendigkeit von Interventionen vor Ort betont werden. Selbst eine ausschließliche Pharmakotherapie erfordert eine aktive Zusammenarbeit zwischen Arzt und Erzieher/Lehrer.

Wenn möglich, kann eine Verhaltensbeobachtung im Kindergarten/in der Schule durchgeführt werden. Bei komplexen Fällen oder wenn die Therapie nicht die gewünschten Erfolge zeigt, ist eine Verhaltensbeobachtung vor Ort auf jeden Fall empfehlenswert.

Im folgenden werden Erläuterungen und Kommentare zu den einzelnen in den Leitlinien zur Diagnostik aufgeführten Themenbereichen gegeben und die Umsetzung der Leitlinien im Explorationsschema dargestellt.

Sektion 1: Aktuelle hyperkinetische Symptomatik des Kindes/ Jugendlichen.

Übersicht

- Auftreten der Leitsymptome Hyperaktivität, Impulsivität und Aufmerksamkeitsstörung (Diagnose-Checklisten können dabei hilfreich sein).
- Häufigkeit, Intensität und situative Variabilität der Symptomatik (z. B. Symptomatik in der Familie, im Kindergarten bzw. in der Schule, in der Gleichaltrigengruppe, bei fremdbestimmten oder bei selbstbestimmten Aktivitäten).
- Grad der Beeinträchtigung und Belastung des Patienten und seines Umfeldes durch die Symptomatik im Kindergarten/in der Schule, der Familie und in der Gleichaltrigengruppe.

Leitsymptome

Zunächst wird das Auftreten der Leitsymptome Hyperaktivität, Impulsivität und Aufmerksamkeitsstörung erfragt. Diese Symptome müssen mindestens über sechs Monate anhalten und deutlich stärker ausgeprägt sein als bei Kindern gleichen Alters und gleichen Entwicklungsstandes. Bei Kindern mit Intelligenzminderung kann die Einschätzung der Symptomatik besonders schwierig sein, weil die Symptomatik deutlich stärker ausgeprägt sein muß als bei Kindern mit ähnlicher Intelligenzminderung. Hier ist das Urteil der Lehrer besonders wichtig.

Erfassung der Symptomatik in einzelnen Lebensbereichen

Bei der Exploration der Symptomatik ist die Häufigkeit, Intensität und situative Variabilität der Symptomatik zu berücksichtigen. Die Diagnose einer hyperkinetischen Störung setzt voraus, daß die Symptomatik in mindestens zwei Lebensbereichen – also in der Familie und im Kindergarten bzw. in der Schule – auftritt. Allerdings kann die Symptomstärke in den verschiedenen Lebensbereichen durchaus variieren. Deshalb ist eine getrennte Erfassung der Symptomatik in den Lebensbereichen notwendig. Bei Kindern, die gering von der Problematik behaftet sind, kann die Symptomatik vor allem im Kindergarten oder in der Schule und nur in geringem Maße in der Familie auftreten, weil im Kindergarten bzw. in der Schule höhere Anforderungen an die Fähigkeit des Kindes gestellt werden, sich ruhig zu beschäftigen, sich selbst zu steuern und die Aufmerksamkeit aufrecht zu erhalten. Typischerweise tritt die Problematik stärker bei fremdbestimmten Aktivitäten zutage. Je stärker die Störung ausgeprägt ist und je jünger das Kind ist, um so deutlicher tritt die Symptomatik jedoch auch bei selbstbestimmten Tätigkeiten zutage. Die Kinder sind dann typischerweise nicht in der Lage, ein selbstgewähltes Spiel zu Ende zu bringen. Die Eltern werden sowohl zur Ausprägung der Symptomatik in der Familie als auch zur Ausprägung in anderen Lebensbereichen exploriert. Diese Angaben der Eltern müssen aber später durch gezielte Explorationen von Erziehern oder Lehrern ergänzt werden. Die Aussage der Eltern, der Lehrer würde über Unruhe des Kindes klagen, reicht nicht aus.

Der Grad der Beeinträchtigung und der Belastung des Kindes und des Umfeldes durch die Symptomatik im Kindergarten/in der Schule, der Familie oder der Gleichaltrigengruppe sollte ebenfalls erhoben werden. Dies läßt sich meist durch die konkreten Schilderungen der Eltern abschätzen.

Hilfreiche Materialien

Zur klinischen Beurteilung der aktuellen hyperkinetischen Symptomatik eignen sich vor allem drei Verfahren:

- Sektion 1 des *Explorationsschemas für Hyperkinetische und Oppositionelle Verhaltensstörungen (ESHOV)*, um Grundinformationen über hyperkinetische (und oppositionelle sowie aggressive) Symptomatik zu erheben (siehe M01, S. 128)
- die *Diagnose-Checkliste für Hyperkinetische Störungen, DCL-HKS* (Döpfner & Lehmkuhl, 1998a), um die Kriterien für eine Diagnose nach ICD-10 oder DSM-IV zu überprüfen (siehe Kap. 3.1.1, S. 118);
- das *Eltern-Interview zur Eltern-Kind-Interaktion, EKI* (Döpfner et al., 1998a), um eine differenzierte Exploration der spezifischen Problemsituationen in der Familie durchzuführen (siehe Kap. 3.1.2, S. 119).

Im *Explorationsschema* können die Leitsymptome bereits auf dem Deckblatt in der Sektion *Vorstellungsanlaß/spontan berichtete Probleme* angesprochen werden. Gezielter wird die Symptomatik unter Sektion *1 Aktuelle hyperkinetische/oppositionelle/aggressive Problematik* erhoben.

Zur klinischen Beurteilung der Diagnosekriterien für hyperkinetische Störungen kann die *Diagnose-Checkliste für Hyperkinetische Störungen (DCL-HKS)* herangezogen werden. Diese Diagnose-Checklisten ist Bestandteil des umfassenden *Diagnostik-Systems für Psychische Störungen im Kindes- und Jugendalter nach ICD-10 und DSM-IV, DISYPS-KJ* (Döpfner & Lehmkuhl, 1998a), das aus mehreren Diagnose-Checklisten (DCL) zur klinischen Beurteilung sowie aus Fremdbeurteilungsbögen (FBB) zur direkten Einschätzung von Eltern, Lehrern oder Erziehern und aus Selbstbeurteilungsbögen (SBB) zur Selbsteinschätzung von Kindern und Jugendlichen im Alter von 10 bis 18 Jahren besteht (Döpfner & Lehmkuhl, 1998a).

Abbildung 6 zeigt eine beispielhafte Beurteilung anhand der *Diagnose-Checkliste für Hyperkinetische Störungen (DCL-HKS)* mit dem Entscheidungsbaum für ICD-10-Diagnosen. Da sich die Symptomkriterien nach ICD-10 (Forschungskriterien) und nach DSM-IV weitgehend entsprechen, ist nur eine einzige Checkliste mit den Symptomkriterien notwendig. Die einzelnen Kriterien werden auf einer vierstufigen Antwortskala beurteilt. Die Auswertung der Diagnose-Checklisten erfolgt erstens kategorial mit Hilfe eines Entscheidungsbaumes und zweitens dimensional. Die *dimensionale Auswertung* ist in Kapitel 3 besprochen (siehe Kap. 3.1.1, S. 118). Die *kategoriale Auswertung* erfolgt anhand eines Entscheidungsbaumes. Da sich ICD-10 und DSM-IV zwar kaum in den Symptomkriterien, wohl aber in den Regeln zur Kombination dieser Symptomkriterien zu Diagnosen unterscheiden, enthalten die Diagnose-Checklisten für ICD-10 und DSM-IV getrennte Entscheidungsbäume, die an die Liste der Symptomkriterien angelegt werden können.

Ein grundlegender Unterschied zwischen DSM-IV und ICD-10 besteht darin, daß ICD-10 Kombinationsdiagnosen für jene Störungen vorsieht, die gehäuft gemeinsam auftreten, während nach DSM-IV in diesem Fall

Symptomkriterien nach ICD-10 und DSM-IV

[ ] = nur ICD-10, { } nur DSM-IV

Dauer der Symptomatik: mindestens 6 Monate

A. Aufmerksamkeitsstörung

1. Beachtet häufig Einzelheiten nicht oder macht Flüchtigkeitsfehler bei den Schularbeiten, bei der Arbeit oder bei anderen Tätigkeiten
2. Hat oft Schwierigkeiten, längere Zeit die Aufmerksamkeit bei Aufgaben oder Spielen aufrechtzuerhalte
3. Scheint häufig nicht zuzuhören, wenn andere ihn/sie ansprechen
4. Führt häufig Aufträge anderer nicht vollständig durch und kann Schularbeiten, andere Arbeiten oder Pflichten am Arbeitsplatz nicht zu Ende bringen (nicht aufgrund oppositionellen Verhaltens oder Verständnisschwierigkeiten)
5. Hat häufig Schwierigkeiten, Aufgaben und Aktivitäten zu organisieren
6. Vermeidet häufig oder hat eine Abneigung gegen oder beschäftigt sich häufig nur widerwillig mit Aufgaben, die längerandauernde geistige Anstrengung erfordern (z.B. im Unterricht, Hausaufgaben)
7. Verliert häufig Gegenstände, die er/sie für bestimmt Aufgaben oder Aktivitäten benötigt (z.B. Spielsachen, Hausaufgabenhefte, Stifte, Bücher oder Werkzeug)
8. Läßt sich oft durch äußere Reize ablenken
9. Ist bei Alltagstätigkeiten häufig vergeßlich

Kennwert: Qualitative Beeinträchtigung der sozialen Interaktion (Summe der Berurteilungen /9

B. Überaktivität

1. Zappelt häufig mit Händen oder Füßen oder rutscht auf dem Stuhl herum
2. Steht {oft} im Unterrricht oder in anderen Situationen auf, in denen Sitzenbleiben erwartet wird
3. Läuft häufig herum oder klettert exzessiv in Situationen, in denen dies unpassend ist. (Bei Jugendlichen oder Erwachsenen kann dies auf ein subjektives Unruhegefühl beschränkt bleiben)
4. Hat häufig Schwierigkeiten, ruhig zu spielen oder sich mit Freizeitaktivitäten ruhig zu beschäftigen
5. [Zeigt ein anhaltendes Muster exzessiver motorischer Aktivität, das durch die soziale Umgebung oder durch Aufforderungen nicht durchgreifend beeinflußbar ist]
5. {Ist häufig „auf Achse" oder handelt oftmals, als wäre er/sie „getrieben"}

Kennwert: Überaktivität (Summe der Berurteilungen /5

C. Impulsivität

1. Platzt häufig mit der Antwort heraus, bevor die Frage zu Ende gestellt ist
2. Kann häufig nur schwer warten bis er/sie an der Reihe ist [bei Spielen oder in Gruppensituationen]
3. Unterbricht oder stört andere häufig (z. B. platzt in die Unterhaltung oder Spiele anderer hinein)
4. Redet häufig übermäßig viel [ohne angemessen auf soziale Beschränkungen zu reagieren] (Im DSM-IV unter Überaktivität)

Kennwert: Impulsivität (Summe der Berurteilungen /4

Abbildung 6: Diagnose-Checkliste für Hyperkinetische Störungen (DCL-HKS) mit dem Entscheidungsbaum für ICD-10-Diagnosen, Beispiel

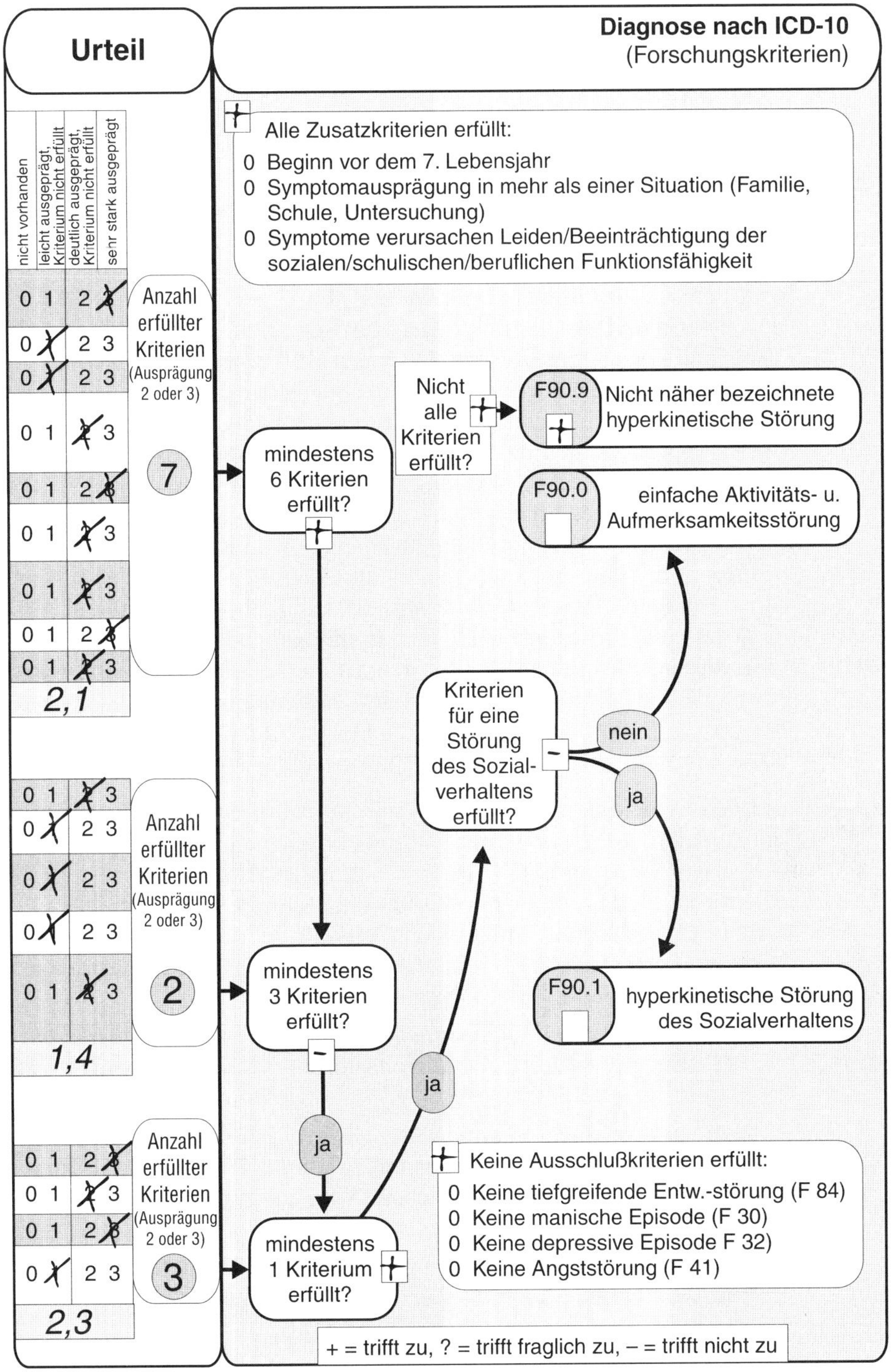
Urteil
Diagnose nach ICD-10
(Forschungskriterien)
nicht vorhanden
leicht ausgeprägt, Kriterium nicht erfüllt
deutlich ausgeprägt, Kriterium nicht erfüllt
sehr stark ausgeprägt
0 1 2 3
Anzahl erfüllter Kriterien (Ausprägung 2 oder 3)
7
2,1
2
1,4
3
2,3
Alle Zusatzkriterien erfüllt:
0 Beginn vor dem 7. Lebensjahr
0 Symptomausprägung in mehr als einer Situation (Familie, Schule, Untersuchung)
0 Symptome verursachen Leiden/Beeinträchtigung der sozialen/schulischen/beruflichen Funktionsfähigkeit
mindestens 6 Kriterien erfüllt?
Nicht alle Kriterien erfüllt?
F90.9 Nicht näher bezeichnete hyperkinetische Störung
F90.0 einfache Aktivitäts- u. Aufmerksamkeitsstörung
Kriterien für eine Störung des Sozialverhaltens erfüllt?
nein
ja
F90.1 hyperkinetische Störung des Sozialverhaltens
mindestens 3 Kriterien erfüllt?
ja
mindestens 1 Kriterium erfüllt?
Keine Ausschlußkriterien erfüllt:
0 Keine tiefgreifende Entw.-störung (F 84)
0 Keine manische Episode (F 30)
0 Keine depressive Episode F 32)
0 Keine Angststörung (F 41)
+ = trifft zu, ? = trifft fraglich zu, – = trifft nicht zu

Mehrfachdiagnosen vergeben werden. Ein Kind, das sowohl die Kriterien für eine hyperkinetische Störung als auch die Kriterien für eine Störung des Sozialverhaltens erfüllt, erhält nach ICD-10 die Diagnose einer „hyperkinetischen Störung des Sozialverhaltens" (F90.1), während nach DSM-IV zwei getrennte Diagnosen zu stellen sind.

Diagnose nach ICD-10

Wie die beispielhafte Beurteilung in Abbildung 6 zeigt, sind zwar die ICD-10-Forschungskriterien für eine Aufmerksamkeitsstörung und für Impulsivität erfüllt, nicht aber die Kriterien für Hyperaktivität. Daher kann nach Forschungskriterien nur eine „Nicht näher bezeichnete hyperkinetische Störung" gestellt werden. Im Unterschied zum DSM-IV liegen für das ICD-10 klinisch diagnostische Leitlinien (Dilling et al., 1991) und Forschungskriterien (Dilling et al., 1994) vor. In den klinisch-diagnostischen Leitlinien, sind die einzelnen Diagnosen nicht exakt operationalisiert. Sie lassen dem Diagnostiker deshalb einen weitaus größeren Spielraum als die Forschungskriterien. Dennoch ist es sinnvoll, sich auch in der klinischen Diagnostik an den eindeutig operationalisierten Forschungskriterien zu orientieren, wobei der jeweilige Grenzwert für die Vergabe einer Diagnose (z. B. sechs von neun Kriterien müssen zutreffen) in der klinischen Diagnostik unterschritten werden kann. Nach den weicheren klinischen Kriterien, die lediglich verlangen, daß Aufmerksamkeitsstörungen und Hyperaktivität vorhanden sein sollen, könnte in diesem Beispiel (Abb. 6) durchaus eine einfache Aktivitäts- und Aufmerksamkeitsstörung (F90.0) oder auch eine hyperkinetische Störung des Sozialverhaltens (F90.1) diagnostiziert werden, wenn auch die Kriterien für einen Störung des Sozialverhaltens erfüllt sind.

Diagnose nach DSM-IV

Bei den hyperkinetischen Störungen, die nach DSM-IV als Aufmerksamkeitsdefizit-/Hyperaktivitätsstörung bezeichnet werden, unterscheiden sich ICD-10 und DSM-IV, wie bereits in Kapitel 1 dargestellt, in einem zentralen Punkt. ICD-10 fordert, daß für die Diagnose einer einfachen Aktivitäts- und Aufmerksamkeitsstörung sowohl Aufmerksamkeitsstörungen als auch Hyperaktivität und Impulsivität vorliegen müssen, während DSM-IV drei Diagnosen vorsieht:

- den *Mischtyp einer Aufmerksamkeitsdefizit-/Hyperaktivitätsstörung,* bei dem sowohl Aufmerksamkeitsstörung als auch Hyperaktivität/ Impulsivität vorliegen;
- den *vorherrschend unaufmerksamen Typ,* bei dem vor allem Aufmerksamkeitsstörungen vorliegen, während Hyperaktivität/Impulsivität nicht oder nicht hinreichend stark ausgeprägt sind;
- den *vorherrschend hyperaktiv-impulsiven Typ,* bei dem vor allem Hyperaktivität/Impulsivität vorliegt, während Aufmerksamkeitsstörungen nicht oder nicht hinreichend stark ausgeprägt sind.

In dem in Abbildung 6 dargestellten Beispielfall würde mit Hilfe der Diagnose Checkliste (DCL-HKS) nach DSM-IV die Diagnose eines vorherrschend unaufmerksamen Typs der Aufmerksamkeitsdefizit-/Hyperaktivitätsstörung diagnostiziert werden. Falls nicht andere (z. B. administrative) Gründe vorliegen, empfiehlt sich für die Praxis die Anwendung der DSM-IV-Diagnosen, weil die Diagnosedefinitionen und die Differenzierungen von gemischten bzw. stärker hyperkinetischen oder stärker aufmerksamkeitsgestörten Formen den Bedürfnissen der Praxis besser gerecht werden.

Sektion 2. Spezifische psychische Komorbidität und differentialdiagnostische Abklärung

Übersicht

Zu beachten sind vor allem:

- Störungen des Sozialverhaltens,
- Hinweise auf umschriebene Entwicklungsstörungen, schulische Leistungsdefizite und auf Teilleistungsschwächen,
- Hinweise auf Intelligenzminderung (Lernbehinderung oder geistige Behinderung),
- tiefgreifende Entwicklungsstörung,
- Tic-Störungen (einschließlich Tourette-Störung),
- depressiver Symptomatik, z. B. negatives Selbstkonzept, mangelndes Selbstvertrauen,
- Angststörungen (insbesondere Leistungsängste und generalisierte Angststörung),
- posttraumatische Belastungsstörung und Anpassungsstörung,
- reaktive Bindungsstörung,
- medikamenteninduzierte Störung
- im Jugendalter zusätzlich: Borderline Persönlichkeitsstörung, drogeninduzierte Störung, manische Episode, schizophrene Störung,
- beeinträchtigte Beziehungen zu Familienmitgliedern, zu Erziehern/Lehrern und zu Gleichaltrigen.

Hilfreiche Materialien

Die differentialdiagnostische Abklärung und die Erhebung komorbider psychischer Störungen und anderer Bedingungen kann mit Hilfe von Sektion 2 des *Explorationsschemas* erfolgen. Außerdem können im Rahmen der allgemeinen Diagnostik psychischer Störungen im Kindes- und Jugendalter (siehe Leitfaden Diagnostik psychischer Störungen; Döpfner et al., 2000a) weitere Instrumente zur klinischen Exploration eingesetzt werden, z. B.:

- das *Psychopathologische Befund-System für Kinder und Jugendliche, CASCAP-D* (Döpfner et al., 1998b);
- weitere Diagnose-Checklisten aus dem *Diagnostik-System für psychische Störungen im Kindes- und Jugendalter nach ICD-10 und DSM-IV, DISYPS-KJ* (Döpfner & Lehmkuhl, 1998a).
- Zusätzlich geben Elternfragebögen, Selbsturteilsfragebögen für Kinder/Jugendliche und Fragebögen für Erzieher oder Lehrer weitere spezifische Hinweise auf komorbide Symptome oder differentialdiagnostische Aspekte (siehe Kap. 2.1.3).

Die in den Leitlinien zur Exploration aufgeführten Punkte sind in das Explorationsschema übernommen worden:

- *Störungen des Sozialverhaltens* stellen die am häufigsten auftretende komorbide Störung bei Kindern und Jugendlichen mit hyperkinetischen Störungen dar. Sie werden bereits in Sektion 1 des Explorationsschemas zusammen mit der hyperkinetischen Symptomatik erhoben. Wenn entsprechende Hinweise auf eine solche Störung vorliegen, dann sollte auch die *Diagnose-Checkliste für Störungen des Sozialverhaltens, DCL-SSV* eingesetzt werden. Liegen beide Störungen vor, dann wird nach ICD-10 eine hyperkinetische Störung des Sozialverhaltens (F90.1) diagnostiziert. Nach DSM-IV werden in diesem Fall zwei Diagnosen vergeben. Störungen des Sozialverhaltens können aber auch als Differentialdiagnose in Erwägung gezogen werden. Kinder mit oppositionellen Verhaltensauffälligkeiten können gegen Arbeiten oder schulische Aufgaben Widerstand leisten, die Anstrengung und Aufmerksamkeit verlangen, da sie Forderungen anderer prinzipiell verweigern, und Kinder mit oppositionellem oder aggressivem Verhalten zeigen auch impulsive Verhaltenstendenzen, vor allem in sozialen Situationen. Manchmal dominiert die Störung des Sozialverhaltens das klinische Bild, während hyperkinetische Symptome deutlich schwächer ausgeprägt sind. Das ist vor allem bei älteren Kindern und Jugendlichen der Fall.

komorbide Störung versus Differentialdiagnose

- *Intelligenzminderungen* in Form von Lernbehinderung oder geistiger Behinderung kommen ebenfalls sowohl als komorbide Störung oder als Differentialdiagnose in Betracht. Bei Kindern mit Intelligenzminderung treten üblicherweise Aufmerksamkeitsschwächen, aber auch erhöhte Unruhe und Impulsivität auf. Dennoch kann auch bei lernbehinderten und bei geistig behinderten Kindern eine hyperkinetische Störung diagnostiziert werden. Die Symptome müssen in diesen Fällen jedoch deutlich stärker ausgeprägt sein als bei Kindern gleicher Intelligenz. Diese ist für den klinischen Beurteiler oft schwer zu entscheiden. Wenn das Kind/der Jugendliche eine Sondereinrichtung besucht (Sonderkindergarten/Sonderschule), dann ist in solchen Fällen das Urteil der Erzieher/Lehrer von besonderer Bedeutung, da diese das Verhalten des Kindes mit dem anderer Kinder mit ähnlicher intellektueller Beeinträchtigung vergleichen können. Nach ICD-10 wird die Diagnose einer hyperkinetischen Störung bei Kindern mit einem IQ unter 50 nicht gestellt. Bei geistig behinderten Kindern mit schwerer motorischer Hyperaktivität und ausgeprägt repetitivem und stereotypem Verhalten kann nach ICD-10 die Diagnose einer *überaktiven Störung mit Intelligenzminderung und Bewegungsstereotypien* (F84.4) gestellt werden. Im DSM-IV ist diese Diagnose nicht vorgesehen.

Diagnose bei Intelligenzminderungen

- *Umschriebene Entwicklungsstörungen, schulische Leistungsdefizite und Teilleistungsschwächen* treten häufig als komorbide Störungen auf. Allerdings können Kinder, die schulisch überfordert sind, im Unterricht als leicht ablenkbar, konzentrationsschwach und unruhig wirken. Deshalb ist in der Regel eine Intelligenzdiagnostik bei Kindern mit hyperkinetischen Symptomen zum Ausschluß von schulischer Überforderung und zur Abklärung von schulischen Leistungsdefiziten und Teilleistungsschwächen unabdingbar (siehe Kap. 2.1.3).

Intelligenzdiagnostik oft notwendig

- *Schulische Unterforderung.* Bei weit überdurchschnittlich begabten Schülern, die schulisch unterfordert sind, können Symptome einer hyperkinetischen Störung auftreten. Bei Steigerung der schulischen Anforderungen verschwinden diese Symptome jedoch meist rasch. Da Hochbegabung selten ist, sind solche Unterforderungsphänomene eher selten die Ursache für hyperkinetische Symptome.

Hochbegabung

- *Tiefgreifende Entwicklungsstörung.* Autistische Störungen oder tiefgreifende Entwicklungsstörungen zeichnen sich durch eine grundlegende qualitative Beeinträchtigung der sozialen Interaktion, der Kommunikation und durch begrenzte, repetitive und stereotype Verhaltensmuster, Interessen und Aktivitäten aus. Bei diesen Störungen sind im Kindesalter häufig auch hyperkinetische Symptome zu beobachten. In diesen Fällen wird die autistische Störung diagnostiziert und keine hyperkinetische Störung (vgl. Kusch & Petermann, 2000).

Autismus schließt hyperkinetische Störung aus

- *Tics* sind unwillkürliche, rasche, wiederholte, nichtrhythmische motorische Bewegungen, die umschriebene Muskelgruppen betreffen (motorische Tics) oder vokale Produktionen, die plötzlich einsetzen und keinem offensichtlichen Zweck dienen (vokale Tics). Wenn sowohl motorische als auch vokale Tics auftreten, dann liegt eine Tourette-Störung vor. Tics lassen sich von motorischer Unruhe bei hyperkinetischen Kindern gut abgrenzen, weil motorische Tics immer wieder die gleichen und umschriebenen Bewegungsabläufe beinhalten, während motorische Unruhe sehr variabel ist und jede Bewegung einbezieht. Allerdings treten Tics gehäuft als komorbide Störung bei Kindern mit hyperkinetischer Störung auf und etwa die Hälfte der Kinder mit Tic-Störungen zeigt auch hyperkinetische Störungen.

Tics gehäuft komorbide

- *Depressive Symptome,* wie negatives Selbstkonzept oder mangelndes Selbstvertrauen und traurige Verstimmung sind sehr häufig bei Kindern und Jugendlichen mit hyperkinetischen Störungen festzustellen, vermutlich hauptsächlich als Folge der durch die hyperkinetische Symptomatik ausgelösten Frustrationen und Mißerfolge in fast allen Lebensbereichen. Häufig werden diese Symptome übersehen, weil die wesentlich auffälligere hyperkinetische Symptomatik im Mittelpunkt steht. Allerdings sind psychomotorische Erregung und Konzentrationsstörungen auch bei depressiven Störungen festzustellen. Diese Symptome lassen sich manchmal nur schwer von der Hyperaktivität und den Aufmerksamkeitsstörungen einer hyperkineti-

Aufmerksamkeitsstörung bei Depression

schen Störung unterscheiden. Ein Unterscheidungsmerkmal kann der Verlauf sein: Hyperkinetische Störungen haben einen kontinuierlichen Verlauf mit Beginn im Vorschulalter, affektive Störungen und Angststörungen treten meist später auf und verlaufen üblicherweise weniger kontinuierlich.

Aufmerksamkeitsstörung bei Angst

- *Angststörungen* treten ebenfalls gehäuft bei Kindern und Jugendlichen mit hyperkinetischen Störungen auf, insbesondere in Form von Leistungsängsten und generalisierten Angststörung (die sich u. a. durch vielfältige Ängste und Sorgen auszeichnet, durch Angespanntheit, Müdigkeit und Schlafprobleme). Wie bei depressiven Störungen können allerdings auch bei Angststörungen psychomotorische Erregung und Konzentrationsstörungen vorkommen. Bei Angststörungen treten die Symptome jedoch in der Regel ausschließlich in den ängstigenden Situationen auf. Außerdem haben Angststörungen meist nicht den über Jahre hinweg kontinuierlichen Verlauf, wie das bei hyperkinetischen Störungen der Fall ist.

- *Schlafstörungen* treten bei Kindern und Jugendlichen mit hyperkinetischen Störungen gehäuft in Form von Einschlafstörungen oder vermindertem Nachtschlaf auf.

ähnliche Symptome bei Borderline

- *Borderline Persönlichkeitsstörungen* treten frühestens im Jugendalter auf und sind durch ein tiefgreifendes Muster von Instabilität in zwischenmenschlichen Beziehungen, im Selbstbild und in den Affekten sowie von deutlicher Impulsivität gekennzeichnet. Jugendliche mit Persönlichkeitsstörungen klagen häufig auch über Unruhe und Angespanntheit und können sich häufig nur kurz auf eine Sache konzentrieren. In solchen Fällen wird eine Borderline Persönlichkeitsstörung diagnostiziert. Wenn jedoch in der Vorgeschichte eindeutige Hinweise auf eine hyperkinetische Störung zu eruieren sind, die vor dem Alter von sechs Jahren bereits begonnen hat, dann kann auch zusätzlich eine hyperkinetische Störung (möglicherweise teilremittiert) vorliegen.

- *Medikamenteninduzierte Störung.* Verschiedene Medikamente, z. B. Antikonvulsiva (Barbiturate, Vigabatrin), Antihistaminika, Schilddrüsenhormonpräparate, Steroide, Sympathomimetika und Theophyllin können Symptome einer hyperkinetischen Störung auslösen. Nach Absetzen der Medikamente sistieren diese Symptome. Bei Dauermedikationen (z. B. Antikonvulsiva) sind medikamenteninduzierte Symptome schwer von originärer hyperkinetischer Symptomatik zu unterscheiden.

- *Drogeninduzierte Störung.* Im Jugendalter muß differentialdiagnostisch auch eine psychische Störung im Zusammenhang mit einem Mißbrauch psychotroper Substanzen (z. B. Alkohol, Amphetamine, Cannabis, Hallzuinogene, Kokain) gedacht werden. In solchen Fällen ist jedoch der für hyperkinetische Störungen typische frühe Beginn der

Symptomatik und relativ kontinuierliche Verlauf nicht vorhanden. Allerdings kommt Drogenkonsum auch als komorbide Problematik bei Jugendlichen mit hyperkinetischen Störungen gehäuft vor.

- *Manische Episode oder schizophrene Störung.* Schizophrene Störungen und Manie treten sehr selten und fast ausschließlich im Jugendalter auf; sie gehen häufig auch mit Symptomen von Unruhe und Antriebssteigerung sowie Impulsivität und Aufmerksamkeitsstörungen einher. Werden diese Störungen diagnostiziert, die durch andere charakteristische Symptome gekennzeichnet sind, dann entfällt die Diagnose einer hyperkinetischen Störung. Es gibt jedoch einige Hinweise, daß Jugendliche mit einer manischen Störung gehäuft im Kindesalter eine hyperkinetische Störung entwickeln.

Psychose schließt Hyperkinetische Störung aus

- *Bindungsstörung.* Bei einer Bindungsstörung des Kindesalters mit Enthemmung (ICD-10: F94.2) kommen häufig auch hyperkinetische Symptome vor, allerdings ist die Symptomatik nicht so umfassend wie bei der hyperkinetischen Störung. Auf der anderen Seite zeigen Kinder mit einer hyperkinetischen Symptomatik oft auch aufmerksamkeitsheischendes, distanzgemindertes Verhalten, wie dies bei Kindern mit Bindungsstörung typisch ist. Wenn sowohl die Kriterien einer Bindungsstörung als auch einer hyperkinetischen Störung erfüllt sind, dann sollten beide Diagnosen gestellt werden.
- *Posttraumatische Belastungsstörungen* und *Anpassungsstörungen.* Bei einer posttraumatischen Belastungsstörung sind Konzentrationsprobleme häufig, allerdings setzen die Symptome erst nach dem Trauma ein und haben nicht die typische Kontinuität von frühen Kindesalter an, wie dies bei der hyperkinetischen Störung typisch ist. Hyperkinetische Symptome können auch im Rahmen einer Anpassungsstörung auftreten, häufiger sind jedoch depressive, aggressive oder Angstreaktionen. Auch hierbei ist der für die hyperkinetische Störung typische frühe Beginn und kontinuierliche Verlauf nicht vorhanden. Kinder mit hyperkinetischer Störung leben allerdings auch häufiger unter psychosozial belastenden Bedingungen. Wenn bei andauernder psychosozialer Belastung die Kriterien für eine hyperkinetische Symptomatik erfüllt sind, sollte eine hyperkinetische Störung und keine Anpassungsstörung diagnostiziert werden.

Anpassungsstörung nachrangig diagnostizieren

- *Beeinträchtigte Beziehungen* zu Familienmitgliedern, zu Erziehern/Lehrern und zu Gleichaltrigen sind die Regel. Gegenüber Gleichaltrigen verhalten sich hyperkinetisch gestörte Kinder oft zudringlich und kaspernd-albern zugleich. Sie unterbrechen die Aktivitäten anderer und wirken wie Plagegeister. Viele hyperkinetische Kinder versuchen, andere zu dominieren und zu kontrollieren. Das negative Interaktionsverhalten gegenüber Geschwistern ist bei hyperkinetischen Kindern deutlich erhöht. Es wundert daher nicht, daß hyperkinetisch gestörte Kinder häufig abgelehnt werden. Zu Eltern und zu Erziehern/Lehrern sind die Beziehungen ebenfalls häufig extrem

Beziehungsstörungen sind üblich

belastet. Die Eltern-Kind- sowie die Erzieher-/Lehrer-Kind-Beziehungen sind durch ein hohes Maß an negativen, bestrafenden und kontrollierenden Interaktionen gekennzeichnet.

- *Hyperkinetische Symptome als Folge chaotischer psychosozialer Bedingungen.* In extrem desorganisierten Familien oder bei massivster Vernachlässigung können Kinder auch hyperkinetische Symptome entwickeln. Sie zeigen diese Symptomatik jedoch nicht, wenn sie sich in strukturierten Umgebungen aufhalten. Allerdings sind inkonsistente Erziehungsmethoden in Familien mit hyperkinetischen Kindern häufig.

Abbildung 7 zeigt zusammenfassend einen differentialdiagnostischen Entscheidungsbaum (vgl. Deutsche Gesellschaft für Kinder- und Jugendpsychiatrie und Psychotherapie et al., 2000), dem die wichtigsten *differentialdiagnostischen Gesichtspunkte* entnommen werden können.

Entscheidungsbaum

Wenn bei älteren Kindern und bei Jugendlichen nicht alle Kriterien für die Diagnose einer hyperkinetischen Störung erfüllt sind, dann sollte überprüft werden, ob zu einem früheren Zeitpunkt alle Kriterien erfüllt waren. In diesem Fall kann die Diagnose einer hyperkinetischen Störung in partieller Remission gestellt werden. In den beiden nächsten Schritten wird ausgeschlossen, daß die Symptomatik ausschließlich durch pharmakologische Wirkungen oder durch organische Primärstörungen erklärbar ist. Wenn die Symptomatik erst deutlich nach dem Alter von sechs Jahren auftritt, dann sollten differentialdiagnostisch die Störungsbilder von Angststörungen, depressiven Störungen, Psychosen (insbesondere manischer Episoden) oder Anpassungsstörungen (z. B. in Folge der Trennung der Eltern oder schulischer Überforderung) überprüft werden. Wenn sich im nächsten Schritt tiefgreifende Entwicklungsstörungen ausschließen lassen, dann kann überprüft werden, ob die Symptomatik ausschließlich durch Intelligenzminderung erklärt werden kann. Wenn (bei Jugendlichen) das Vorliegen einer Psychose ausgeschlossen werden kann und wenn die Symptomatik nicht besser durch eine Borderline-Persönlichkeitsstörung, eine Angststörung oder eine depressive Episode erklärbar ist, dann kann nach ICD-10 die Diagnose einer hyperkinetischen Störung gestellt werden, entweder als einfache Aktivitäts- und Aufmerksamkeitsstörung (F90.0) oder als hyperkinetische Störung des Sozialverhaltens (F90.1), wenn zusätzlich die Kriterien für die Diagnose einer Störung des Sozialverhaltens erfüllt sind. Nach DSM-IV könnte noch weiter danach differenziert werden, ob ein vorwiegend unaufmerksamer Typ, ein vorwiegend hyperaktiv-impulsiver Typ oder ein Mischtyp vorliegt.

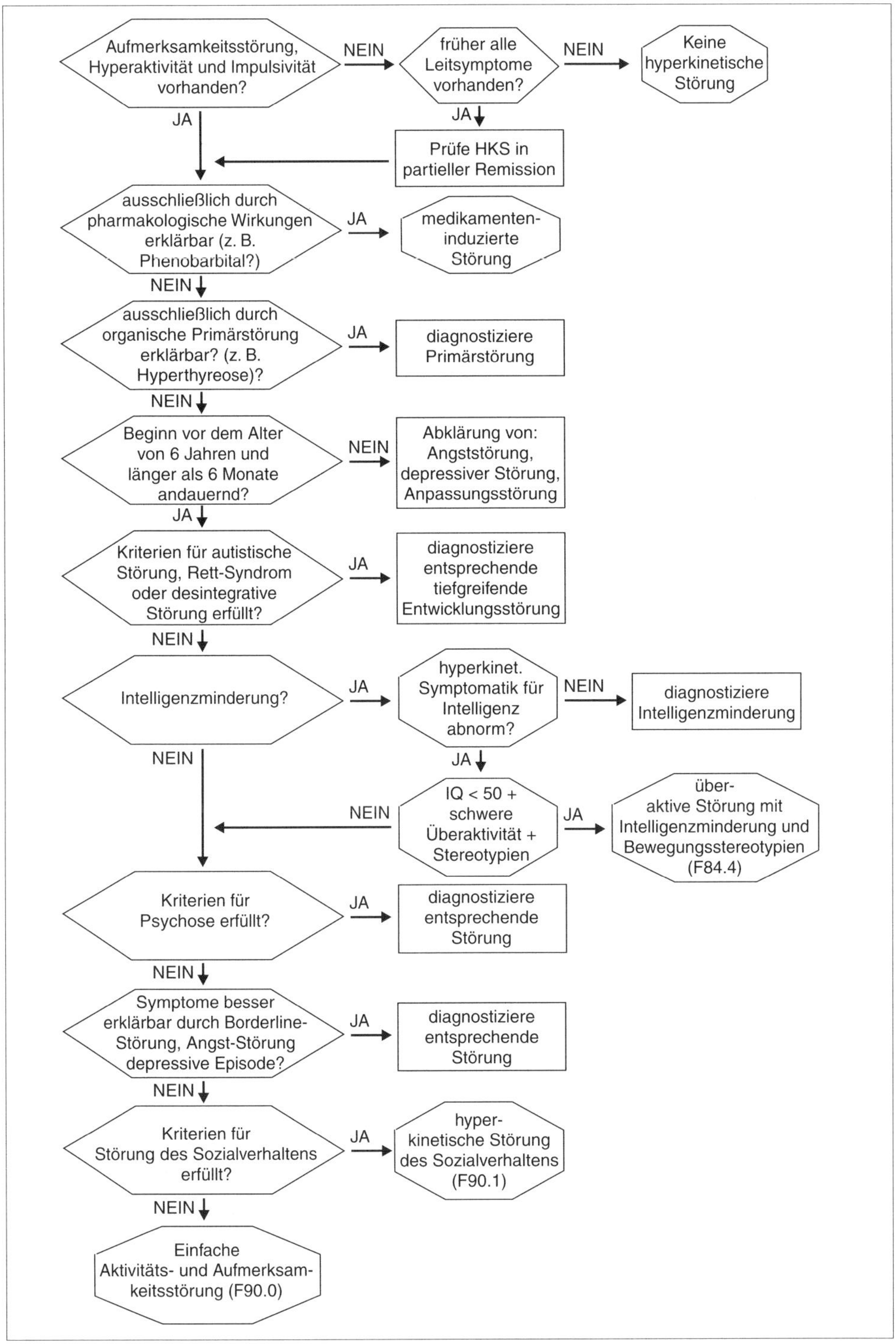

Abbildung 7: Differentialdiagnostischer Entscheidungsbaum (aus Deutsche Gesellschaft für Kinder- und Jugendpsychiatrie und Psychotherapie et al., 2000)

Sektion 3: Relative Stärken und Interessen des Kindes/ Jugendlichen

Übersicht
Beispiele für Stärken und Interessen – Freizeitaktivitäten, sportliche Interessen, Fähigkeiten; – Humor, Charme, Begeisterungsfähigkeit.

Kompetenzen und Interessen früh explorieren

Es empfiehlt sich, die relativen Stärken und Interessen des Kindes oder Jugendlichen nicht erst in dieser Phase der Exploration, sondern bereits früher anzusprechen, vor allem dann, wenn Eltern und Kind/Jugendlicher gemeinsam exploriert werden. Dadurch kann verhindert werden, daß die Eltern ausschließlich klagend über die Probleme des Kindes/ Jugendlichen berichten. Deshalb ist die entsprechende Sektion im Explorationsschema bereits auf der ersten Seite angegeben. Explorieren Sie die Eltern bezüglich Freizeitaktivitäten, sportlichen Interessen, besonderen Fähigkeiten und positiven Eigenschaften, wie Humor, Charme oder Begeisterungsfähigkeit. Je weniger Eltern über positive Eigenschaften ihres Kind/Jugendlichen berichten können, um so stärker ist in der Regel die Eltern-Kind-Beziehung beeinträchtigt.

Sektion 4: Störungsspezifische Entwicklungsgeschichte des Kindes/Jugendlichen

Übersicht
Störungsspezifische Entwicklungsgeschichte, insbesondere hinsichtlich: – Schwangerschafts-/Geburtskomplikationen; Komplikationen in der Neugeborenenperiode und Verzögerungen in der frühkindlichen Entwicklung (nicht notwendigerweise vorhanden) (Elternexploration); – ungünstiger Temperamentsmerkmale im Säuglingsalter (nicht notwendigerweise vorhanden) und der Reaktion der Bezugspersonen (Elternexploration); – Beginn der Leitsymptome der hyperkinetischen Störung (muß vor dem Alter von 6 Jahren liegen) und damalige psychosoziale Bedingungen sowie Reaktionen der Bezugspersonen (hauptsächlich Elternexploration); – Verlauf der Symptomatik (konstant, fluktuierend, Beeinflussung durch andere Belastungen).

Die Erfassung der störungsspezifischen Entwicklungsgeschichte des Kindes/Jugendlichen baut auf der allgemeinen Anamnese auf, wie sie im Rahmen des Leitfadens zur Diagnostik psychischer Störungen im Kindes- und Jugendalter beschrieben werden (Döpfner et al., 2000a). Bei Kindern oder Jugendlichen mit hyperkinetischen Störungen sind folgende Aspekte besonders zu beachten:

- Schwangerschafts-/Geburtskomplikationen (z. B. Frühgeburtlichkeit, Sauerstoffmangel unter der Geburt – Asphyxie, Hirnblutungen) und Komplikationen in der Neugeborenenperiode (z. B. Neugeborenenkrämpfe); treten bei diesen Kindern nicht notwendigerweise auf. Sie stellen auch nicht einen entscheidenden Faktor bei der Genese der Störung dar, dennoch können Sie bei der Entwicklung der Störung eine Rolle spielen (für genauere Angaben siehe Döpfner et al., 2000a).

frühe Auffälligkeiten nicht notwendig

- Verzögerungen in der frühkindlichen Entwicklung (z. B. beim Sitzen, Krabbeln, Laufen, erste Worte, Sauberkeit) müssen ebenfalls nicht notwendigerweise vorkommen, sie treten häufiger bei Kindern mit hyperkinetischen Störungen auf und können Hinweise auf mögliche aktuelle Entwicklungsstörungen geben, die genauer abgeklärt werden müssen (für genauere Angaben siehe Döpfner et al., 2000a).

- Ungünstige Temperamentsmerkmale und Regulationsstörungen können im Säuglingsalter häufiger auftreten. Auch sie müssen nicht notwendigerweise vorhanden sein, sie stellen aber häufig den Beginn von Eltern-Kind-Interaktionsproblemen dar, welche wiederum die Ausprägung der hyperkinetischen Symptomatik beeinflussen können. Daher sollten Schlafprobleme, Störungen der Nahrungsaufnahme, häufiges Schreien, Koliken, Unruhe im Säuglingsalter und die Belastungen der Eltern dadurch differenziert erhoben werden.

Regulationsstörungen häufig

- Der Beginn der Leitsymptome der hyperkinetischen Störung sollte gezielt erfragt werden. Nach den Klassifikationssystemen muß er vor dem Alter von sechs Jahren, also noch vor der Einschulung liegen. Bei Kindern, die weniger stark von der Symptomatik behaftet sind, beschreiben die Eltern häufig, daß die Symptome mit der Einschulung auftraten. Bei genauer Nachfrage wird jedoch meist deutlich, daß bereits im Vorschulalter das Kind besonders aufgeweckt, quirlig und anstrengend war, daß aber die Bezugspersonen damit noch ganz gut zurecht gekommen sind. Mit der Einschulung werden an das Kind plötzlich deutlich höhere Anforderungen gestellt, die dann eine erhebliche Zunahme der Problematik bewirken. Wenn die Symptomatik erst deutlich nach der Einschulung beginnt, dann sollten psychosoziale Belastungen (Trennung der Eltern, Geburt eines Geschwisters, schulische Überforderung auf weiterführender Schule) oder auch andere Störungen (depressive Störungen, Angststörungen) als mögliche Ursachen der Symptomatik eruiert werden. In jedem Falle müssen spezifische Belastungen im Zusammenhang mit dem Beginn der Symptomatik und die damaligen Reaktionen der wichtigsten Bezugspersonen auf die Symptomatik erhoben werden.

Zunahme der Symptomatik mit Einschulung

- Die Exploration des Verlaufs der Symptomatik gibt weitere wichtige Hinweise. Typischerweise ist die Symptomatik im Vorschul- und Grundschulalter relativ konstant, kann aber bei stärkerer psychosozialer Belastung (schulische Anforderung, Trennung der Eltern) auch noch einmal zunehmen. Eine deutliche Verminderung der motori-

Symptomatik im Kindesalter konstant

schen Unruhe beginnt in der Regel erst mit dem Eintritt in die Pubertät; bei Kindern mit weniger stark ausgeprägter Symptomatik manchmal auch schon etwas früher.

Sektion 5: Spezifische medizinische Anamnese

Übersicht

Anamnese, insbesondere hinsichtlich

- organischer Primärdiagnose, welche die hyperkinetische Symptomatik verursachen kann (Alkoholembryopathie, Bleiintoxikation, Schilddrüsendysfunktionen, Epilepsie, Migräne, Schädel-Hirn-Trauma, genetische oder metabolische Störung, primäre Schlafstörung) (hauptsächlich Elternexploration);
- Medikamenten, die hyperkinetische Symptome verursachen können (z. B. Antikonvulsiva, Antihistaminika, Theophyllin, Sympathomimetika, Steroide) (hauptsächlich Elternexploration).

Die spezifische medizinische Anamnese wird von einem Arzt erhoben, vor allem dann, wenn Hinweise in der Anamnese vorliegen, die von einem psychologischen Psychotherapeuten / Kinder- und Jugendlichenpsychotherapeuten nicht eingeordnet werden können. Die somatische Anamnese dient der Abklärung komorbider internistischer oder neurologischer Erkrankungen sowie der differentialdiagnostischen Abgrenzung zu körperlichen Erkrankungen (und Medikamentennebenwirkungen), die Symptome einer hyperkinetischen Störung imitieren können. Neben der Familienanamnese (siehe Sektion 6) und der Schwangerschafts- und Geburtsanamnese (siehe Sektion 4) sollten folgende Aspekte beachtet werden:

1. Kinderkrankheiten:
   - neurologisch: Schädelhirntraumata, Meningitis, Enzephalitis, Anfallsleiden, Migräne, raumfordernde oder neurodegenerative Prozesse, intrakranielle Blutungen.
   - internistisch: angeborene Stoffwechselstörungen, Allergien, Asthma, Schlafapnoe, Schilddrüsenüberfunktion, Intoxikationen (z. B. Blei).
2. Medikamentenanamnese: insbesondere ist zu achten auf Medikamente, die Symptome einer hyperkinetischen Störung auslösen können: Antikonvulsiva (Barbiturate, Vigabatrin), Antihistaminika, Schilddrüsenhormonpräparate, Steroide, Sympathomimetika, Theophyllin.

Sektion 6: Spezifische Familienanamnese

Übersicht

Familienanamnese (hauptsächlich Elternexploration), insbesondere hinsichtlich:

- Psychischer Störung bei Familienmitgliedern/erstgradig Verwandten, vor allem hyperkinetischer Störung, Tic-Störung, Drogen-/Medikamentenmißbrauch, Störung des Sozialverhaltens, Persönlichkeitsstörung, Affektstörung oder Angststörung (frühere oder aktuelle Störung);
- Entwicklungsstörungen oder Lernstörungen bei Familienmitgliedern;
- vergangene und gegenwärtige Belastungen und Krisen in der Familie und Veränderungen in der Familienzusammensetzung;
- Organisationsgrad der Familie und besondere Ressourcen;
- Erziehungsverhalten, spezifischer Bewältigungsstrategien der Eltern in kritischen Erziehungssituationen;
- Vernachlässigung oder Mißhandlungen;
- Qualität der Eltern-Kind-Beziehung;

Die Leitlinien zur spezifischen Familienanamnese sind in Sektion 6 des Explorationsschemas aufgenommen. Bei Kindern/Jugendlichen mit hyperkinetischen Störungen sollten in der Familienanamnese insbesondere folgende Aspekte beachtet werden:

gehäuft auftretende Störungen

- Frühere oder aktuelle *psychische Störungen* bei den *Eltern* oder *Geschwistern* des Patienten, vor allem hyperkinetische Störung, Tic-Störung, Drogen-/Medikamentenmißbrauch, Störung des Sozialverhaltens, Persönlichkeitsstörung, Affektstörung oder Angststörung, Schizophrenie sowie Entwicklungsstörungen oder Lernstörungen. Diese Störungen treten gehäuft bei Familienmitgliedern von Kindern/Jugendlichen mit hyperkinetischen Störungen auf.
- Vergangene und vor allem gegenwärtige *Belastungen und Krisen* in der Familie (z. B. Eheprobleme von Probleme mit anderen Familienmitgliedern oder mit Verwandten und Nachbarn) sowie Veränderungen in der Familienzusammensetzung. Dabei sollte auch die Reaktion des Kindes auf diese Belastungen exploriert werden.
- Der *Organisationsgrad* der Familie läßt sich beispielsweise durch Fragen nach der Aufgabenteilung zwischen den Eltern, nach Aufgaben der Kinder in der Familie oder durch Erfragen des typischen Tagesablaufes in der Familie einschätzen. Weitere Ressourcen innerhalb und außerhalb der Familie, die zur Bewältigung der Problematik genutzt werden oder genutzt werden können, sind beispielsweise Großeltern oder andere Bezugspersonen, Strukturiertheit der Eltern, finanzielle Möglichkeiten oder besonders herzliche Eltern-Kind-Beziehungen.

Klarheit von Familienregeln

- Das *allgemeine Erziehungsverhalten,* insbesondere die Klarheit der Eltern in der Festlegung von Familienregeln, die Anwendung von positiver Zuwendung und von Belohnung sowie von negativen Konsequenzen in der Erziehung sollte genau exploriert werden. Besonders wichtig ist der Umgang der Eltern mit kritischen Erziehungssituationen.

Hilfreiche Materialien

Für eine differenzierte Exploration dieses Bereiches kann das bereits vorgestellte *Elterninterview zur Eltern-Kind-Interaktion (EKI)* (siehe Kap. 3.1.2, S. 119) genutzt werden.

Exploration von Vernachlässigung

- Ob eine ausgeprägte *Vernachlässigung* oder eine *Mißhandlung* vorliegt, läßt sich meist aus der bisherigen Exploration, vor allem zum Erziehungsverhalten abschätzen, kann aber auch gezielt erfragt werden (Wieviel Zeit haben Sie für Ihr Kind? Haben sie den Eindruck, daß Sie sich nicht genügend um Ihr Kind kümmern können? Haben Sie das Kind schon einmal so sehr bestraft, daß es Ihnen später leid tat? Welche körperlichen Strafen wenden Sie an?).

- Hinweise auf die *Qualität der Eltern-Kind-Beziehung* lassen sich einerseits aus der Beobachtung der Eltern-Kind-Interaktion während der Exploration erschließen und auch aus der Art und Weise, in der die Eltern über die Problematik ihres Kindes berichten. Andererseits kann die Wärme in den familiären Beziehungen auch direkt exploriert werden (z. B.: Gibt es Situationen, in denen Sie sich über Ihr Kind freuen können? Erleben Sie das Kind fast nur noch als belastend?).

Sektion 7: Bedingungen im Kindergarten/in der Schule und in der Gleichaltrigengruppe

Übersicht

Bedingungen in Kindergarten/Schule/Gleichaltrigengruppen, insbesondere hinsichtlich:

- Integration des Kindes in Gruppen (Kindergarten, Schule, Gleichaltrige, Freizeitgruppen);
- belastender Bedingungen im Kindergarten/in der Schule (z. B. Gruppen-/ Klassengröße, Anteil verhaltensauffälliger Kinder);
- Ressourcen im Kindergarten/in der Schule (z. B. Kleingruppenunterricht, Kleingruppenbeschäftigung, Integrationsmaßnahmen, Förderunterricht);
- Erzieher-/Lehrer-Kind-Beziehung und Erzieher-/Lehrer-Eltern-Beziehung.

Zur Exploration der Bedingungen im Kindergarten/in der Schule und in der Gleichaltrigengruppe sind vor allem die Angaben der Erzieher/Lehrer sowie des Kindes/Jugendlichen selbst von Bedeutung (siehe Kap.

2.1.2). Aber auch die Eltern sollten hierzu befragt werden, vor allem um noch ein weiteres Urteil einzuholen und weil Informationen direkt vom Kindergarten oder von der Schule gelegentlich nicht so leicht zu erheben sind oder erst mit einer zeitlichen Verzögerung eingeholt werden können.

Elternangaben als erste Orientierung

Neben der *Integration* des Kindes in Gruppen, *belastenden Bedingungen* im Kindergarten/in der Schule, Ressourcen im Kindergarten/in der Schule sollte die Erzieher-/Lehrer-Kind-Beziehung und Erzieher-/Lehrer-Eltern-Beziehung angesprochen werden. Häufig haben Eltern, deren Kinder mit Problemen im Kindergarten/Schulproblemen kämpfen, das Gefühl, daß die Erzieher/Lehrer ihr Kind nicht mögen und nicht selten entwickelt sich neben der belasteten Eltern-Kind- und Lehrer-Kind-Beziehung auch noch eine angespannte Lehrer-Eltern-Beziehung.

häufig belastete Beziehungen

Sektion 8: Therapie

Übersicht
– Bewältigungsversuche in der Familie, im Kindergarten/in der Schule und ihre Ergebnisse;
– Vorbehandlung (Psycho-, Moto-, Ergo-, Sprachtherapie, andere Übungsbehandlung, Pharmakotherapie mit Dosierung);
– Störungskonzepte der Eltern, Erzieher/Lehrer und des Kindes/Jugendlichen (Ursachen der Störung);
– Therapieerwartungen der Eltern, Erzieher/Lehrer und des Kindes/Jugendlichen;
– Bereitschaft der Eltern, Erzieher/Lehrer und des Kindes/Jugendlichen zur aktiven Mitarbeit;
– Behandlungsziele der Eltern, Erzieher/Lehrer und des Kindes/Jugendlichen (Zielsymptome);

Die Fragen zu bisherigen Bewältigungsversuchen und therapeutischen Interventionen sind in Sektion 8 des Explorationsschemas zusammengefaßt und beziehen sich auf folgende Aspekte:

- Bisherige *Bewältigungsversuche* in der Familie, im Kindergarten oder in der Schule und ihre Ergebnisse (z. B.: Belohnungen, Strafen, Umschulungsmaßnahmen). Häufig berichten Eltern, sie hätten schon alles probiert und nichts habe geholfen. Allerdings werden solche Interventionen häufig nur unsystematisch oder zu kurz durchgeführt.

meist unsystematische Bewältigungsversuche

- *Vorbehandlungen* zur Verminderung der Problematik, z. B. Psycho-, Moto-, Ergo-, Sprachtherapie oder andere Übungsbehandlungen (Lese-/Rechtschreibtraining) sowie Pharmakotherapie, bei der auch die Dosierung erfragt werden sollte.

- Vorstellungen der Eltern über die Ursachen der Störung *(Störungskonzepte)*, sind für die Behandlungsplanung von Bedeutung. Die Vorstellungen können von organischen Konzepten (Hirnschädigung, Vererbung) bis zu ausschließlich psychosozialen Verursachungskonzepten (falsche Erziehung, Eheprobleme) reichen. Störungskonzepte können mehr oder weniger verfestigt sein; manche Eltern haben sehr klare Vorstellungen, andere antworten auf die Frage, woher die Probleme wohl kommen könnten, daß sie keine genaue Vorstellung dazu haben und eben dies vom Therapeuten wissen möchten.

organische versus psychosoziale Störungskonzepte

- Aus den Störungskonzepten und den bisherigen Therapieerfahrungen lassen sich häufig die *Therapieerwartungen* ableiten. Diese können von medikamentöser Therapie, über Übungsbehandlung des Kindes, bis zu Elternberatung, und Familientherapie oder Beratung der Erzieher/Lehrer reichen. Die Exploration der Therapieerwartungen ist für die Therapieplanung von besonderer Bedeutung, weil starke Diskrepanzen zwischen den Therapieerwartungen der Eltern (z. B. Pharmakotherapie) und der Therapieplanung des Therapeuten (z. B. Durchführung von Familiengesprächen) zu Therapieabbruch führen können, wenn sie nicht angesprochen und vermindert werden.

Therapieerwartungen beachten

- Die Bereitschaft der Eltern zur aktiven Mitarbeit *(Therapiemotivation)* bei verschiedenen Interventionsmöglichkeiten (Pharmakotherapie, Beratung der Eltern und Interventionen in der Familie, Psychotherapie des Kindes, Übungsbehandlung) sollte abschließend erfragt werden.

- Die *Behandlungsziele* der Eltern sollten zum Abschluß der diagnostischen Phase unter Einbeziehung aller diagnostischen Ergebnisse (neben Exploration also auch Fragebogenverfahren, testpsychologische Untersuchung usw.) mit den Eltern gemeinsam formuliert werden. Die Behandlungsziele beziehen sich meist auf die Verminderung von umschriebenen Zielsymptomen, sie können aber auch beispielsweise die Verbesserung familiärer Beziehungen umfassen. Wichtig ist, daß die Ziele so formuliert sind, daß sie konkret überprüfbar sind. Die Konkretisierung sollte sich auf die Situation und auf die Häufigkeit und/oder Intensität beziehen, mit der das Verhalten in den Situationen auftritt. Eine Konkretisierung der Situation gelingt nicht immer, sollte aber nach Möglichkeit angestrebt werden, weil situationsunabhängig definierte Verhaltensprobleme im allgemeinen schwieriger zu behandeln sind. Tabelle 10 zeigt eine Liste der häufigsten Verhaltensprobleme des Kindes in der Familie und gibt Beispiele für konkrete Formulierungen. In der Regel sollten nicht mehr als vier Verhaltensprobleme für die Behandlung definiert werden. Falls Sie mehr als vier Problembereiche vorläufig definiert und abgegrenzt haben, besprechen Sie mit den Eltern, welche der problematischen Verhaltensweisen am stärksten belastend sind und welche diejenigen sind, die es vordringlich zu verändern gilt.

möglichst konkrete Ziele definieren

maximal 4 Probleme herausgreifen

Tabelle 10: Beispiele für die Formulierung konkreter Verhaltensprobleme des Kindes, deren Verminderung Ziel der Behandlung sein soll (aus Döpfner et al., 1998a).

- Ist fast den ganzen Tag auf Achse und kann sich selten länger als 10 Minuten beschäftigen.
- Reagiert auf fast keine Aufforderung unmittelbar, sondern nur manchmal nach mehrfacher Wiederholung und wenn die Mutter laut wird
- Beachtet folgende Regeln in der Familie so gut wie nie: Straßenschuhe ausziehen, Hände vor dem Essen waschen, Spielsachen nicht im Wohnzimmer und der Küche liegen lassen.
- Ärgert und traktiert die kleine Schwester jeden Tag mindestes viermal, so daß sie heulend zu mir kommt.
- Ist beim Essen sehr unruhig. Steht mindestens zweimal auf, häufig fallen Dinge auf den Boden.
- Trödelt morgens extrem, reagiert auch nicht auf mehrfache Anweisungen sich anzuziehen, zu waschen, zum Frühstück zu kommen.
- Platzt ständig in die Unterhaltungen anderer Familienmitglieder.
- Schreit sofort, wenn er etwas nicht bekommt oder tun darf (z. B. abends nicht mehr auf die Straße darf; keine Süßigkeiten bekommt).
- Bekommt jeden Tag mindestens zwei heftige Wutausbrüche, wirft dann mit Gegenständen um sich und schreit bis zu eine halbe Stunde lang.
- Braucht für die Hausaufgaben bis zu 3 Stunden, beschäftigt sich immer wieder mit anderen Dinge oder starrt Löcher in die Luft.

Hilfreiche Materialien

Die definierten Verhaltensprobleme können in eine individuelle Problemliste *Verhaltensprobleme des Kindes* eingetragen werden, die von den Eltern regelmäßig beurteilt wird. Diese Problemliste ist ein zentrales Instrument zur Verlaufskontrolle (siehe Kap. 2.1.6, Abb. 8).

2.1.2 Exploration, Verhaltensbeobachtung und psychopathologische Beurteilung des Kindes/ Jugendlichen

Exploration. Je älter das Kind ist, um so wichtiger ist die Exploration des Kindes/Jugendlichen. Ab dem Schulalter ist eine altersgemäße Exploration durchaus möglich. Die Exploration kann in Anwesenheit der Eltern oder auch mit dem Kind/Jugendlichen alleine erfolgen. Bei einer Exploration des Kindes/Jugendlichen in Anwesenheit der Eltern können Diskrepanzen in der Beurteilung einzelner Aspekte Wahrnehmung unmittelbar erkannt und angesprochen werden. Andererseits wird der Patient in einer solchen Situation bestimmte Informationen nicht geben (z. B. hinsichtlich seines Verhaltens in Gleichaltrigengruppen). Häufig ist es günstig, zunächst den Patienten in Anwesenheit der Eltern zu explorieren und anschließend noch einmal alleine kurz zu befragen. Wenn die Eltern-Kind-Beziehung sehr angespannt ist, empfiehlt sich zunächst, den Patienten alleine zu explorieren. Leitlinie 2 faßt die wichtigsten Hinweise zur Durchführung der Exploration von Kindern und Jugendlichen mit hyperkinetischer Störung zusammen und gibt einige Explorationsbeispiele. Die Numerierungen beziehen sich auf die in Leitlinie 1 aufgelisteten Sektionen der Explorationsleitlinien.

Exploration in Anwesenheit der Eltern oder alleine

L2 Leitlinie 2 Exploration der Kinder und Jugendlichen (etwa ab dem Schulalter)

Bereich/Sektion	Explorationsbeispiele (Einstiegsfragen)
A) Beziehungsaufbau – durch gemeinsames Spiel – durch Exploration des Alltags des Kindes/Jugendlichen, seiner Interessen und Lieblingsaktivitäten, seiner Stärken	– Was machst Du, wenn du die Hausaufgaben gemacht hast? – Hast Du ein Hobby? – Machst Du gerne Sport? – Was kannst Du besonders gut?
B) Hinführung zur Exploration der Verhaltensprobleme – durch Kapitel 1 aus Wackelpeter & Trotzkopf – durch Exploration der Sorgen, Veränderungswünsche des Patienten	– Was stört Dich zu Hause am meisten? – Wenn Du einen Wunsch frei hättest, was sollte sich zu Hause ändern? – Was stört Dich am meisten in der Schule?
Sektion 1: Aktuelle hyperkinetische Symptomatik, insbesondere: – Umfang, in dem hyperkinetische Symptome vom Patienten wahrgenommen werden; – Belastungen und Beeinträchtigungen, die der Patient durch die Symptomatik erlebt;	– Hast Du selbst das Gefühl, daß Du unruhiger und zappeliger bist als andere? Wie/wann merkst Du das? – Hast Du selbst das Gefühl, daß Du Dich nicht so gut konzentrieren kannst und Dich leicht ablenken läßt? Woran merkst Du das? – Hast Du selbst das Gefühl, daß Du schlechter abwarten kannst als andere oder daß du häufiger Dinge machst, ohne lange genug darüber nachzudenken? Woran merkst Du das?
Sektion 2: Spezifische psychische Komorbidität und differentialdiagnostische Abklärung, insbesondere: – depressive Symptomatik, z. B. negatives Selbstkonzept, mangelndes Selbstvertrauen – Angststörungen (insbesondere Leistungsängste und generalisierte Angststörung), – aggressives und dissoziales Verhalten, vor allem in der Gleichaltrigengruppe	– Hast du das Gefühl, die anderen können fast alles besser als Du? – Bist Du häufiger traurig oder hoffnungslos? – Hast Du Angst, vor Dingen, vor denen man eigentlich keine Angst zu haben braucht? – Hast Du Angst vor all dem, was noch auf dich zukommt?

Bereich/Sektion	Explorationsbeispiele (Einstiegsfragen)
– Drogengebrauch bei Jugendlichen	– Machst Du Dir Sorgen wegen Deiner Leistungen in der Schule? – Hast Du mehr Streit und Auseinandersetzungen als andere? – Hast Du schon einmal Alkohol oder Drogen ausprobiert?
Sektion 6: Familiäre Bedingungen und Beziehungen, insbesondere – Beziehungen zu den Eltern aus der Perspektive des Patienten – Erziehungsverhalten der Eltern aus der Perspektive des Patienten – Beziehungen zu Geschwistern und anderen Familienmitgliedern	– Wie kommst Du mit Deinen Eltern aus? – Findest Du, daß Deine Eltern strenger sind als andere Eltern oder daß sie Dir mehr erlauben? – Was stört Dich bei Deinen Eltern am meisten? – Wie kommst du mit Deinen Geschwistern aus?
Sektion 7: Bedingungen in der Schule und in der Gleichaltrigengruppe, insbesondere: – Integration des Kindes/Jugendlichen in Gruppen (Schule, Gleichaltrige, Freizeitgruppen); – Belastende Bedingungen in der Schule (z. B. Gruppen-/Klassengröße, andere verhaltensauffällige Kinder, Ausgrenzungen, Cliquen-Bildungen); – Beziehungen zu Lehrern	– Was gefällt Dir in der Schule und was nicht? – Hast Du Freunde? Wie heißen sie mit Vornamen? Was machst Du mit Ihnen zusammen? – Wie gut kommst Du mit Deinen Klassenkameraden aus? – Hast Du Feinde? – Gibt es in Deiner Klasse eine Clique/Bande? – Wie kommst Du mit Deinen Lehrern aus?
Sektion 8: Therapie – Bisherige eigene Bewältigungsversuche. – Bisherige Therapie-Erfahrungen – Störungskonzepte des Kindes/Jugendlichen (Ursachen der Störung) – Therapieerwartungen des Kindes/Jugendlichen – Bereitschaft des Kindes/Jugendlichen zur aktiven Mitarbeit – Behandlungsziele des Kindes/Jugendlichen (Zielsymptome)	– Hast du schon einmal versucht die Probleme (benennen) in den Griff zu bekommen? – Warst du deshalb schon einmal bei einem Arzt oder Psychologen? Wie war es da? – Was soll sich verändern? – Was möchtest Du erreichen? – Was kannst Du dazu beitragen? – Was müssen andere tun?

Hilfreiche Materialien

Die Exploration der Probleme kann bei Kindern im Schulalter durch das erste Kapitel aus der Geschichte von *Wackelpeter & Trotzkopf* eingeleitet werden, die im Rahmen des Therapieprogrammes für Kinder mit hyperkinetischem und oppositionellem Problemverhalten (THOP) entwickelt wurde (Döpfner et al., 1998a). In diesem Kapitel wird Peter, ein hyperkinetischer Junge, vorgestellt, der von all seinen Schwierigkeiten und Problemen erzählt, die im Zusammenhang mit der hyperkinetischen Problematik auftreten. Am Ende schreibt Peter eine Ärgerliste und fordert den Leser auf, für sich selbst eine solche Liste anzulegen. Diese Geschichte kann dem Kind vorgelesen werden, oder es kann die Geschichte auch selbst lesen. Danach ergeben sich meist genügend Anhaltspunkte, um mit dem Kind über dessen eigene Probleme zu sprechen. Ältere Kinder und Jugendliche können zur Exploration der Verhaltensprobleme hingeführt werden, indem ihre Sorgen und Veränderungswünsche angesprochen werden.

Zur weiteren Exploration des Patienten kann das *Explorationsschema für Hyperkinetische und Oppositionelle Verhaltensstörungen (ESHOV)* (siehe M01, S. 128) verwendet werden, wobei nicht alle Sektionen vollständig exploriert werden

Am Anfang des Kontaktes mit dem Kind/Jugendlichen ist vor allem der *Beziehungsaufbau* zu beachten. Häufig möchte der Patient am liebsten alles schnell beenden, weil er fürchtet, daß der Therapeut, wie zuvor schon die Eltern und möglicherweise auch die Erzieher/Lehrer, ihn als den „Schuldigen" entlarvt bzw. die Unzufriedenheit der Eltern/Erzieher/Lehrer mit seinen Leistungen, seinem Verhalten, seiner ganzen Person bestätigt. Häufig leiden die Patienten unter ihrer Problematik oder zumindest unter den Reaktionen des Umfeldes, sie können diesen Leidensdruck aber in der Regel nicht in eine entsprechende Therapiemotivation umsetzen. Probleme werden zunächst eher verdrängt oder externalisiert. Daher sollte man zunächst das Gespräch mit dem Kind/Jugendlichen auf dessen Interessen und bevorzugte Tätigkeiten lenken und erst danach die Probleme des Patienten ansprechen. Bei jüngeren Kindern sollte der Exploration eine spielerische Beschäftigung von etwa 15 bis 20 Minuten vorangehen.

Probleme werden häufig externalisiert

Bei der Exploration der **aktuellen hyperkinetischen Symptomatik des Kindes/Jugendlichen** (Sektion 1) sollte insbesondere beachtet werden, in welchem Umfang der Patient die hyperkinetische Symptomatik berichten kann (Problembewußtsein). Häufig werden Symptome vom Patienten im Vergleich zur Einschätzung von Eltern und Lehrern nur in geringem Maße beschrieben. Dies kann durch eine verzerrte Selbstwahrnehmung oder durch aktive Dissimulationen des Patienten begründet sein. Außerdem sollte das Ausmaß an Belastungen und Beeinträchtigungen erfragt werden, die der Patient durch die Symptomatik erlebt.

Kann der Patient Symptome schildern?

Bei der **Exploration der spezifischen psychischen Komorbidität und der differentialdiagnostischen Abklärung** (Sektion 2) sollten beim Patienten insbesondere depressive Symptome (z. B. negatives Selbstkonzept, mangelndes Selbstvertrauen) und Angststörungen (insbesondere

vor allem emotionale Symptome explorieren

Leistungsängste und generalisierte Angststörung) eruiert werden, da diese verdeckten Symptome oft von den Bezugspersonen kaum wahrgenommen werden. Außerdem sollten Verhaltensprobleme angesprochen werden, die von Eltern und Lehrern nur begrenzt beobachtet werden können, wie aggressives und dissoziales Verhalten in der Gleichaltrigengruppe und Drogengebrauch bei Jugendlichen.

Hinsichtlich der **Therapie** (Sektion 8) sind weniger die objektiven Daten zum bisherigen Therapieverlauf als die bisherigen Erfahrungen des Patienten mit Therapie, seine Einstellungen zur Problematik und seine Motivation zur aktiven Mitarbeit von Bedeutung:

Erfahrungen mit Problembewältigung oder Therapie

- *Bisherige Therapieerfahrungen* können die Einstellung des Patienten zur aktuellen Therapie entscheidend prägen. Wenn Vortherapien stattgefunden haben, sollte der Patient daher kurz zu seinen Erfahrungen befragt werden.
- Bisherige *eigene Bewältigungsversuche* können wichtige Ansatzpunkte für die Therapie darstellen. Der Patient sollte gefragt werden, ob er denn selbst schon etwas unternommen hat, um die Probleme in den Griff zu bekommen.
- *Störungskonzepte* des Kindes/Jugendlichen, d.h. seine Vorstellungen über die Ursachen der Probleme sollten vor allem bei älteren Kindern und Jugendlichen erfragt werden. Dabei sollte vor allem überprüft werden, ob die Ursachen external (die anderen verursachen die Probleme; Pech) labil internal (mangelnde Anstrengung) oder stabil internal (mangelnde eigene Fähigkeiten) attribuiert werden.
- Die *Therapieerwartungen* des Kindes/Jugendlichen und seine *Bereitschaft* zur aktiven Mitarbeit bzw. das Ausmaß des Widerstandes bei verschiedenen Interventionsmöglichkeiten (z. B. Pharmakotherapie, Selbstmanagementtherapie, Einbeziehung der Eltern und der Familie oder der Schule) sollten erfragt werden.

Ziele des Patienten sind wichtig

- Die *Behandlungsziele* des Kindes/Jugendlichen können von denen der Eltern differieren. Je älter der Patient ist, um so wichtiger ist seine aktive Mitarbeit und um so wichtiger ist es auch, mit ihm Behandlungsziele zu vereinbaren, die ebenfalls möglichst konkret formuliert sein sollten.

Verhaltensbeobachtung und psychopathologische Beurteilung des Kindes/Jugendlichen. Das Verhalten des Patienten wird während der Exploration der Eltern, während der Exploration des Patienten selbst, während Spielsituationen und während anderer Untersuchungen (z. B. testpsychologische Untersuchung, körperliche Untersuchung) beobachtet und psychopathologisch beurteilt.

Symptome einer hyperkinetischen Störung müssen jedoch nicht unbedingt in der Untersuchungssituation beobachtbar sein. In neuen Situa-

hyperkinetische Symptome oft nicht beobachtbar

tionen und in Situationen, in denen das Kind nur mit einer anderen Person zusammen ist, lassen sich hyperkinetische Auffälligkeiten häufig nicht beobachten. Je jünger die Patienten sind und je massiver sie von der Symptomatik behaftet sind, um so eher tritt die Symptomatik allerdings auch in der Untersuchungssituation auf. Es sollte beobachtet werden, ob sich die Symptomatik durch die Variation der Situation verändern läßt. Bei vielen Kindern treten in selbstbestimmten Situationen (Spielsituationen) die Probleme kaum zutage, während in fremdbestimmten Situationen (z. B. bei testpsychologischen Untersuchungen) oder auch in langweiligen Situationen (z. B. während der Exploration der Eltern) diese Auffälligkeiten eher zu beobachten sind.

Hilfreiche Materialien

- In Sektion 9 des *Explorationsschemas für Hyperkinetische und Oppositionelle Verhaltensstörungen (ESHOV)* (siehe M01, S. 128) sind die wichtigsten Merkmale für eine Beurteilung aufgeführt.
- Eine differenziertere psychopathologische Beurteilung ist anhand des *Psychopathologischen Befund-Systems für Kinder und Jugendliche, CASCAP-D* (Döpfner et al., 1998b) möglich.
- Das Verhalten während testpsychologischer Untersuchungen läßt sich genauer durch den Beurteilungsbogen *Verhalten während der Untersuchung* (VWU) (Döpfner et al., 1998a) einschätzen (siehe Kap. 3.1.6, S. 122).

Verhaltensbeobachtung während Hausaufgaben

Falls die Eltern hyperkinetische Verhaltensauffälligkeiten bei der Durchführung der Hausaufgaben beschreiben, ist eine Durchführung der Hausaufgaben in der Untersuchungssituation unter optimalen Rahmenbedingungen indiziert. Damit kann überprüft werden, inwiefern das Kind in der Lage ist, seine Hausaufgaben unter günstigen Randbedingungen zügig und konzentriert zu erledigen und in welchem Ausmaß die von den Eltern geschilderten Verhaltensprobleme sich auch in dieser Situation einstellen. Optimale Rahmenbedingungen werden hergestellt, indem der Untersucher angemessene Verhaltensweisen kontinuierlich positiv verstärkt und für eine erfolgreiche Aufgabenbewältigung in einer gegebenen Zeit eine besondere Belohnung in Aussicht stellt. Der Untersucher vereinbart also mit dem Kind eine Zeit, in der es seine Aufgaben macht, sowie eine Belohnung, die unmittelbar danach erfolgt, wenn das Kind in der vereinbarten Zeit und mit angemessener Qualität die Aufgaben beendet.

2.1.3 Standardisierte Fragebögen

Die Leitlinien 3 geben eine Übersicht über die Empfehlungen zur Anwendung von standardisierten Fragebogenverfahren, die optional ist, aber eine wesentliche Erleichterung bei der Diagnostik hyperkinetischer

Störungen darstellen kann. Selbstbeurteilungsfragebögen zur Erfassung von hyperkinetischer Symptomatik können nützlich sein, vor allem um das Problembewußtsein des Patienten zu erfassen. Die Fremdbeurteilungen durch Eltern und Erzieher/Lehrer sind jedoch im allgemeinen valider.

Fremdbeurteilung wichtiger als Selbstbeurteilung

L3 Leitlinie 3: Standardisierte Fragebögen für Eltern, für das Kind/den Jugendlichen und für Erzieher/Lehrer[1)]

1. Standardisierte Fragebögen für Eltern, für ältere Kinder/Jugendliche und für Erzieher/Lehrer zur Erfassung der hyperkinetischen Symptomatik und komorbider Symptome und Probleme können nützlich sein.
2. Bei der Erfassung hyperkinetischer (und aggressiver) Symptome sind Eltern- und Erzieher-/Lehrerfragebögen im allgemeinen valider als Selbstbeurteilungsverfahren.
3. Bei der Erfassung komorbider emotionaler Symptomen können Selbstbeurteilungsverfahren sensitiver sein.

1) In Anlehnung an Leitlinien von Fachgesellschaften und speziellen Arbeitsgruppen in den USA, in Europa und in Deutschland (American Academy of Child and Adolescent Psychiatry, 1991; 1997; vgl. Döpfner & Lehmkuhl, 1993; Taylor et al., 1998; Deutsche Gesellschaft für Kinder- und Jugendpsychiatrie und Psychotherapie et al., 2000)

Fragebogenverfahren lassen sich in Basisverfahren und störungsspezifische Verfahren unterteilen. *Basisverfahren* erfassen ein breites Spektrum psychischer Störungen während *störungsspezifische Verfahren* ein umgrenztes Störungsbild ausführlicher erheben. Tabelle 11 gibt eine Übersicht über Fragebogenverfahren, die als Basisverfahren und als störungsspezifische Verfahren für hyperkinetische Störungen eingesetzt werden können. Die Basisverfahren sind im Rahmen des Leitfadens zur Diagnostik psychischer Störungen im Kindes- und Jugendalter (Döpfner et al., 2000a) ausführlich dargestellt.

Hilfreiche Materialien

Tabelle 11: Übersicht über Fragebogenverfahren zur Basisdiagnostik psychischer Störungen und zur spezifischen Diagnostik hyperkinetischer Störungen

Elternurteil	Erzieherurteil /Lehrerurteil	Selbsturteil (ab 10-11 Jahre)
	1. Basisdiagnostik	
VBV-EL (3–6 J.)[1)] Verhaltensbeurteilungsbogen für Vorschulkinder- Elternfragebogen	**VBV-ER (3–6 J.)**[1)] Verhaltensbeurteilungsbogen für Vorschulkinder-Erzieherfragebogen	
CBCL 2–3 (2–3 J.)[2)] Elternfragebogen über das Verhalten von Kleinkindern	**TRF (6–18 J)**[3)] Lehrerfragebogen über das Verhalten von Kindern und Jugendlichen	**YSR**[4)] Fragebogen für Jugendliche
CBCL 4–18 (4–18 J.)[5)] Elternfragebogen über das Verhalten von Kindern und Jugendlichen		

Elternurteil	Erzieherurteil /Lehrerurteil	Selbsturteil (ab 10-11 Jahre)
	2. Störungsspezifische Diagnostik	
FBB-HKS Fremdbeurteilungsbogen für hyperkinetische Störungen (siehe Kap. 3.1.3, S. 120)	**FBB-HKS** Fremdbeurteilungsbogen für hyperkinetische Störungen (siehe Kap. 3.1.3, S. 120)	**SBB-HKS** Selbstbeurteilungsbogen für Hyperkinetische Störungen (siehe Kap. 3.1.3, S. 120)
HSQ-D Elternfragebogen über Problem-situationen in der Familie (siehe Kap. 3.1.4, S. 121)		
HPC-D Checkliste für Eltern über Verhaltensprobleme bei den Hausaufgaben (siehe Kap. 3.1.5, S. 121)		

1) Döpfner et al., 1993
2) Arbeitsgruppe Deutsche Child Behavior Checklist, 1993b
3) Arbeitsgruppe Deutsche Child Behavior Checklist, 1993a
4) Arbeitsgruppe Deutsche Child Behavior Checklist, 1998b
5) Arbeitsgruppe Deutsche Child Behavior Checklist, 1998a

Die Basisverfahren werden im Leitfaden zur Diagnostik psychischer Störungen (Döpfner et al., 2000a) näher dargestellt.

Störungsspezifische Verfahren

- Im Rahmen der störungsspezifischen Diagnostik kann der *Fremdbeurteilungsbogen für Hyperkinetische Störungen (FBB-HKS)* eingesetzt werden, der sowohl von den Eltern als auch von den Erziehern/Lehrern beurteilt werden kann. Dieser Fragebogen ist Bestandteil des umfassenden *Diagnostik-Systems für Psychische Störungen im Kindes- und Jugendalter nach ICD-10 und DSM-IV, DISYPS-KJ* (Döpfner & Lehmkuhl, 1998). Der Bogen enthält wie die entsprechende Diagnose-Checkliste, DCL-HKS (siehe Kap. 3.1.1, S. 118) die Diagnosekriterien für hyperkinetische Störungen (siehe Kap. 3.1.3, S. 120). Wenn der Bogen vor der Exploration der Eltern oder der Erzieher bzw. Lehrer ausgefüllt wird, dann kann die Exploration sehr gezielt erfolgen und der Untersucher kann sich sein eigenes Urteil durch Nachfragen bilden, das er dann auf der Diagnose-Checkliste dokumentieren kann.
- Im *Elternfragebogen über Problemsituationen in der Familie, HSQ-D* (siehe Kap. 3.1.4, S. 121) schätzen die Eltern ein, wie problematisch sie das Verhalten des Kindes in 16 alltäglichen familiären Situationen erleben. Der Fragebogen ist parallel zum Elterninterview zur *Eltern-Kind-Interaktion (EKI)* (siehe Kap. 3.1.2, S. 119) aufgebaut. Wenn der Fragebogen vor dem Elterninterview zur Eltern-Kind-Interaktion (EKI) ausgefüllt wird, kann dieses Interview zielgerichteter und schneller durchgeführt werden.
- Die *Checkliste für Eltern über Verhaltensprobleme bei den Hausaufgaben, HPC-D/E* (siehe Kap. 3.1.5, S. 121) erfragt Verhaltensprobleme, die bei der Durchführung der Hausaufgaben auftreten können. Diese Checkliste kann bei Eltern von Schulkindern dann eingesetzt werden, wenn die Hausaufgabensituation als besonders problematisch erlebt wird. Die inhaltliche Auswertung auf Item-Ebene ist für klinische Zwecke ausgesprochen informativ und kann wertvolle Anhaltspunkte für eine Vertiefung der Exploration der Eltern geben.

2.1.4 Testpsychologische Untersuchung

Leitlinie 4 faßt die Empfehlungen für die Durchführung testpsychologischer Untersuchungen zusammen. Eine testpsychologische Untersuchung ist optional. Sie stellt jedoch häufig eine unverzichtbare Ergänzung dar. Allerdings gibt es kein testpsychologisches Verfahren, mit dem eine hyperkinetische Störung definitiv festgestellt werden kann. Die Diagnose einer hyperkinetischen Störung ist eine klinische Diagnose. Neuropsychologische Tests können bei der Erfassung umschriebener Defizite hilfreich sein, sie sind aber nicht so wichtig, daß sie rountinemäßig bei der Diagnose der Störung eingesetzt werden müssen (American Academy of Child and Adolescent Psychiatry, 1997). Gute Testleistungen schließen die Diagnose einer hyperkinetischen Störung nicht aus. Computerbasierte Tests der Aufmerksamkeit (z. B. Continuous Performance Tests, CPTs; deutsche Fassung: Knye et al., 1996) sind im allgemeinen bei der Diagnosefindung nicht nützlich, da sie eine geringe Spezifität und Sensitivität haben (Lovejoy & Rasmussen, 1990; Trommer et al., 1988; American Academy of Child and Adolescent Psychiatry, 1997). Als Forschungsinstrumente können sie jedoch nützlich sein. Anhand der Verhaltensbeobachtung während der Durchführung eines CPT lassen sich hyperkinetische Kinder genauso gut oder besser erkennen als anhand der CPT-Werte (Barkley, 1991). Eine Korrespondenz zwischen Impulsivitätsfehlern im CPT und Verhaltensbeobachtungen der Impulsivität konnte nicht bestätigt werden (Abikoff & Klein, 1992). Aufmerksamkeitstests sollten auch nicht als Maß für die Wirksamkeit medikamentöser Therapie verwendet werden, da die Übertragbarkeit der Ergebnisse auf Effekte in der natürlichen Umgebung des Kindes nicht belegt (Aman & Turbott, 1991; Cohen et al., 1989) oder sogar widerlegt (Elia et al., 1991) wurden. CPTs sind nicht durchgängig sensitiv gegenüber Stimulanzieneffekten (Fisher & Newby, 1991). Instrumente zur Messung des Aktivitätsniveaus (z. B. Aktometer) sind nur von begrenztem klinischen Nutzen, da die Hyperaktivität per se nicht die Ursache für die Beeinträchtigung des Patienten darstellt, sondern sie Situationsangemessenheit des Aktivitätsniveaus (Tryon & Pinto, 1994; American Academy of Child and Adolescent Psychiatry, 1997).

Psychologische Tests oft notwendig

Vorsicht bei Aufmerksamkeitstests

Testpsychologische Untersuchungen sind vor allem zur Überprüfung der Intelligenz, von Entwicklungsstörungen oder schulischen Leistungsdefiziten indiziert. Eine umfassende Darstellung dieser Verfahren und ihres Einsatzes ist dem Leitfaden zur Diagnostik psychischer Störungen im Kindes- und Jugendalter (Döpfner et al., 2000a) zu entnehmen. Konzentrationstests oder Tests zur Erfassung von kognitiver Impulsivität, wie der Matching Familiar Figures Test (deutsche Fassung: Dortmunder Aufmerksamkeitstest DAT; Lauth, 1993), können ergänzende Hinweise auf den Schweregrad von Aufmerksamkeitsstörungen liefern, sie eignen sich jedoch nicht zur Diagnose dieser Störung. Der Zusammenhang zwischen diesen Testleistungen und dem Verhalten in natürlichen Situationen (Schule) ist eher gering.

Intelligenz- und Leistungsdiagnostik wichtig

L4 Leitlinie 4: Testpsychologische Untersuchung[1)]

- Zumindest eine orientierende Intelligenzdiagnostik wird bei allen Schulkindern empfohlen.
- Bei Schulkindern ist immer dann eine ausführliche testpsychologische Untersuchung der Intelligenz und von schulischen Teilleistungen notwendig, wenn Hinweise auf Leistungsprobleme (Noten, Klassenwiederholung, Sonderbeschulung) oder auf schulische Unterforderung vorliegen.
- Bei Vorschulkindern wird eine ausführliche Entwicklungsdiagnostik wegen der hohen Komorbiditätsraten von Entwicklungsstörungen und wegen der meist fehlenden zuverlässigen Angaben zum Entwicklungsstand grundsätzlich empfohlen.

1) In Anlehnung an Leitlinien von Fachgesellschaften und speziellen Arbeitsgruppen in den USA, in Europa und in Deutschland (American Academy of Child and Adolescent Psychiatry, 1991; 1997; vgl. Döpfner & Lehmkuhl, 1993; Taylor et al., 1998; Deutsche Gesellschaft für Kinder- und Jugendpsychiatrie und Psychotherapie et al., 2000)

Eine zumindest orientierende Intelligenz-, Leistungs- und Entwicklungsdiagnostik ist bei Kindern mit hyperkinetischen Störungen aus drei Gründen unverzichtbar:

Gründe für testpsychologische Untersuchung

1. weil die Symptomatik erstens auch einen Hinweis auf eine schulische Überforderung darstellen kann (generelle Überforderung, Überforderung in Teilbereichen aufgrund von Teilleistungsschwächen);
2. weil hyperkinetische Störungen gehäuft mit Leistungs- und Entwicklungsdefiziten einhergehen
3. weil die Verhaltensbeobachtung während der Leistungsdiagnostik Hinweise auf den Generalisierungsgrad der hyperkinetischen Symptomatik liefert.

Hilfreiche Materialien

Bei Schulkindern gibt die Einschätzung der schulischen Leistungen durch den Lehrer (exploriert oder im *Lehrerfragebogen über das Verhalten von Kindern und Jugendlichen* TRF) einen Überblick über die schulische Leistungsfähigkeit des Kindes.

Lese-/Rechtschreibstörungen häufig

Als orientierende Testverfahren sollten Intelligenztests durchgeführt werden, die die weitgehend sprach- und bildungsunabhängige intellektuelle Leistungsfähigkeit des Kindes überprüfen. Bei Kindern mit schulischen Leistungsdefiziten sollte ein differenziertes Intelligenztestverfahren sowie ein klassenspezifischer Schulleistungstest durchgeführt werden. Am häufigsten treten umschriebene Lese- und Rechtschreibstörungen auf. Eine detaillierte Beschreibung von Verfahren zur Intelligenz- und Schulleistungsdiagnostik wird im Leitfaden zur Diagnostik psychischer Störungen im Kindes- und Jugendalter (Döpfner et al., 2000a) gegeben.

Bei Kindern im Kindergartenalter ist eine Entwicklungsdiagnostik um so wichtiger, weil eine Beurteilung der Leistungsfähigkeit durch die

Lehrerin, die das Kind in einer relativ standardisierten Situation beobachten kann, entfällt. Die Erzieherin kann jedoch natürlich auch wertvolle Hinweise auf Entwicklungsdefizite geben. Bei Kindergartenkindern mit hyperkinetischen Störungen sollte daher auf jeden Fall eine differenzierte Entwicklungsdiagnostik erfolgen. Eine detaillierte Beschreibung von Verfahren zur Entwicklungsdiagnostik wird im Leitfaden zur Diagnostik psychischer Störungen im Kindes- und Jugendalter (Döpfner et al., 2000a) gegeben.

Entwicklungsdiagnostik im Kindergartenalter

Die Beobachtung des Testverhaltens gibt Hinweise auf eine hyperkinetische Symptomatik in einer Leistungssituation.

Hilfreiche Materialien

Das Testverhalten kann mit dem *Beobachtungsbogen-Verhalten während der Untersuchung* (VWU) beurteilt werden (siehe Kap. 3.1.6, S. 122).

Die Tests sollten für das Kind unter optimalen Bedingungen durchgeführt werden. Dazu gehört auch eine entsprechende Motivierung des Kindes und eine Verstärkung für konzentriertes Leistungsverhalten. Bei ausgeprägt aufmerksamkeitsschwachen Kindern kann es auch notwendig werden, den Rahmen zu sprengen, der durch die Testanweisungen vorgegeben ist, und das Kind bei der Bearbeitung stärker zu leiten und impulsive Handlungstendenzen zu begrenzen. Erfolgt keine stärkere Lenkung und Stützung des Kindes oder gelingt diese nur begrenzt (was bei Kindern mit ausgeprägter Symptomatik die Regel ist), so ist bei der Interpretation der Ergebnisse zu berücksichtigen, daß nicht die grundlegende Leistungsfähigkeit, sondern das aktuelle Leistungsverhalten erfaßt worden ist, das möglicherweise durch die hyperkinetische Symptomatik beeinträchtigt ist. Allerdings darf auch nicht jedes unterdurchschnittliche Testergebnis bei einem hyperkinetischen Testverhalten ausschließlich auf die hyperkinetische Symptomatik zurückgeführt werden. Es besteht nämlich durchaus die Möglichkeit, daß das Kind sowohl hyperkinetische Probleme als auch intellektuelle Schwächen/Leistungsdefizite hat. Gelingt die Steuerung in der Testsituation, dann sollte ebenso bedacht werden, daß das Ergebnis nicht das aktuelle Leistungsniveau, sondern eher die maximale Leistungsfähigkeit des Kindes abbildet. Die Verhaltensbeobachtung während der Testsituation ist für die Therapieplanung von besonderer Bedeutung, weil sich damit erkennen läßt, ob das hyperkinetische Verhalten auch unter optimalen Bedingungen auftritt bzw. gut beeinflußbar ist oder nicht.

Testbedingungen und Interpretation der Ergebnisse

Bei älteren Kindern und bei Kindern mit weniger massiv ausgeprägter hyperkinetischer Symptomatik treten hyperkinetische Verhaltensweisen während der Leistungsdiagnostik in der Regel allerdings kaum oder nur in abgeschwächter Intensität auf. Dies darf jedoch nicht als ein Hinweis auf Simulationstendenzen bei Eltern oder Lehrern fehlinterpretiert werden.

Symptome treten nicht immer auf

2.1.5 Körperliche und neurologische Untersuchung

Eine orientierende internistische und neurologische Untersuchung sowie der Kontakt zum Haus- oder Kinderarzt soll Hinweise auf zugrundeliegende oder begleitende körperliche Erkrankungen geben und kann zu weiterführenden körperlichen Untersuchungen Anlaß geben.

L5 **Leitlinie 5: Körperliche Untersuchung**[1)]

- Eine orientierende internistische und neurologische Untersuchung sollte durchgeführt werden.
- Kontakt und Kooperation mit dem Haus-/Kinderarzt.
- Weitergehende medizinische Untersuchungen, falls indiziert
- Bei medikamentöser Therapie sind weitere spezifische Untersuchungen nötig (siehe Leitlinie L 14)

1) In Anlehnung an Leitlinien von Fachgesellschaften und speziellen Arbeitsgruppen in den USA, in Europa und in Deutschland (American Academy of Child and Adolescent Psychiatry, 1991; 1997; vgl. Döpfner & Lehmkuhl, 1993; Taylor et al., 1998; Deutsche Gesellschaft für Kinder- und Jugendpsychiatrie und Psychotherapie et al., 2000)

Bedeutung körperlicher Untersuchung

Spezifische körperliche Untersuchungsmerkmale einer hyperkinetischen Störung existieren jedoch nicht. Dennoch kommt der Erhebung eines neurologischen und internistischen Status eine Bedeutung zu, um Hinweispunkte auf das Vorliegen einer organischen Erkrankung zu erhalten, die ebenfalls hyperkinetische Symptome auslösen kann (z. B. Schlafapnoe). Zum anderen kann die hyperkinetische Störung mit komorbiden neurologischen (z. B. Anfallsleiden, statomotorische Entwicklungsdefizite) oder internistischen (Neurodermitis, Asthma) Erkrankungen einhergehen, die ihrerseits oder durch die notwendigen Medikamente zu einer Symptomverstärkung führen können. Die wichtigsten Parameter der orientierenden körperlichen Untersuchung sind Größe, Gewicht, Blutdruck, Puls, Dysmorphiesyndrome, Seh- und Hörfähigkeit, Hirnnerven und Reflexstatus, Feinmotorik und Koordination, Schilddrüsenfunktion, kardiale Funktionen und Leberstoffwechsel.

2.1.6 Verlaufskontrolle

Leitlinie 6 sind die Empfehlungen für die Durchführung der Verlaufskontrolle zu entnehmen. Bei einer medikamentösen Behandlung sind darüber hinaus spezifische Verlaufskontrollen nötig, die in Leitlinie L 14 dargestellt sind.

L6 Leitlinie 6: Verlaufskontrolle[1]

Überprüfung des Verlaufs hinsichtlich:
- Aufmerksamkeitsstörung, Impulsivität und Hyperaktivität (insbesondere Zielsymptome) in der Familie und im Kindergarten/in der Schule;
- anderer Verhaltensauffälligkeiten und emotionale Entwicklung (insbesondere Zielsymptome) in der Familie und im Kindergarten/in der Schule;
- Leistungen in der Schule/Entwicklungsstand (Verminderung von Defiziten);
- Beziehungen zu Gleichaltrigen und Freizeitaktivitäten;
- Familiäre Interaktionen und familiäre Beziehungen

Bei medikamentöser Therapie sind weitere spezifische Verlaufskontrollen nötig (siehe Leitlinie L 14).

1) In Anlehnung an Leitlinien von Fachgesellschaften und speziellen Arbeitsgruppen in den USA, in Europa und in Deutschland (American Academy of Child and Adolescent Psychiatry, 1991; 1997; vgl. Döpfner & Lehmkuhl, 1993; Taylor et al., 1998; Deutsche Gesellschaft für Kinder- und Jugendpsychiatrie und Psychotherapie et al., 2000)

Folgende Bereiche sollten bei einer Verlaufskontrolle berücksichtigt werden:

alle Beurteiler einbeziehen

- Der Verlauf der Symptome der *Aufmerksamkeitsstörung, Impulsivität und Hyperaktivität* sollte kontinuierlich exploriert werden. Die Exploration sollte sowohl die Eltern als auch das Kind/den Jugendlichen und die Erzieherin/Lehrerin einbeziehen.
- *Andere Verhaltensauffälligkeiten* und die emotionale Entwicklung sollten vor allem dann regelmäßig exploriert werden, wenn komorbide Symptome bei Therapiebeginn bestanden haben.

Überprüfung schulischer Leistungen

- Der *Entwicklungsstand* bei Vorschulkindern und die *Leistungen in der Schule* bei Schulkindern sollten vor allem dann kontrolliert werden, wenn bei Behandlungsbeginn entsprechende Auffälligkeiten und Defizite vorlagen. Die schulischen Leistungen können exploriert werden (Klassenarbeiten, Zeugnisse); bei Kindern mit ausgeprägten schulischen Teilleistungsschwächen (z. B. Lese- und Rechtschreibstörung) und bei Vorschulkindern mit ausgeprägten Entwicklungsdefiziten (z. B. Sprachstörungen) können auch in größeren Abständen (sechs Monate oder mehr) testpsychologische Untersuchungen zur Kontrolle notwendig sein.
- Die Beziehungen zu Gleichaltrigen und Freizeitaktivitäten sollten über die Eltern und über den Patienten selbst exploriert werden, ebenso die familiären Interaktionen und Beziehungen.

Hilfreiche Materialien

Sektion 11 des *Explorationsschemas für Hyperkinetische und Oppositionelle Verhaltensstörungen (ESHOV)* (siehe M01, S. 128) kann zur Verlaufskontrolle benutzt werden und ist entsprechend den Leitlinien gegliedert.

– Für eine Verlaufskontrolle in kurzen Abständen (in der Regel zu jedem Therapiekontakt) kann die *Problemliste: Verhaltensprobleme des Kindes* (siehe Kap. 3.1.7, S. 122) benutzt werden, die zum Abschluß der diagnostischen Phase mit den Eltern bzw. der Erzieherin/Lehrerin entwickelt wurde. Sie enthält die mit der entsprechenden Bezugsperson vereinbarten Kernprobleme des Kindes/Jugendlichen, deren Verminderung Gegenstand der Therapie sein soll. Mithilfe der Problemliste ist eine kontinuierliche Verlaufskontrolle auf eine ökonomische Weise möglich. Abbildung 8 zeigt ein Bei-

Problemliste: Verhaltensprobleme des Kindes *in der Familie*

Name des Kindes: **Christian P.**
heutiges Datum:
Beurteiler: **Mutter**

Beurteilen Sie bitte für die vergangene Woche:
1. wie häufig das beschriebene Problemverhalten aufgetreten ist
2. wie belastend oder beeinträchtigend Sie das Problem empfunden haben

Problemverhalten	Wie häufig trat das Problemverhalten auf? nie	einmal	2-3 Mal	täglich	mehrm. tägl.	ständig	Wie belastend war das Problem? Kein Problem (1) – Es hätte nicht schlimmer sein können (9)
1. Wird beim Anziehen morgens schnell ungeduldig und brüllt los	0	1	2	X	4	5	1 2 3 X 5 6 7 8 9
2. Quengelt, weint und schimpft bei den Hausaufgaben.	0	1	2	3	X	5	1 2 3 4 5 6 X 8 9
3. Läßt sich bei den Hausaufgaben leicht ablenken und braucht sehr lange, bis sie beendet sind.	0	1	2	3	X	5	1 2 3 4 5 6 7 X 9
4. Wird bei Grenzsetzungen schnell weinerlich, schimpft und mault.	0	1	2	X	4	5	1 2 3 4 X 6 7 8 9
5. Wie problematisch war das Verhalten des Kindes insgesamt?							1 2 3 4 5 6 X 8 9

Arbeitsblatt T03 | Problemliste: Verhaltensprobleme des Kindes

Abbildung 8: Individuelle Problemliste (nach Döpfner et al., 1998a), Beispiel

spiel einer solchen Problemliste. Diese Problemliste findet auch bei der Überprüfung der Wirksamkeit einer medikamentösen Therapie und einer Titrierung der Dosis Anwendung (siehe Kap. 2.3, S. 85).

- In größeren Abständen (mehrere Monate) können zur Überprüfung der hyperkinetischen Symptomatik der *Fremdbeurteilungsbogen für Hyperkinetische Störungen (FBB-HKS)* (siehe Kap. 3.1.3, S. 120) von den Eltern und von der Erzieherin/Lehrerin beurteilt werden.
- Bei Jugendlichen kann auch der *Selbstbeurteilungsbogen für Hyperkinetische Störungen (SBB-HKS)* (siehe Kap. 3.1.3, S. 120) eingesetzt werden.
- Falls komorbide Symptome auch als Zielsymptome ausgewählt wurden (z. B. Verminderung von Wutausbrüchen), kann auf die bereits beschriebene *Problemliste: Verhaltensprobleme des Kindes* (siehe Kap. 3.1.7, S. 122) zurückgegriffen werden.
- Darüber hinaus können in größeren Abständen Basisverfahren eingesetzt werden, die ein breites Spektrum psychischer Störungen abdecken (z. B. *Verhaltensbeurteilungsbogen für Vorschulkinder; Elternfragebogen; Erzieherfragebogen;* VBV-EL; VBV-ER; *Elternfragebogen über das Verhalten von Kindern und Jugendlichen,* CBCL 4-18; *Lehrerfragebogen über das Verhalten von Kindern und Jugendlichen;* TRF; *Fragebogen über das Verhalten von Jugendlichen;* YSR).

2.2 Leitlinien zu Behandlungsindikationen

Tabelle 12 gibt eine Übersicht über die Leitlinien für die Indikationen einzelner Behandlungskomponenten.

Tabelle 12: Übersicht über die Leitlinien zu Behandlungsindikationen

L7	Indikationen für eine stationäre oder teilstationäre Therapie
L8	Indikationen für eine multimodale Behandlung bei Schulkindern und Jugendlichen
L9	Besonderheiten in der multimodalen Behandlung von Kindern im Kindergarten- und Vorschulalter

Die Behandlung von Kindern mit hyperkinetischen Störungen erfolgt in der Regel ambulant. Unter besonderen Bedingungen kann jedoch eine stationäre Therapie indiziert sein, die in Leitlinie 7 spezifiziert sind.

L7 Leitlinie 7: Indikationen für eine stationäre oder teilstationäre Therapie[1)]

Die Behandlung kann meist ambulant durchgeführt werden. Eine stationäre oder teilstationäre Therapie kann unter folgenden Bedingungen indiziert sein:

- bei besonders schwer ausgeprägter hyperkinetischer Symptomatik,
- bei besonders schwer ausgeprägten komorbiden Störungen (z. B. Störungen des Sozialverhaltens),

- bei mangelnden Ressourcen in der Familie oder im Kindergarten bzw. in der Schule oder besonders ungünstigen psychosozialen Bedingungen,
- nach nicht erfolgreicher ambulanter Therapie.

Bei dauerhaft unzureichenden Ressourcen in der Familie oder extrem ausgeprägter Symptomatik (einschließlich komorbider Symptome) können auch längerfristige stationäre oder teilstationäre Maßnahmen der Jugendhilfe indiziert sein.

1) In Anlehnung an Leitlinien von Fachgesellschaften und speziellen Arbeitsgruppen in den USA, in Europa und in Deutschland (American Academy of Child and Adolescent Psychiatry, 1991; 1997; vgl. Döpfner & Lehmkuhl, 1993; Taylor et al., 1998; Deutsche Gesellschaft für Kinder- und Jugendpsychiatrie und Psychotherapie et al., 2000)

Ist die hyperkinetische Symptomatik und/oder die komorbide Symptomatik so stark ausgeprägt, daß die Familie oder der Kindergarten/die Schule vollkommen überfordert sind, und kann auch eine medikamentöse Behandlung keine kurzfristige Entlastung schaffen bzw. nicht kontrolliert durchgeführt werden, dann kann eine stationäre oder teilstationäre Behandlung indiziert sein. Eine weitere Indikation stellt eine nicht erfolgreiche ambulante Therapie dar. Die stationäre Therapie dauert in der Regel mehrere Wochen bis einige Monate. Eine ambulante Therapie ist im Anschluß an eine stationäre Behandlung so gut wie immer indiziert, wobei besonders darauf zu achten ist, daß Veränderungen sich stabilisieren, die während der stationären Therapie erzielt wurden. Eine enge Verschränkung von stationärer und ambulanter Therapie ist daher nötig. Können auch langfristig keine hinreichenden Kompetenzen im Umfeld des Kindes aufgebaut werden oder ist die Symptomatik änderungsresistent, dann können auch längerfristige teilstationäre oder stationäre Maßnahmen der Jugendhilfe indiziert sein. Bei teilstationärer und stationärer Behandlung können Mototherapie und Ergotherapie als ergänzende Behandlung indiziert sein. Der Transfer von Verhaltensänderungen auf das natürliche soziale Umfeld des Kindes (Familie, Schule) ist bei diesen Behandlungsformen oft schwierig und muß deshalb besonders beachtet werden.

Ambulante und stationäre Therapie verschränken

Die ambulante, teilstationäre oder stationäre Behandlung wird in der Regel als multimodale Therapie durchgeführt. Die Behandlung bezieht sich sowohl auf die hyperkinetische als auch auf die komorbide Symptomatik. Die *multimodale Behandlung der hyperkinetischen Symptomatik* kann folgende Interventionen umfassen:

Elemente der multimodalen Therapie

- *Aufklärung und Beratung (Psychoedukation)* der Eltern, des Kindes/Jugendlichen und des Erziehers bzw. des Klassenlehrers.
- *Elterntraining und Interventionen in der Familie* (einschließlich Familientherapie) zur Verminderung der Symptomatik in der Familie.
- *Interventionen im Kindergarten/in der Schule* (einschließlich Plazierungs-Interventionen) zur Verminderung der Symptomatik im Kindergarten/in der Schule.
- *Kognitive Therapie* des Kindes/Jugendlichen (ab dem Schulalter) zur Verminderung von impulsiven und unorganisierten Aufgabenlösungen

(Selbstinstruktionstraining) oder zur Anleitung des Kindes/Jugendlichen zur Modifikation des Problemverhaltens (Selbstmanagement).
- *Pharmakotherapie* zur Verminderung hyperkinetischer Symptome in der Schule (im Kindergarten), in der Familie oder in anderen Umgebungen.

Außerdem können *diätetische Behandlungen* (oligoantigene Diät) hilfreich sein. Weitere Studien sind jedoch notwendig, um die Wirksamkeit und die Indikation dieser Intervention genauer abschätzen zu können. Vermutlich ist diese Behandlung nur selten hilfreich, möglicherweise häufiger bei Kindern im Vorschulalter (siehe Kap. 1.5).

Grundlage: Psychoedukation Eltern/ Patient

Leitlinie 8 faßt die Empfehlungen für die Behandlungsindikationen bei *Schulkindern und bei Jugendlichen* zusammen. Grundlage der multimodalen Behandlung ist die Aufklärung und Beratung der Eltern und des Kindes/Jugendlichen (ab dem Schulalter), die immer durchgeführt wird. Die anderen Interventionen werden bei entsprechenden Indikationen durchgeführt. Abbildung 9 stellt anhand eines Entscheidungsbaumes die Indikationen dar.

L8 Leitlinie 8: Indikationen für eine multimodale Behandlung bei Schulkindern und Jugendlichen[1)]

Grundlage der multimodalen Behandlung ist die Aufklärung und Beratung (Psychoedukation) der Eltern und des Kindes/Jugendlichen. Auf dieser Basis werden folgende Indikationen für die einzelnen Behandlungskomponenten einer multimodalen Therapie gestellt (siehe Entscheidungsbaum, Abb. 9).
- eine primäre Pharmakotherapie ist meist dann indiziert, wenn eine stark ausgeprägte situationsübergreifende hyperkinetische Symptomatik mit krisenhafter Zuspitzung (z. B. drohende Umschulung in Sonderschule, massive Belastung der Eltern-Kind-Beziehung) vorliegt.
- Liegt eine solche krisenhafte Zuspitzung nicht (mehr) vor und treten hyperkinetische oder oppositionelle/aggressive Verhaltensstörungen (weiterhin) im Unterricht auf, dann können Interventionen in der Schule (einschließlich Aufklärung und Beratung der Lehrer und Platzierungsinterventionen) in Kombination mit kognitiver Therapie des Kindes indiziert sein. Sind diese Interventionen nicht oder nicht hinreichend erfolgreich, dann kann alternativ oder ergänzend eine Pharmakotherapie indiziert sein.
- Treten hyperkinetische oder oppositionelle/aggressive Auffälligkeiten des Kindes/Jugendlichen in der Familie auf, dann können Elterntrainings mit Interventionen in der Familie einschließlich kognitiver Therapie des Kindes indiziert sein. Sind diese Interventionen nicht oder nicht hinreichend erfolgreich, dann kann alternativ oder ergänzend eine Pharmakotherapie indiziert sein. Dies erscheint jedoch nur dann angezeigt, wenn hyperkinetische Auffälligkeiten auch in der Schule auftreten. Ist das nicht der Fall, wird die Störung vermutlich durch spezifische familiäre Bedingungen aufrecht erhalten, die es mit anderen Interventionen zu behandeln gilt.
- Wenn Auffälligkeiten sowohl in der Familie als auch in der Schule auftreten, sollten Interventionen in der Familie und in der Schule parallel durchgeführt werden, da Gene-

ralisierungen von einem Lebensbereich auf den anderen nicht von vornherein erwartet werden können.

– Liegen nach der Behandlung der hyperkinetischen Symptomatik komorbide Störungen weiterhin vor, dann kann eine Behandlung dieser Störung indiziert sein.

1) In Anlehnung an Leitlinien von Fachgesellschaften und speziellen Arbeitsgruppen in den USA, in Europa und in Deutschland (American Academy of Child and Adolescent Psychiatry, 1991; 1997; vgl. Döpfner & Lehmkuhl, 1993; Taylor et al., 1998; Deutsche Gesellschaft für Kinder- und Jugendpsychiatrie und Psychotherapie et al., 2000)

Indikation für primäre Pharmakotherapie

Die Wirksamkeit von Pharmakotherapie mit Psychostimulanzien ist von allen Interventionen empirisch am besten belegt (siehe Kap. 1.5, S. 20). Wenn eine stark ausgeprägte situationsübergreifende hyperkinetische Symptomatik mit krisenhafter Zuspitzung (z. B. drohende Umschulung in Sonderschule, massive Belastung der Eltern-Kind-Beziehung) vorliegt, dann sind nach klinischer Erfahrung verhaltenstherapeutische Interventionen in der Regel nicht ausreichend, schon allein deshalb, weil diese Interventionen eine gewissen Zeit benötigen, um durchgeführt zu werden und um eine Wirksamkeit zu entwickeln. Dies ist in der Regel bei einer extrem zugespitzten Symptomatik nicht der Fall. Außerdem liegen einige Hinweise dafür vor, daß bei sehr enger Definition hyperkinetischer Störungen, d.h. bei stark ausgeprägter Symptomatik, die Wirksamkeit von Psychostimulanzien eindeutiger ist.

Indikation für Interventionen in Schule/ Kindergarten

Indikation für Selbstinstruktionstraining

Eine kognitive Therapie des Kindes/Jugendlichen sollte immer nur in Kombination mit Intervention in der Schule/Familie durchgeführt werden. Insbesondere das Selbstinstruktionstraining ist nicht immer indiziert und die Wirksamkeit ist insgesamt nur teilweise bestätigt worden (siehe Kap. 1.5, S. 20). Es sollte nur dann in Betracht gezogen werden, wenn ausgeprägte Aufmerksamkeitsstörungen und Impulsivität auch unter optimalen Arbeitsbedingungen in der Untersuchungssituation zu beobachten sind. Das Kind ist dann typischerweise nicht in der Lage, auch bei dem Angebot von attraktiven Belohnungen, Hausaufgaben über eine der Klassenstufe des Kindes angemessene Zeit mit angemessenem Arbeitstempo organisiert durchzuführen. Häufig ist auch schon im Rahmen der testpsychologischen Untersuchung erkennbar, daß das Kind durchaus die Fähigkeiten zu einem konzentrierten Arbeitsverhalten besitzt. In solchen Fällen sollte kein Selbstinstruktionstraining durchgeführt werden, da das Kind bereits das beherrscht, was in einem solchen Training aufgebaut werden soll. Offensichtlich sind in diesen Fällen keine grundlegenden Defizite vorhanden, sondern das Kind ist nicht in der Lage, sich unter den Rahmenbedingungen und motivationalen Bedingungen der Schule aufmerksam zu verhalten. Auch wenn ein Selbstinstruktionstraining durchgeführt wird, sollte dies nur in Kombination mit Interventionen in der Schule erfolgen, da nicht erwartet werden kann, daß durch das Selbstinstruktionstraining alleine die meisten Auffälligkeiten in der Schule vermindert werden können. Das Hauptproblem beim Selbstinstruktionstraining stellt die Generalisierung von Verhaltensänderungen aus der Trainingssituation auf natürliche Situationen in der

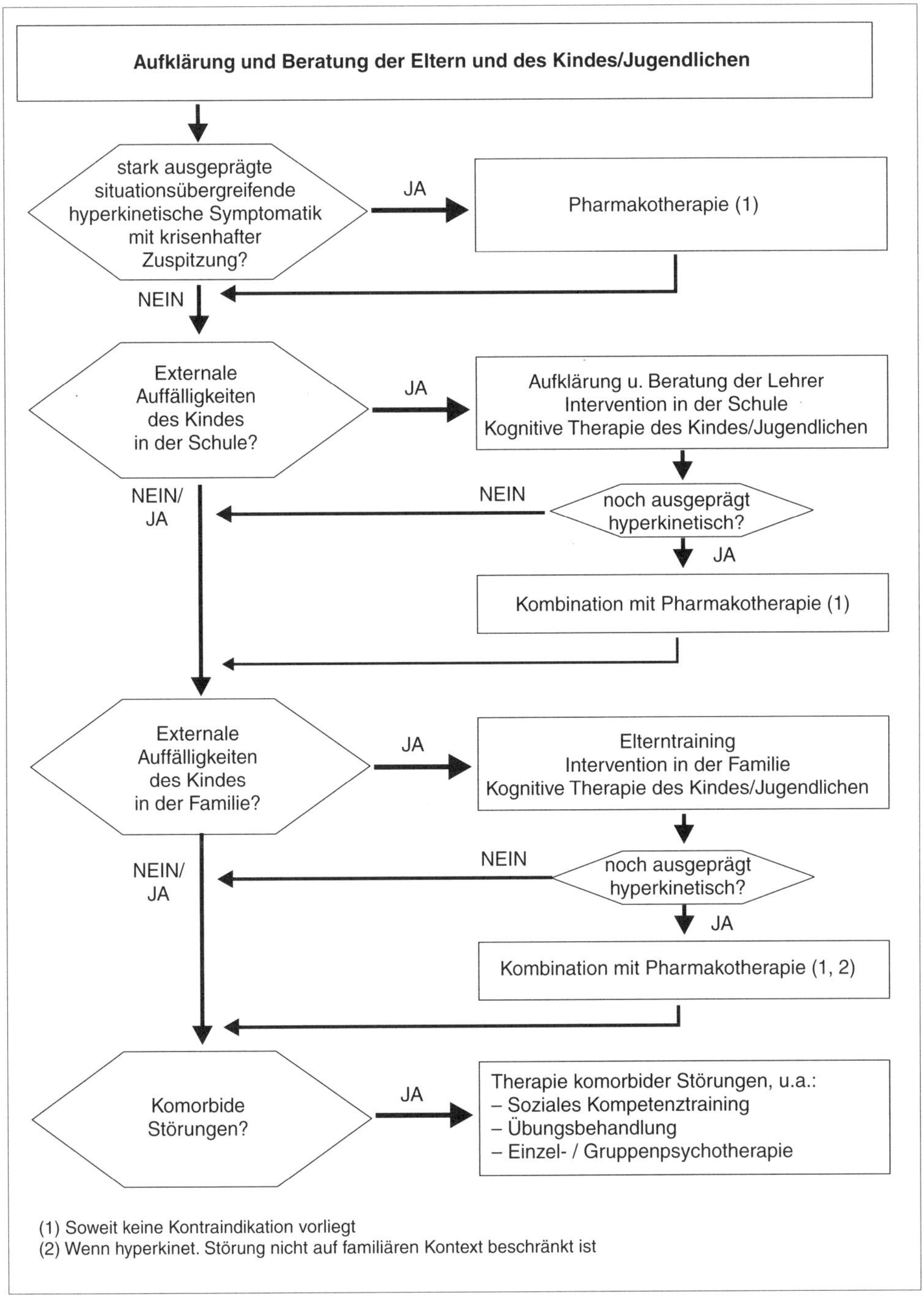

Abbildung 9: Entscheidungsbaum zur Planung einer multimodalen Therapie bei hyperkientisch auffälligen Schulkindern

Schule und der Familie dar. Deshalb sind gezielte Maßnahmen zur Unterstützung der Generalisierung einzuplanen. Selbstmangement-Verfahren können etwa gegen Ende der Grundschulzeit eingesetzt werden und leiten das Kind/den Jugendlichen an, sein eigenes Problemverhalten wahrzunehmen, sich Ziele zu setzen und sein Problemverhalten zu verändern. Diese Methoden sind möglicherweise erfolgreicher als Selbstinstruktionsverfahren.

Indikation für Elterntraining

Treten hyperkinetische oder oppositionelle/aggressive Auffälligkeiten des Kindes/Jugendlichen in der Familie auf, dann können Elterntrainings mit Interventionen in der Familie einschließlich kognitiver Therapie des Kindes indiziert sein. Sind diese Interventionen nicht oder nicht hinreichend erfolgreich, dann kann alternativ oder ergänzend eine Pharmakotherapie indiziert sein, wenn diese nicht schon als primäre Intervention durchgeführt wurde. Die Pharmakotherapie wird dann so durchgeführt, daß die Wirkung auch am Nachmittag und an Wochenenden eintritt. Eine Pharmakotherapie, die auf die Verminderung hyperkinetischer Symptome in der Familie abzielt, erscheint jedoch nur dann angezeigt, wenn hyperkinetische Auffälligkeiten auch in der Schule auftreten. Ist das nicht der Fall, wird die Störung vermutlich durch spezifische familiäre Bedingungen aufrecht erhalten, die es mit anderen Interventionen zu behandeln gilt.

Wenn Auffälligkeiten sowohl in der Familie als auch in der Schule auftreten, sollten Interventionen in der Familie und in der Schule parallel durchgeführt werden, da Generalisierungen von einem Lebensbereich auf den anderen nicht von vornherein erwartet werden können.

Zur *Behandlung der komorbiden Störungen* können ergänzend Interventionen durchgeführt werden, vor allem:

- *Soziales Kompetenztraining* bei sozialen Kompetenzdefiziten und aggressiven Verhaltensstörungen.
- *Einzel- und/oder Gruppenpsychotherapie* (auf tiefenpsychologischer, nondirektiver oder verhaltenstherapeutischer Basis) zur Verminderung von geringem Selbstwertgefühl und/oder Problemen mit Gleichaltrigen.
- *Übungsbehandlungen* zur Verminderung von umschriebenen Entwicklungsstörungen (Teilleistungsschwächen).

komorbide Störungen nachrangig behandeln

Die Behandlung komorbider Störungen wird aus folgenden Gründen in der Regel nach Beginn der Behandlung der hyperkinetischen Symptomatik durchgeführt:

- komorbide Störungen sind häufig Folgen der hyperkinetischen Störungen und werden durch die hyperkinetische Symptomatik zumindest teilweise aufrecht erhalten. Durch die Behandlung der hyperkinetischen Symptome können sich daher häufig auch komorbide Störungen vermindern. Dies gilt meist für emotionale Störungen und häufig für aggressive Störungen. Bei Jugendlichen mit dissozialer Symptomatik und hyperkinetischer Residualsymptomatik steht allerdings häufig die Behandlung der dissozialen Symptome im Vordergrund, weil diese sich auch bei Verminderung hyperkinetischer Auffälligkeiten nicht automatisch vermindert. In solchen Fällen kann aber umgekehrt die Behandlung der hyperkinetischen Restsymptomatik eingeleitete Interventionen zur Verminderung der Dissozialität unterstützten.

- Die Verminderung der hyperkinetischen Symptomatik kann die Behandlung komorbider Störungen erleichtern. Dies gilt vor allem für umschriebene Störungen der schulischen Fertigkeiten (z. B. Lese-/ Rechtschreibstörung).

Behandlung bei komorbiden Tics

Bei Kindern und Jugendlichen mit komorbiden Tic-Störungen (einschließlich Tourette-Störung) sind spezielle Indikationen zu beachten. Bis zu 30 % der Kinder mit hyperkinetischen Störungen entwickeln Tics. Wenn die Tic-Symptomatik sehr stark ausgeprägt ist und eindeutig im Vordergrund der Störung steht, dann sollte in der Regel zunächst die Tic-Störung behandelt werden. Andernfalls sollte die Behandlung der hyperkinetischen Symptomatik zunächst im Zentrum stehen. Eine medikamentöse Therapie mit Psychostimulanzien ist bei Kindern und Jugendlichen mit hyperkinetischen Störungen und Tic-Störungen zwar nicht kontraindiziert, doch kann in Einzelfällen die Tic-Symptomatik durch die Stimulanzienbehandlung verstärkt werden (siehe Kap. 1.5, S. 20). Deshalb sollten bei Kindern und Jugendlichen, die beide Störungen aufweisen, vermehrt verhaltenstherapeutische Interventionen im Vordergrund stehen und eine Psychostimulanzienbehandlung erst dann erwogen werden, wenn sich die anderen Interventionen als nicht hinreichend erfolgreich erwiesen haben.

Behandlung im Kindergartenalter

Die Leitlinie 9 gibt einen Überblick über Besonderheiten in der multimodalen Behandlung von Kindern im Kindergarten- und Vorschulalter. Sie unterscheidet sich von den Interventionen im Schulalter erstens in der Indikation für Pharmakotherapie. Bei Kindergartenkindern sollten Elterntraining, flankierende Maßnahmen und Plazierung in speziellen Vorschuleinrichtungen in erster Linie durchgeführt werden. Eine medikamentöse Therapie sollte erst erwogen werden, wenn diese Interventionen nicht ausreichen. Die vorliegenden Studien lassen den Schluß zu, daß Pharmakotherapie bei hyperkinetisch auffälligen Kindergartenkindern weniger wirkungsvoll ist als im Schulalter. Außerdem liegt bei Kindergartenkindern zwar häufiger eine ausgeprägte situationsübergreifende hyperkinetische Symptomatik vor als im Schulalter; eine krisenhafte Zuspitzung in der Schule und der Familie, wie sie bei Schulkindern zu beobachten ist, findet jedoch weniger häufig statt. Dies liegt sicher daran, daß die Anforderungen und Erwartungen an das Kindergartenkind hinsichtlich seiner Selbststeuerungsfähigkeit weitaus geringer sind als im Schulalter. Kindergärten können darüber hinaus in der Regel flexibler auf die Probleme external auffälliger Kinder reagieren als Schulen. Falls sich dennoch ein solche krisenhafte Entwicklung einstellt, sollten zunächst Plazierungen in Sondereinrichtungen oder teilstationäre Interventionen zu erwägen.

Kognitive Methoden bei Kindergartenkindern nicht möglich

Außerdem können bestimmte Interventionen im Kindergartenalter aufgrund des Entwicklungsstandes der Kinder nicht durchgeführt werden. Dies gilt vor allem für die kognitive Therapie (Selbstinstruktionstrainings, Selbstmanagementmethoden). Sind ausgeprägte motorische Unruhe, Aufmerksamkeitsstörungen und Impulsivität auch in Spielsituationen mit dem Therapeuten zu beobachten, dann ist nach der Aufklärung und Beratung der Eltern ein Spieltraining angezeigt, das darauf abzielt, intensiveres und ausdauernderes Spielverhalten aufzubauen. Auch beim Spieltraining kann nicht von vornherein erwartet werden, daß sich dadurch die meisten Auffälligkeiten in der Familie/im Kindergarten bewältigen lassen. Deshalb ist es sinnvoll, parallel weitere Interventionen durchzuführen, die direkt in der Familie und im Kindergarten ansetzen.

L9 Leitlinie 9: Besonderheiten in der multimodalen Behandlung von Kindern im Kindergarten- und Vorschulalter [1)]

- In erster Linie werden Elterntraining mit Interventionen in der Familie und Interventionen im Kindergarten sowie flankierende Maßnahmen und Plazierung in speziellen Einrichtungen durchgeführt.
- Eine medikamentöse Therapie sollte erst erwogen werden, wenn diese Interventionen nicht ausreichen.
- Kognitive Therapie des Kindes ist altersbedingt nicht durchführbar. Interventionen zur Steigerung von Spielintensität und Spielausdauer können hilfreich sein.

1) In Anlehnung an Leitlinien von Fachgesellschaften und speziellen Arbeitsgruppen in den USA, in Europa und in Deutschland (American Academy of Child and Adolescent Psychiatry, 1991; 1997; vgl. Döpfner & Lehmkuhl, 1993; Taylor et al., 1998; Deutsche Gesellschaft für Kinder- und Jugendpsychiatrie und Psychotherapie et al., 2000)

Andere als die genannten Behandlungsverfahren sind in der Regel nicht für die Therapie hyperkinetischer Störungen indiziert. Dies gilt insbesondere für folgende Verfahren:

nicht erfolgversprechende Therapien

- Die Wirksamkeit phosphatarmer Diät ist nicht belegt. Sie sollte auf keinen Fall eingesetzt werden.
- Die Wirksamkeit von Festhaltetherapie ist nicht belegt. Einzelfälle zeigen, daß sie schädlich sein kann.
- Die Wirksamkeit nondirektiver oder tiefenpsychologischer Therapie zur Behandlung der hyperkinetischen Symptomatik ist nicht belegt. Zur Behandlung begleitender emotionaler Störungen können diese Methoden hilfreich sein, jedoch erst nachdem die hyperkinetische Symptomatik erfolgreich behandelt wurde.

- Die Wirksamkeit von Mototherapie, Krankengymnastik, Psychomotorik und Ergotherapie zur Behandlung der hyperkinetischen Symptomatik ist nicht hinreichend belegt. Zur Behandlung von Entwicklungsdefiziten oder zur begleitenden Behandlung können diese Methoden indiziert sein. Es sollte jedoch nicht erwartet werden, daß durch diese Behandlungen direkte hyperkinetische Symptomatik in der Familie oder im Kindergarten/in der Schule vermindert werden kann. In Einzelfällen können Kinder zu einem ausdauernderen Spiel- und Beschäftigungsverhalten angeleitet werden. Bei Durchführung im Gruppenformat können hilfreiche Gruppenerfahrungen gemacht werden.
- Die Wirksamkeit von Entspannungsverfahren (einschl. autogenem Training) bei der Behandlung der hyperkinetischen Symptomatik ist nicht hinreichend belegt.

Gruppenerfahrungen

2.3 Leitlinien zur Therapie

Tabelle 13 gibt eine Übersicht über die Leitlinien zur Therapie von Kindern und Jugendlichen mit hyperkinetischen Störungen.

Tabelle 13: Übersicht über die Leitlinien zur Therapie

L10	Beratung der Eltern, der Erzieher/Lehrer und des Kindes/Jugendlichen (Psychoedukation)
L11	Elterntraining und Interventionen in der Familien
L12	Interventionen im Kindergarten/in der Schule
L13	Kognitive Verhaltenstherapie des Kindes/Jugendlichen
L14	Medikamentöse Behandlung

2.3.1 Beratung der Eltern, der Erzieher/Lehrer und des Kindes/Jugendlichen (Psychoedukation)

Die Empfehlungen zur Aufklärung und Beratung (Psychoedukation) der Eltern, der Erzieher/Lehrer und des Kindes/Jugendlichen sind in Leitlinie 10 zusammengefaßt. Die Aufklärung und Beratung der Eltern wird immer durchgeführt. Sie stellt die Basis aller nachfolgenden Interventionen dar und sollte daher auch mit entsprechender Sorgfalt durchgeführt werden. Die Aufklärung und Beratung des Kindes kann etwa ab dem Schulalter in altersangemessener Form durchgeführt werden. Die Beratung der Erzieher oder Lehrer sollte mit Einverständnis der Eltern immer dann durchgeführt werden, wenn im Kindergarten/in der Schule behandlungsbedürftige Auffälligkeiten auftreten.

Psychoedukation immer durchführen!

L10 Leitlinie 10: Beratung der Eltern, der Erzieher/Lehrer und des Kindes/Jugendlichen (Psychoedukation)[1)]

Die Aufklärung und Beratung der Eltern wird immer durchgeführt. Die Aufklärung und Beratung des Kindes kann etwa ab dem Schulalter in altersangemessener Form durchgeführt werden. Die Beratung der Erzieher oder der Lehrer wird mit Einverständnis der Eltern immer dann durchgeführt, wenn im Kindergarten/in der Schule behandlungsbedürftige Auffälligkeiten auftreten.

Aufklärung und Beratung der Eltern und der Erzieher/Lehrer oder anderer wichtiger Bezugspersonen

Diese umfaßt:
- Information hinsichtlich der Symptomatik, der vermuteten Ätiologie und des vermutlichen Verlaufes sowie der Behandlungsmöglichkeiten;
- Beratung hinsichtlich pädagogischer Interventionen zur Bewältigung konkreter Problemsituationen, insbesondere
  - Strukturierung der Abläufe in der Familie, im Kindergarten/in der Schule,
  - durch positive Zuwendung bei angemessenem Verhalten,
  - durch angemessene Aufforderungen und Grenzsetzungen in einer eindeutigen Weise,
  - durch angemessene negative Konsequenzen bei auffälligem Verhalten.

Bei der Beratung der Eltern müssen die konkreten familiären Bedingungen und Belastungen berücksichtigt werden.

Aufklärung und Beratung des Kindes/Jugendlichen

Diese wird ab dem Schulalter entsprechend dem Entwicklungsstand des Kindes/Jugendlichen durchgeführt und umfaßt:
- Information hinsichtlich der Symptomatik, der vermuteten Ätiologie und des vermutlichen Verlaufes sowie der Behandlungsmöglichkeiten,
- Anleitung zur Selbstbeobachtung und Selbststeuerung.

1) In Anlehnung an Leitlinien von Fachgesellschaften und speziellen Arbeitsgruppen in den USA, in Europa und in Deutschland (American Academy of Child and Adolescent Psychiatry, 1991; 1997; vgl. Döpfner & Lehmkuhl, 1993; Taylor et al., 1998; Deutsche Gesellschaft für Kinder- und Jugendpsychiatrie und Psychotherapie et al., 2000)

Eltern, Erzieher/Lehrer oder andere wichtige Bezugspersonen sollten *Informationen* hinsichtlich der Symptomatik, der vermuteten Ätiologie und des vermutlichen Verlaufes sowie der Behandlungsmöglichkeiten erhalten. Ausgangspunkt dieser Psychoedukation sollten die *Störungskonzepte* der Bezugspersonen sein (welche Vorstellungen haben die Bezugspersonen hinsichtlich der Ursachen der Probleme?), die in der Exploration (siehe *Explorationsschema für Hyperkinetische und Oppositionelle Verhaltensstörungen (ESHOV),* siehe M01, S. 128) erhoben wurden. Dann können zunächst die wichtigsten *diagnostischen Befunde* mitgeteilt werden und in Zusammenhang mit der Diagnose interpretiert werden.

Daran schließt sich in der Regel die Frage nach den *Ursachen der Symptomatik* an. Diese sollte ausgehend von den individuellen Vorstellungen der Bezugspersonen über die Ursachen der Symptomatik ausführlich besprochen werden. Dabei sollte ein „biopsychosoziales Modell" zugrunde gelegt werden, nach dem biologische (vor allem genetische) Faktoren eine wesentliche Grundlage für die Entwicklung der Störung darstellen (im Sinne einer Prädisposition) und psychosoziale Faktoren sekundär zur Ausprägung und Aufrechterhaltung der Problematik sowie zur Entwicklung komorbider Störungen beitragen. Bezugspersonen, die selbst ein psychosoziales Krankheitskonzept haben (z. B.: Die Symptomatik ist durch Erziehungsfehler oder Partnerschaftsprobleme bedingt), sollten so auf die Rolle biologischer Faktoren aufmerksam gemacht werden und können dadurch auch entlastet werden. Bezugspersonen, die selbst ein biologisches Krankheitskonzept haben (z. B.: Die Störung ist vererbt oder bedingt durch Geburtskomplikationen), kann die Bedeutung psychosozialer Einflüsse nahe gebracht werden. Wenn es gelingt, ein solches biopsychosoziales Krankheitsverständnis zu verankern, dann ist eine gute Basis für weitergehende pharmakologische wie psychologische Interventionen gegeben.

biopsychosoziales Modell als Grundlage

Bei der Erarbeitung der psychosozialen Faktoren sollten einerseits auf einer globalen Ebene mögliche Belastungen in der Familie (z. B. psychische oder körperliche Gesundheitsprobleme anderer Familienmitglieder, Eheprobleme, finanzielle Schwierigkeiten, Probleme am Arbeitsplatz) oder auch im Kindergarten/in der Schule (Gruppen-/Klassengröße, andere Kinder mit Auffälligkeiten, Belastung der Erzieherin/Lehrerin) berücksichtigt werden. Andererseits sollte auf der Ebene der alltäglichen Eltern-Kind oder Erzieher-Kind/Lehrer-Kind-Interaktionen die typischen „Interaktionsfallen" dargestellt werden, die zur Aufrechterhaltung und zur Verschärfung der Symptomatik beitragen. Dabei kann der in Abbildung 10 dargestellte Teufelskreis benutzt werden.

psychosoziale Einflüsse durch Teufelskreis erklären

Danach beachten aufmerksamkeitsgestörte und impulsive Kinder Aufforderungen und Grenzsetzungen von Eltern (aber auch von anderen Bezugspersonen) selten. Im allgemeinen wiederholen Eltern ihre Aufforderungen dann mehrfach. Die Wahrscheinlichkeit, daß aufmerksamkeitsgestörte Kinder die Aufforderung wiederum nicht beachten, ist erhöht. Kommt es aber einmal dazu, daß das Kind eine Aufforderung befolgt, dann beachten die Eltern dies nicht, entweder weil sie meinen, das folgsame Verhalten ihres Kindes sei schließlich mehr als selbstverständlich oder weil sie einfach endlich das tun wollen, was durch die Auseinandersetzungen mit dem Kind liegengeblieben ist. Auffälliges, nämlich nicht folgsames Verhalten des Kindes hat jedenfalls vermehrte, wenn auch negativ getönte Aufmerksamkeit zur Folge, während angemessenere Handlungen kaum beachtet werden. Die Spirale des familiären Konfliktes dreht sich noch weiter: Die Eltern beginnen zu drohen, das Kind reagiert wieder nicht, die Eltern werden schließlich ratlos

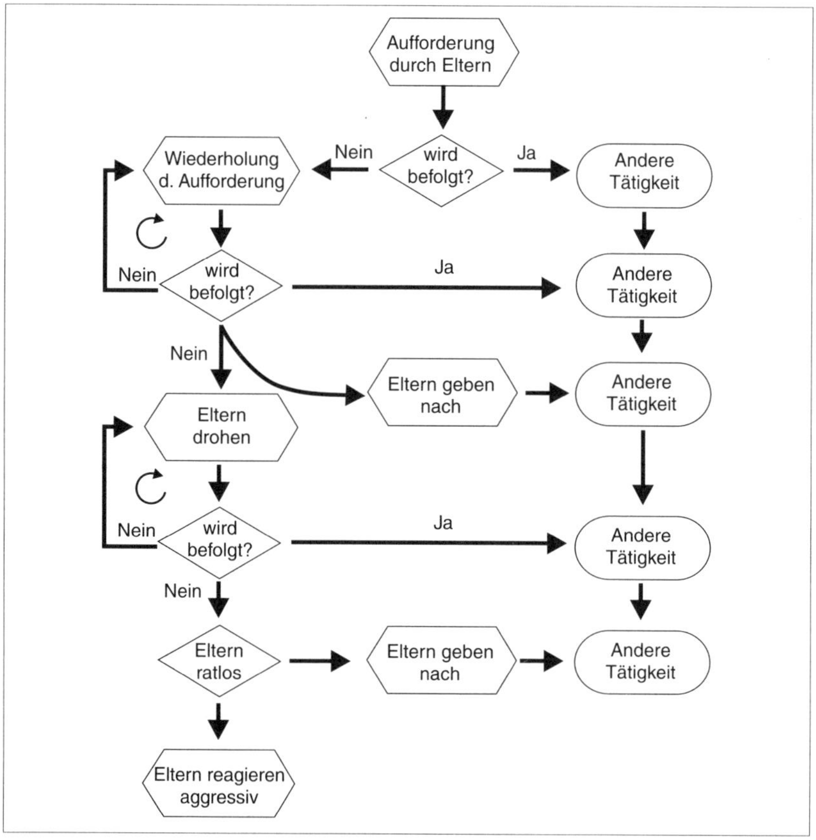

Abbildung 10: Entwicklung negativ kontrollierender Interaktionen mit hyperkinetisch auffälligen Kindern (aus Döpfner et al., 1998a)

Spirale des familiären Konfliktes

und geben entweder nach oder werden ziellos aggressiv. Beides hat zur Folge, daß mangelnde Regelbefolgung und oppositionelles wie aggressives Verhalten des Kindes eher noch zunehmen. Das Kind wird durch das Nachgeben der Eltern für sein oppositionelles Verhalten belohnt (negativ verstärkt) oder durch das Vorbild der Eltern zu aggressivem Verhalten (zumindest außerhalb der Familie) angeregt. Dieser Teufelskreis sollte den Eltern anhand der konkreten familiären Situation nahegebracht werden.

Konkrete Situationen wählen

Nach der Klärung der Ursachen der Symptomatik können Fragen zum *weiteren Verlauf* der Störung und zu den *Behandlungsmöglichkeiten* besprochen werden. Bei der Besprechung des Verlaufes sollten die Sorgen und Ängste der Eltern und Bezugspersonen berücksichtigt werden. Eltern, die sich sehr große Sorgen machen, sollten besonders auf die Chancen einer Therapie aufmerksam gemacht werden. Eltern, die eher sorglos sind, sollten auf die langfristigen Folgen hingewiesen werden. Prinzipiell sollten die verschiedenen Behandlungsmöglichkeiten angesprochen werden sowie die Notwendigkeit zur Kooperation dargestellt werden.

Hilfreiche Materialien

Zur Information der Eltern, Erzieher/Lehrer oder anderer wichtiger Bezugspersonen hinsichtlich der Symptomatik, der vermuteten Ätiologie und des vermutlichen Verlaufes sowie der Behandlungsmöglichkeiten können folgende Materialien eingesetzt werden:

- Der *Ratgeber Hyperkinetische Störungen*, Informationen für Betroffene, Eltern, Lehrer und Erzieher (Döpfner et al., 2000e), informiert in kompakter Weise zum Störungsbild, zu Ursachen und zum Verlauf hyperkinetischer Störungen.
- Umfassendere Informationen können Eltern, aber auch Erzieher oder Lehrer direkt aus dem Buch mit dem Titel *Wackelpeter und Trotzkopf* (siehe Kap. 3.2.2, S. 124) oder auch aus anderen Ratgebern (siehe Kap.3.2.4, S. 125) entnehmen. *Wackelpeter und Trotzkopf* kann sowohl als Selbsthilfeprogramm als auch im Rahmen der medikamentösen und/oder psychologischen Behandlung bei einem Arzt oder Psychotherapeuten eingesetzt werden. Das Buch enthält ein Kapitel „Fragen und Antworten", in dem die Leser über die wichtigsten Aspekte des Störungsbildes informiert werden. Im zweiten Kapitel dieses Buches, dem Elternleitfaden, der in mehreren Stufen aufgebaut ist, werden vergleichbar zum *Therapieprogramm THOP* die individuellen Bedingungen, die zur Störung beitragen, einschließlich des Teufelskreises dargestellt.
- In den ersten vier Behandlungsbausteinen des *Therapieprogrammes für Kinder mit hyperkinetischem und oppositionellem Problemverhalten (THOP)* (siehe Kap. 3.2.1, S. 123) wird mit den Eltern u. a. ein gemeinsames Konzept über die Ursachen des Problemverhaltens erarbeitet. Im Rahmen dieser Behandlungsbausteine erhalten die Eltern auch ein Informationsblatt zur Symptomatik, den Ursachen, dem Verlauf und der Therapie dieses Störungsbildes.

Die *Beratung der Eltern* hinsichtlich *pädagogischer Interventionen* zur Bewältigung konkreter Problemsituationen in der Familie bezieht sich insbesondere auf die Notwendigkeit der Strukturierung von Abläufen in der Familie, der positiven Zuwendung bei angemessenem Verhalten,von angemessenen Aufforderungen und Grenzsetzungen sowie von negativen Konsequenzen bei auffälligem Verhalten.

Durch eine solche Beratung sollen sowohl hyperkinetische als auch oppositionelle und aggressive Verhaltensauffälligkeiten vermindert werden. Ansatzpunkte für diese Interventionen können mit den Eltern anhand des Teufelskreises (Abb. 10) erarbeitet werden:

- *Strukturierung der Abläufe in der Familie:* Da ein Grundproblem des hyperkinetischen Kindes/Jugendlichen die mangelnde Fähigkeit zur Selbststeuerung darstellt, sind Strukturierungen von außen besonders notwendig. Deshalb sollten die Eltern auf die Bedeutung fester Tagesabläufe (aufstehen, zu Mittag essen, Hausaufgaben machen, zu Bett gehen) hingewiesen werden. Überlegen Sie mit den Eltern, wer wann für das Kind Zeit hat.

mehr Außensteuerung!

- *Positive Zuwendung:* Der Teufelskreis zeigt, daß negative Eltern-Kind-Interaktionen in der Beziehung zwischen Eltern und Kind überwiegen und positive Reaktionen der Eltern auf angemessene Verhaltensweisen des Kindes eher selten sind. Sowohl die Eltern als auch

keine Selbstverständlichkeiten!

das Kind gewinnen den Eindruck, daß fast ausschließlich Ermahnungen, Grenzsetzungen, Verbote und Bestrafungen erfolgen. Wenn das Kind einmal positives und angemessenes Verhalten zeigt, dann reagieren die Eltern selten positiv, sondern empfinden dieses Verhalten als selbstverständlich oder sie bestrafen ihr Kind noch mit Äußerungen wie: „Warum denn nicht gleich so?" Die Eltern sollten im Beratungsgespräch erkennen können, wie wichtig es ist, daß sie ganz bewußt positive Verhaltensansätze ihres Kindes anerkennen und loben und generell darauf achten, daß sie mit ihrem Kind vermehrt positive Erfahrungen machen können.

Hilfreiche Materialien

Der *Ratgeber Hyperkinetische Störungen* enthält einige kurze Hinweise zu diesem Thema. Sowohl im *Therapieprogramm THOP* als auch im *Wackelpeter und Trotzkopf* sind entsprechende Bausteine enthalten, die für Kinder im Alter von etwa drei bis zwölf Jahren anwendbar sind. Tabelle 14 zeigt eine Kurzfassung der Regeln zur Fokussierung der Aufmerksamkeit auf positive Erlebnisse mit dem Kind und zum Loben bei angemessenem Verhalten. In beiden Büchern werden diese Regeln ausführlich erläutert und im *Therapieprogramm THOP* werden für den Therapeuten zusätzlich weitere Hinweise zur Umsetzung gegeben.

Tabelle 14: Regeln zum Aufbau positiver Eltern-Kind-Beziehungen und zum gezielten Loben von Kindern bei angemessenem Verhalten (aus *Therapieprogramm THOP* und *Wackelpeter und Trotzkopf*)

Was mögen Sie an Ihrem Kind?

1. Achten Sie auf das, was Ihnen an Ihrem Kind gefällt.
2. Beachten Sie auch Kleinigkeiten und „Selbstverständlichkeiten".
3. Achten Sie darauf, wenn üblicherweise schwierige Situationen besser laufen als sonst.
4. Zeigen Sie Ihrem Kind, wenn Sie etwas gut finden.
5. Schreiben Sie abends auf, was gut gelaufen ist (Positiv-Tagebuch).
6. Sprechen Sie mit Ihrem Kind über die positiven Ereignisse des Tages.
7. Erwarten Sie keine Wunder.

Loben Sie Ihr Kind, wenn es Aufforderungen und Regeln befolgt!

1. Denken Sie daran, wirkungsvolle Aufforderungen zu stellen.
2. Loben Sie Ihr Kind, sobald es eine Aufforderung befolgt!
3. Besprechen Sie abends zusammen mit Ihrem Kind noch einmal, welche Aufforderungen und Regeln es tagsüber befolgt hat.
4. Loben Sie Ihr Kind ganz besonders, wenn es eine Aufgabe erfüllt hat, ohne daß Sie es darum direkt gebeten haben.
5. Konzentrieren Sie sich zunächst nur auf wenige Aufforderungen.

eindeutige Grenzen

– *Angemessene Aufforderungen und Grenzsetzungen:* Der Teufelskreis macht auch deutlich, daß ein Hauptproblem die Vielzahl von Aufforderungen und Grenzsetzungen der Eltern darstellt, die zudem von dem Kind kaum beachtet werden. Deshalb ist es meist wichtig, die Eltern hinsichtlich angemessener und eindeutiger Aufforderungen und Grenzsetzungen zu beraten. Die Beratung muß sich an konkreten Alltagssituationen orientieren.

Hilfreiche Materialien

- Der *Ratgeber Hyperkinetische Störungen* enthält einige kurze Hinweise zu diesem Thema. Sowohl im *Therapieprogramm THOP* als auch *im Wackelpeter und Trotzkopf* sind ausführlich entsprechende Bausteine enthalten. Tabelle 15 zeigt eine Kurzfassung der Hinweise zur Entwicklung von Familienregeln sowie zum Äußern wirkungsvoller Aufforderungen. In beiden Büchern werden diese Regeln ausführlich erläutert und im *Therapieprogramm THOP* werden für den Therapeuten zusätzlich weitere Hinweise zur Umsetzung gegeben.

Tabelle 15: Hinweise zur Entwicklung von Familienregeln sowie zum Äußern wirkungsvoller Aufforderungen – Kurzfassung (aus: *Therapieprogramm THOP* und *Wackelpeter und Trotzkopf*)

Stellen Sie Familienregeln auf.
1. Unterscheiden Sie zwischen Regeln bzw. Aufforderungen und Bitten.
2. Erstellen Sie eine Liste der Regeln, die in letzter Zeit zu Auseinandersetzungen führten.
3. Überlegen Sie, für welche Familienmitglieder die Regel gilt.
4. Überlegen Sie, warum Ihnen diese Regel wichtig ist.
5. Können Sie für die Einhaltung der Regel sorgen? Sind Sie bereit, Konsequenzen folgen zu lassen, wenn die Regeln nicht eingehalten werden?
6. Beschränken Sie sich auf wenige Familienregeln, die Ihnen wirklich wichtig sind.
7. Gehen Sie mit Ihrer Familie die Familienregeln gemeinsam durch und erklären Sie Ihren Kindern, warum die Regeln wichtig sind.
Geben Sie wirkungsvolle Aufforderungen!
1. Stellen Sie nur dann Aufforderungen, wenn Sie bereit sind, sie auch durchzusetzen.
2. Sorgen Sie dafür, daß Ihr Kind aufmerksam ist, wenn Sie die Aufforderung geben.
3. Äußern Sie die Aufforderung eindeutig und nicht als Bitte.
4. Geben Sie immer nur eine Aufforderung.
5. Überprüfen Sie, ob Ihr Kind der Aufforderung nachkommt.
6. Konzentrieren Sie sich zunächst nur auf wenige Aufforderungen:

- *Angemessene negative Konsequenzen:* Ein letztes Kernproblem, das anhand des Teufelskreises verdeutlicht werden kann, stellen die fehlenden angemessenen negativen Konsequenzen bei auffälligem Verhalten dar. Diese sollten anhand konkreter Problemsituationen in der Familie zusammen mit den Eltern exemplarisch erarbeitet werden.

negative Konsequenzen erarbeiten

Hilfreiche Materialien

Abbildung 11 zeigt ein Arbeitsblatt aus *Wackelpeter und Trotzkopf*, anhand dessen mit den Eltern zunächst die wichtigsten Regeln in der Familie und danach für jede einzelne Regel sowohl positive Konsequenzen (wenn die Regel befolgt wird) als auch negative Konsequenzen (wenn die Regel nicht befolgt wird) erarbeitet werden können.

Liste der Familienregeln					
		Kann ich dafür sorgen, daß die Regel eingehalten wird?			
Familienregel	Für wen gilt die Regel?	Warum wichtig?	?	Konsequenzen: Wenn Regel befolgt wird	Konsequenzen: Wenn Regel nicht befolgt wird
nach dem Wecken sofort aufstehn	Jonas Thomas	damit sie rechtzeitig in die Schule kommen	ja	Extra-Tasse Kakao zum Frühstück	am nächsten Tag 1/2 Stunde früher ins Bett

Abbildung 11: Liste der Familienregeln (aus Döpfner et al., 1999a), Beispiel

Tabelle 16 zeigt eine Kurzfassung der Regeln, die den Eltern helfen sollen, natürliche negative Konsequenzen zu setzen, wenn das Kind Aufforderungen und Regeln nicht beachtet. In beiden Büchern werden diese Regeln ausführlich erläutert, und im *Therapieprogramm THOP* werden für den Therapeuten zusätzlich weitere Hinweise zur Umsetzung gegeben.

Tabelle 16: Regeln zur Durchführung natürlicher negativer Konsequenzen, wenn das Kind Aufforderungen und Regeln nicht befolgt

1. Wählen Sie zwei Aufforderungen oder Familienregeln aus.
2. Loben Sie Ihr Kind, wenn es Aufforderungen und Regeln einhält.
3. Führen Sie die natürliche Konsequenz wie folgt durch, wenn Ihr Kind sich nicht an die Regel/Aufforderung hält:
   - Benennen Sie die Regelverletzung und kündigen Sie die negative Konsequenz an.
   - Geben Sie Ihrem Kind eine Chance, falls das Problemverhalten noch andauert. Kommt Ihr Kind jetzt der Aufforderung nach, so loben Sie es dafür.
   - Geben Sie Ihrem Kind die Möglichkeit, sich zu der Regelverletzung zu äußern.
   - Begründen Sie, wenn nötig, noch einmal kurz die Regel.
   - Führen Sie die negative Konsequenz durch.
4. Führen Sie keine langen Diskussionen mit Ihrem Kind.
5. Führen Sie die negative Konsequenz möglichst ruhig durch.

Die Beratung der *Erzieher/Lehrer* hinsichtlich *pädagogischer Interventionen* zur Bewältigung konkreter Problemsituationen orientiert sich an den gleichen Prinzipien wie die Beratung der Eltern. Auch hier gilt es, sowohl hyperkinetische als auch oppositionelle und aggressive Verhaltensweisen durch klare Strukturierung der Situation, durch positive Zuwendung bei angemessenem Verhalten, durch angemessene Aufforderungen und Grenzsetzungen in einer eindeutigen Weise und durch angemessene negative Konsequenzen bei auffälligem Verhalten zu beeinflussen. Allerdings muß die besondere Situation des Kindergartens bzw. der Schule berücksichtigt werden, vor allem die Gruppensituation, die höhere Anforderungen an die Aufmerksamkeitsleistung und Ausdauer von Kindern stellt, sowie die begrenzten Ressourcen von Erziehern und Lehrern, auf das Kind individuell einzugehen. Ausgangspunkt der Gespräche kann auch der Teufelskreis (Abb. 10) sein, der sich in Gruppensituationen besonders häufig einstellt. Aufgrund der erhöhten Anforderungen in der Gruppensituation fällt es der Bezugsperson besonders schwer, kontinuierlich positive auf angemessene Verhaltensansätze des Kindes einzugehen und negative Konsequenzen auf ein Problemverhalten frühzeitig und kontinuierlich erfolgen zu lassen.

Gruppensituation beachten

- Bei Schulkindern sollte mit der Lehrerin die Zusammensetzung der Klasse, ungünstige Einflüsse durch andere auffällige Kinder, Sitzposition des Kindes (möglichst vorne sitzen), stärkere Betonung von strukturiertem Lernen als von Freiarbeit, Wechsel von Unterrichtsaktivitäten, Festlegen von Verhaltensregeln für die ganze Klasse und entsprechende positive bzw. negative Konsequenzen besprochen werden. Dabei ist darauf zu achten, daß die Kompetenz der Lehrerin nicht in Frage gestellt wird, sondern eher ein gemeinsames Erarbeiten der besten Lösungen angestrebt wird. Bei Kindern im Kindergartenalter können entsprechende Überlegungen mit der Erzieherin angestellt werden. Möglichkeiten zur Anleitung des Kindes zum Spiel in einem bestimmten Spielbereich und zu ausdauerndem Spiel sollten diskutiert werden. Falls die hyperkinetische Symptomatik sehr stark ausgeprägt ist und der Kindergarten/die Schule mit der Bewältigung der Problematik überfordert ist, sollte eine Plazierung in einer Sondereinrichtung/Sonderschule diskutiert werden (siehe Leitlinie L10).

  Kompetenzen nicht anzweifeln

- Wenn negative Erzieher/Lehrer-Kind-Interaktionen dominieren, sollten zunächst Möglichkeiten zur Steigerung der positiven Aufmerksamkeit und Zuwendung der Bezugspersonen zum Kind diskutiert werden (z. B. regelmäßige, kurze positive Rückmeldung nach Ende des Unterrichtes; kurze Spielzeiten mit dem Kind; Herausarbeiten positiver Eigenschaften des Kindes).
- Diskussion von Möglichkeiten zum wirkungsvollen Äußern von Aufforderungen und von Grenzsetzungen sowie von Zuwendung, wenn Aufforderungen und Grenzen beachtet werden, vor allem unter Berücksichtigung des Gruppenkontextes. Erarbeitung von angemessenen negativen Konsequenzen bei auffälligem Verhalten des Kindes.

Hilfreiche Materialien

- Die bereits angesprochenen Therapiebausteine aus dem *Therapieprogramm THOP* als auch aus dem Buch *Wackelpeter und Trotzkopf* können auch in der Arbeit mit Erziehern und Lehrern eingesetzt werden. Im *Therapieprogramm THOP* werden zusätzliche Hinweise zum Anwendung im Kindergarten und in der Schule gegeben.

Die Aufklärung und Beratung des Kindes/Jugendlichen kann ab dem Schulalter entsprechend dem Entwicklungsstand des Kindes/Jugendlichen durchgeführt werden. Sie ist um so wichtiger, je älter das Kind ist,

kindgemäße Informationen

und setzt an dem individuellen Störungskonzept, den Vorstellungen des Kindes/Jugendlichen über die Probleme und ihre Ursachen an. Voraussetzung für die Aufklärung und Verhaltensprobleme des Kindes/Jugendlichen ist es, daß es im Verlauf der Diagnostik gelungen ist, daß das Kind/der Jugendliche die Probleme aus seiner Perspektive benennen kann. Vorstellungen über Ursachen dieser Probleme können nur sehr rudimentär oder auch stark ausgeprägt vorhanden sein. Ausgehend von den Vorstellungen des Patienten können in kindgemäßer Form Informationen hinsichtlich der Symptomatik, der vermuteten Ätiologie und des vermutlichen Verlaufes sowie der Behandlungsmöglichkeiten gegeben werden. Dabei sollte darauf geachtet werden, daß der Patient einerseits erkennt, daß gewisse biologische Anteile eine Rolle spielen (so wie andere nicht so gut sehen können, kannst Du dich nicht so gut konzentrieren). Andererseits ist es auch wichtig, daß dem Patienten bewußt wird, daß er selbst etwas dazu tun kann, daß sich die Probleme vermindern. Dann ist eine gute Voraussetzung gegeben, daß mit dem Patienten individuelle Ziele erarbeitet werden können (Was soll sich ändern?). Auf der Grundlage dieser Ziele kann der Patient zu Selbstbeobachtung und Selbststeuerung angeleitet werden.

Kompetenzvertrauen stärken

Hilfreiche Materialien

Das *Therapieprogramm THOP* enthält Geschichten über ein Kind mit hyperkinetischen Auffälligkeiten, die als Ergänzung zu den einzelnen Therapiebausteinen dienen, die gemeinsam mit Eltern und Kind durchgeführt werden. In den ersten Geschichten werden die typischen Probleme von Kindern mit hyperkinetischen Störungen vorgestellt und der Leser wird aufgefordert, eigene Erfahrungen beizutragen. Danach wird beschrieben, wie ein Kind die Vorstellung bei einem Therapeuten erlebt und dieser mit ihm seine Probleme aus seiner Sicht bespricht und ihm die Ursachen dafür erläutert. Diese Geschichten können gemeinsam mit dem Kind gelesen werden und als Einstieg in ein Gespräch über dieses Thema dienen.

2.3.2 Elterntraining und Interventionen in der Familie

Elterntrainings meist indiziert

Häufig sind zeitlich meist eng begrenzte Beratungen der Eltern von wenigen Stunden nicht ausreichend, um Verhaltensänderungen des Kindes zu bewirken. Vor allem die Umsetzung allgemeiner Ratschläge bereitet den Eltern meist erhebliche Schwierigkeiten. Deshalb sind häufig intensivere Elterntrainings und Interventionen in der Familie indiziert. Leitlinie 11 gibt einen Überblick über die Empfehlungen zur Durchführung von Elterntrainings und Interventionen in der Familie.

L11 Leitlinie 11: Elterntraining und Interventionen in der Familien[1)]

- Voraussetzung für die Durchführung von Elterntrainings und von Interventionen in der Familie ist die Kooperationsbereitschaft der Hauptbezugsperson sowie das Vorhandensein von Ressourcen in der Familie, die bei den Interventionen genützt werden können.
- Das Elterntraining einschließlich der verhaltenstherapeutischen Interventionen in der Familie zielt auf die Verminderung von hyperkinetischen, oppositionellen oder aggressiven Verhaltensauffälligkeiten in der Familie. Bei der Durchführung von verhaltenstherapeutischen Interventionen sind die familiären Belastungen zu beachten, die zur Einschränkung der familiären Ressourcen führen. Zu Beginn der Therapie sollten einfachere Interventionen durchgeführt werden, bei denen ein Behandlungserfolg wahrscheinlicher ist. Folgendes Vorgehen hat sich als nützlich erwiesen:
  1. Identifikation spezifischer Problemsituationen und Problemverhaltensweisen (Zielprobleme) in der Familie und Kontrolle ihres Verlaufs.
  2. Analyse positiver und negativer Konsequenzen für angemessenes und für auffälliges Verhalten (Verhaltensanalyse) gemeinsam mit den Eltern. Meist zeigt sich ein inkonsistentes Erziehungsverhalten mit unklaren Familienregeln und fehlenden positiven und negativen Konsequenzen bei angemessenem bzw. problematischem Verhalten.
  3. Wenn negative Eltern-Kind-Interaktionen dominieren, sollten zunächst Interventionen zur Steigerung der positiven Aufmerksamkeit und Zuwendung der Eltern zum Kind auch während spezieller Spielzeiten durchgeführt werden.
  4. Anleitung der Eltern zum wirkungsvollen Äußern von Aufforderungen und von Grenzsetzungen sowie von Zuwendung, wenn Aufforderungen und Grenzen beachtet werden. Diese Verhaltensweisen sollten in individuellen Situationen eingeübt werden.
  5. Erarbeitung von angemessenen negativen Konsequenzen bei auffälligem Verhalten des Kindes. Diese Konsequenzen sollten eng mit dem Problemverhalten verknüpft sein und sie sollten jedes Mal erfolgen, wenn das Problemverhalten auftritt. Diese Verhaltensweisen sollten in individuellen Situationen eingeübt werden.
  6. Anwendung von Token-Systemen, um angemessenes Verhalten in spezifischen Situationen zu verstärken. Als Eintauschverstärker sollten beliebte Aktivitäten materiellen Verstärkern vorgezogen werden.
  7. Anwendung von Verstärker-Entzugs-Systemen (response cost), um besonders häufiges Problemverhalten zu vermindern.
  8. Anwendung von Auszeit vor allem bei ausgeprägten Formen von oppositionellem Verhalten und wenn negative Konsequenzen auf das Problemverhalten (siehe Punkt 5) nicht hinreichend erfolgreich sind. Diese Intervention muß besonders sorgfältig durchgeführt und kontrolliert werden.
  9. Im Jugendalter werden statt Token-Systemen therapeutische Verträge eingesetzt und Selbstmanagement-Verfahren vermehrt benutzt. Problemlöse- und Kommunikationstrainings sowie Methoden der kognitiven Umstrukturierung werden zur Verminderung von Konflikten zwischen Eltern und Adoleszenten eingesetzt.
- Selbstmanagement-Interventionen (mit Selbstbeobachtung, Selbstbeurteilung und Selbstverstärkung) sollten ab dem Schulalter Bestandteil der Interventionen in der Familie sein.

– Bei Störungen der familiären Beziehungen und bei Jugendlichen können familientherapeutische Interventionen (auf verhaltenstherapeutischer, struktureller, systemischer oder tiefenpsychologischer Basis) hilfreich sein.

1) In Anlehnung an Leitlinien von Fachgesellschaften und speziellen Arbeitsgruppen in den USA, in Europa und in Deutschland (American Academy of Child and Adolescent Psychiatry, 1991; 1997; vgl. Döpfner & Lehmkuhl, 1993; Taylor et al., 1998; Deutsche Gesellschaft für Kinder- und Jugendpsychiatrie und Psychotherapie et al., 2000)

Kooperation und Ressourcen

Voraussetzung für die Durchführung von Elterntrainings und von Interventionen in der Familie ist jedoch eine hinreichende Kooperationsbereitschaft der Hauptbezugsperson. Außerdem müssen Ressourcen in der Familie vorhanden sein, die bei den Interventionen genützt werden können. In der Regel muß mindestens ein Elternteil kontinuierlich meist in wöchentlichem Rhythmus eine Sitzung wahrnehmen können. Weniger als 15 Sitzungen sind meist nicht ausreichend. Die Interventionen setzen an den in Kap. 2.3.1 dargestellten Beratungsprinzipien an und vertiefen sie. Das Elterntraining einschließlich der verhaltenstherapeutischen Interventionen in der Familie beinhaltet die Anwendung positiver Verstärkung und negativer Konsequenzen bei umschriebenem Problemverhalten in spezifischen Problemsituationen unter Einbeziehung spezieller verhaltenstherapeutischer Techniken (Token-Systeme, Verstärker-Entzug, Auszeit). Häufig sind solche speziellen Methoden notwendig, da pädagogische Interventionen oft keine hinreichende Wirkung erzielen. Durch Token-Systeme und Verstärker-Entzugssysteme lassen sich spezifische Probleme leichter fokussieren und die Eltern werden zu einem konsistentem Erziehungsverhalten mit regelmäßigem Verstärken angemessener Verhaltenselemente angeleitet. Zudem erhält das Kind einen spezifischen Anreiz zur Verhaltensänderung.

Token-Systeme sind oft hilfreich

Indikation von Familientherapie

Eine erschöpfende Darstellung der verhaltenstherapeutischen Interventionen ist an dieser Stelle weder möglich noch notwendig, da ausführliche Interventionsprogramme hierüber vorliegen (siehe Hilfreiche Materialien). Die Selbstmanagement-Interventionen mit Selbstbeobachtung, Selbstbeurteilung und Selbstverstärkung, die ab dem Schulalter Bestandteil der Interventionen in der Familie sein sollten, werden in Kapitel 2.3.4 dargestellt. Bei Störungen der familiären Beziehungen und bei Jugendlichen können familientherapeutische Interventionen (auf verhaltenstherapeutischer, struktureller, systemischer oder tiefenpsychologischer Basis) hilfreich sein, wobei die Wirksamkeit verhaltenstherapeutischer Interventionen am besten belegt ist.

Hilfreiche Materialien

– Schwerpunkt des *Therapieprogrammes für Kinder mit hyperkinetischem und oppositionellem Problemverhalten (THOP)* ist ein umfassendes Elterntraining, das die in den Leitlinien angesprochenen Punkte als Therapiebausteine enthält (siehe Kap. 3.2.1, S. 123).

– *Wackelpeter und Trotzkopf* basiert auf dem *Therapieprogramm THOP* und ist für die Hand der Eltern, aber auch Erzieher oder Lehrer gedacht. Neben einem einführenden Kapitel, das über das Störungsbild informiert, enthalten zwei weitere Kapitel einen Elternleitfaden und konkrete Anwendungsbeispiele (siehe Kap. 3.2.2, S. 124).

2.3.3 Interventionen in Kindergarten und Schule

L12 Leitlinie 12: Interventionen im Kindergarten/in der Schule[1)]

- Bei Vorschulkindern mit stark ausgeprägter Symptomatik kann eine Plazierung in einer vorschulischen Sondereinrichtung indiziert sein.
- Bei Schulkindern Zusammenarbeit mit der Schule, den Schulbehörden und den Eltern bei der Plazierung des Kindes in einer Schule/Klasse, die der grundlegenden schulischen Leistungsfähigkeit des Kindes entspricht. Eine Sonderbeschulung ist jedoch nicht grundsätzlich notwendig.
- Interventionen im Kindergarten/in der Schule auf verhaltenstherapeutischer Basis setzen Kooperation der Erzieher bzw. des Lehrpersonals sowie Ressourcen voraus, die durch die Interventionen aktiviert werden können.
- Interventionen im Kindergarten oder in der Schule zielen auf die Verminderung von hyperkinetischen, oppositionellen oder aggressiven Verhaltensauffälligkeiten des Kindes in diesem Lebensbereich. Folgendes Vorgehen hat sich als nützlich erwiesen:
  1. Besprechung der Struktur der Gruppe/Klasse und der Anforderungen (z. B. Klassengröße, Kind sollte nahe beim Lehrer sitzen, stärker strukturiertes Lernen als Freiarbeit, Wechsel von Unterrichtsaktivitäten, Festlegen von Verhaltensregeln für die ganze Klasse und entsprechende positive bzw. negative Konsequenzen. Im Kindergarten: Anleitung des Kindes zum Spiel in einem bestimmten Spielbereich und zu ausdauerndem Spiel).
  2. Identifikation spezifischer Problemsituationen und Problemverhaltensweisen (Zielprobleme) im Kindergarten/in der Schule und Kontrolle ihres Verlaufs.
  3. Analyse positiver und negativer Konsequenzen für angemessenes und für auffälliges Verhalten (Verhaltensanalyse) gemeinsam mit der Erzieherin/Lehrerin. Häufig fällt es der Bezugsperson schwer vor allem in der Gruppensituation konsistent mit positiven bzw. negativen Konsequenzen bei angemessenem bzw. problematischem Verhalten zu reagieren.
  4. Wenn negative Erzieher/Lehrer-Kind-Interaktionen dominieren, sollten zunächst Interventionen zur Steigerung der positiven Aufmerksamkeit und Zuwendung der Bezugspersonen zum Kind (z. B. regelmäßige kurze positive Rückmeldung nach Ende des Unterrichtes).
  5. Diskussion von Möglichkeiten zum wirkungsvollen Äußern von Aufforderungen und von Grenzsetzungen sowie von Zuwendung, wenn Aufforderungen und Grenzen beachtet werden, vor allem unter Berücksichtigung des Gruppenkontextes.
  6. Erarbeitung von angemessenen negativen Konsequenzen bei auffälligem Verhalten des Kindes. Diese Konsequenzen sollten eng mit dem Problemverhalten verknüpft sein und sie sollten jedes Mal erfolgen, wenn das Problemverhalten auftritt.
  7. Anwendung von Token-Systemen, um angemessenes Verhalten in spezifischen Situationen zu verstärken. Die Eintauschverstärkung kann im Kindergarten/in der Schule (z. B. spezielle Spielzeit oder weniger Hausaufgaben), zu Hause oder beim Therapeuten (z. B. spezielle Spielzeit) erfolgen.
  8. Anwendung von Verstärker-Entzugs-Systemen (response cost), um besonders häufiges Problemverhalten (z. B. ständiges Aufstehen im Unterricht, Stören anderer) zu vermindern.

9. Anwendung von Auszeit (das Kind muß das Klassenzimmer/den Gruppenraum verlassen), vor allem bei ausgeprägten Formen von oppositionellem Verhalten und wenn negative Konsequenzen auf das Problemverhalten (siehe Punkt 6) nicht hinreichend erfolgreich sind. Das Verlassen des Klassenzimmers/des Gruppenraumes darf von dem Kind aber nicht als belohnend erlebt werden. Die Aufsichtspflicht muß sichergestellt sein. Diese Intervention muß besonders sorgfältig durchgeführt und kontrolliert werden.
10. Im Jugendalter werden statt Token-Systemen therapeutische Verträge eingesetzt und Selbstmanagement-Verfahren vermehrt benutzt.

- Selbstmanagement-Interventionen (mit Selbstbeobachtung, Selbstbeurteilung und Selbstverstärkung) sollten ab dem Schulalter Bestandteil der Interventionen in der Schule sein.

1) In Anlehnung an Leitlinien von Fachgesellschaften und speziellen Arbeitsgruppen in den USA, in Europa und in Deutschland (American Academy of Child and Adolescent Psychiatry, 1991; 1997; vgl. Döpfner & Lehmkuhl, 1993; Taylor et al., 1998; Deutsche Gesellschaft für Kinder- und Jugendpsychiatrie und Psychotherapie et al., 2000)

Leitlinie 12 gibt eine Übersicht über die Empfehlungen zu Interventionen im Kindergarten oder in der Schule. Wie die Leitlinien zu Interventionen in der Familie, schließen sich auch diese Leitlinien an die Empfehlungen zur Aufklärung und Beratung an (L11) und vertiefen diese.

Plazierung des Kindes

Bevor eine spezifische Intervention im Kindergarten oder in der Schule durchgeführt wird, sollte überprüft werden, ob das Kind in der vorschulischen/schulischen Einrichtung richtig plaziert ist. Bei Kindern mit stark ausgeprägter hyperkinetischer Symptomatik und komorbiden Störungen kann eine Plazierung in einem Sonderkindergarten/integrativen Kindergarten indiziert sein. Bei Schulkindern sollte zunächst überprüft werden, ob der besuchte Schultyp der Intelligenz des Kindes entspricht. Bei ausgeprägter intellektueller Überforderung kann eine Umschulung oder eine Klassenwiederholung indiziert sein. Eine Sonderbeschulung wegen der hyperkinetischen Symptome sollte erst dann in Erwägung gezogen werden, wenn entsprechende therapeutische Interventionen sich nicht als hinreichend erfolgreich herausgestellt haben.

Kooperation und Ressourcen

Spezifische verhaltenstherapeutische Interventionen im Kindergarten/in der Schule setzen eine hinreichende Kooperation der Erzieher bzw. des Lehrpersonals sowie Ressourcen voraus, die durch die Interventionen aktiviert werden können. Diese Voraussetzungen sind nicht immer gegeben. Sie können durch eine sorgfältige kooperative Aufklärung der Bezugspersonen des Kindes jedoch häufig hergestellt werden (siehe Kap. 2.3.1, S. 85).

Bevor individuelle Interventionen eingeführt werden, sollten mit der Bezugsperson Interventionen auf Gruppen-/Klassenebene diskutiert werden. Falls sich die Gruppe/Klasse in ihrer Zusammensetzung als ungünstig (z. B. zu groß, zu unruhig) erweist, sollten Möglichkeiten zum Wechsel in eine andere Gruppe/Klasse bedacht werden. Weitere Interventionen auf Gruppen-/Klassenebene, die mit der Bezugsperson diskutiert werden sollten, sind Sitzposition des Kindes in der Klasse (Kind sollte nahe beim Lehrer sitzen), Strukturierungsgrad des Unterrichtes (stärker strukturiertes Lernen als Freiarbeit), Wechsel von Unterrichtsaktivitäten (abwechslungsreicher Unterricht, ohne zu viel Unruhe aufkommen zu lassen), Festlegen von Verhaltensregeln für die ganze Klasse und entsprechende positive bzw. negative Konsequenzen (mit der Klasse eine allgemeine Regeln und Konsequenzen erarbeiten). Im Kindergarten kann es hilfreich sein, wenn das Kind zum Spiel in einem bestimmten Spielbereich und zu ausdauerndem Spiel angeleitet wird und hierfür auch verstärkt wird.

Token-Systeme oft hilfreich

Verhaltenstherapeutische Interventionen im Kindergarten/in der Schule beinhalten die Anwendung positiver Verstärkung und negativer Konsequenzen bei umschriebenen Problemverhalten in spezifischen Problemsituationen (z. B. steht während des Unterrichtes auf; redet dazwischen) unter Einbeziehung spezieller verhaltenstherapeutischer Techniken (Token-Systeme, Response-Cost, Auszeit). Häufig sind solche speziellen Methoden notwendig, da pädagogische Interventionen oft keine hinreichende Wirkung erzielen. Besonders in Gruppensituationen lassen sich durch Token-Systeme und Verstärker-Entzugssysteme spezifische Probleme leichter fokussieren und die Bezugspersonen werden zu einem konsistentem Erziehungsverhalten mit regelmäßigem Verstärken angemessener Verhaltenselemente angeleitet. Eine erschöpfende Darstellung der verhaltenstherapeutischen Interventionen ist an dieser Stelle nicht möglich. Ausführliche Interventionsprogramme hierüber liegen jedoch vor (siehe Hilfreiche Materialien). Selbstmanagement-Interventionen (mit Selbstbeobachtung, Selbstbeurteilung und Selbstverstärkung) sollten ab dem Schulalter Bestandteil der Interventionen in der Schule sein (siehe Kap. 2.3.4).

Hilfreiche Materialien

- Das *Therapieprogramm für Kinder mit hyperkinetischem und oppositionellem Problemverhalten (THOP)* enthält auch Interventionen im Kindergarten und in der Schule, welche die in den Leitlinien angesprochenen Punkte als Therapiebausteine enthält (siehe Kap. 3.2.1, S. 123).
- *Wackelpeter und Trotzkopf* basiert auf dem *Therapieprogramm THOP* und ist für die Hand der Eltern, aber auch Erzieher oder Lehrer gedacht. Neben einem einführenden Kapitel, das über das Störungsbild informiert, enthalten zwei weitere Kapitel einen Elternleitfaden und konkrete Anwendungsbeispiele. Diese können von Erziehern/Lehrern entsprechend abwandelt eingesetzt werden (siehe Kap. 3.2.2, S. 124).

2.3.4 Kognitive Verhaltensherapie des Kindes/Jugendlichen

L13 Leitlinie 13: Kognitive Verhaltenstherapie des Kindes/Jugendlichen[1)]

- Spieltraining zur Verbesserung von Spielintensität und Spielausdauer besonders bei Kindern im Kindergartenalter.
- Kognitive Therapie mit Methoden der Selbstinstruktion und des Selbstmanagements ist bei Kindern ab dem Schulalter durchführbar.
- Eine ausschließliche Behandlung des Kindes/Jugendlichen mit kognitiver Verhaltenstherapie ist im allgemeinen nicht hinreichend erfolgversprechend.

1) In Anlehnung an Leitlinien von Fachgesellschaften und speziellen Arbeitsgruppen in den USA, in Europa und in Deutschland (American Academy of Child and Adolescent Psychiatry, 1991; 1997; vgl. Döpfner & Lehmkuhl, 1993; Taylor et al., 1998; Deutsche Gesellschaft für Kinder- und Jugendpsychiatrie und Psychotherapie et al., 2000)

Therapie des Kindes nicht ausreichend

Die kognitive Verhaltenstherapie des Kindes/Jugendlichen kann der Verbesserung von Spielintensität und Spielausdauer, der Verminderung von impulsiven und unorganisierten Aufgabenlösungen oder der Anleitung des Kindes/Jugendlichen zur Modifikation seines Problemverhaltens dienen. Allerdings ist eine ausschließliche Behandlung des Kindes/Jugendlichen mit kognitiver Verhaltenstherapie im allgemeinen nicht hinreichend erfolgversprechend. Hauptproblem bei der Behandlung des Kindes/Jugendlichen mit diesen Methoden ist die Generalisierung von Verhaltensänderungen aus der Therapiesituation in den Alltag des Kindes. Deshalb sind Maßnahmen, welche die Generalisierung der Effekte unterstützen besonders wichtig.

Phasen des Spieltrainings

Das *Spieltraining* wird vor allem bei Kindern im Kindergartenalter eingesetzt, die eine geringe Spielintensität und Spielausdauer zeigen. Es läuft in vier Phasen ab. Die erste Phase dient der Gestaltung einer positiven und tragfähigen Beziehung zum Kind, in der zweiten Phase werden die Ansatzpunkte der Intervention bestimmt, indem das Kind in Spielsituationen mit unterschiedlichem Strukturierungsgrad beobachtet werden. Der Aufbau eines intensiven und ausdauernden Spiel- und Beschäftigungsverhaltens stellt die dritte Phase dar und ist Kern der Intervention. Hierbei kommen verschiedene verhaltenstherapeutische Techniken, wie Ziel- und Regelabprache und Erfragen von Handlungsplänen, verbale oder aktionale Rückführung des Kindes zur Spielsituation und soziale Verstärkung einzelner Spielhandlungen zur Anwendung. Die vierte Phase dient der Stabilisierung des Spiel- und Beschäftigungsverhaltens durch Förderung der Selbststeuerung und Ausblendung der Fremdsteuerung. In der fünften Phase werden schließlich die Anforderungen an das Spiel- und Beschäftigungsverhalten des Kindes gesteigert. Nachdem das Spiel- und Beschäftigungsverhalten in der Therapiestunde durch das Spieltraining erfolgreich verändert werden konnte, werden die Eltern in das Spieltraining integriert und dazu angeleitet, das Spieltraining als

Spiel- und Übungsstunde zu Hause fortzusetzen. Damit sollen die Effekte des Spieltrainings verstärkt und ihre Generalisierung auf das Spielverhalten des Kindes in der Familie unterstützt werden.

Ein *Selbstinstruktionstraining* kann bei Kindern ab dem Schulalter durchgeführt werden, bei denen selbst unter günstigen Bedingungen (z. B. während der Durchführung der Hausaufgaben bei dem Therapeuten, während Testsituationen) ein ausgeprägt impulsives, leicht ablenkbares, wenig konzentriertes oder wenig durchstrukturiertes Arbeitsverhalten zu beobachten ist. Bei Vorschulkindern ist das Selbstinstruktionstraining auf keinen Fall geeignet und auch sechs- bis siebenjährige Kinder mit ausgeprägter hyperkinetischer Symptomatik oder mit verminderter Intelligenz können durch das Selbstinstruktionstraining in ihrer Fähigkeit zur Metakognition überfordert sein. Nach den vorliegenden empirischen Ergebnissen kommt diesem Ansatz zwar keine zentrale Bedeutung in der multimodalen Behandlung zu, er kann aber eine ergänzende Rolle spielen (siehe Kap. 1). Da prinzipiell nicht erwartet werden kann, daß sich die meisten Auffälligkeiten in der Familie und in der Schule allein durch ein Selbstinstruktionstraining vermindern lassen, ist es grundsätzlich sinnvoll, parallel Interventionen in der Familie und in der Schule durchzuführen und nicht den Effekt eines isolierten Selbstinstruktionstrainings abzuwarten.

Selbstinstruktionstraining bei impulsivem Arbeitsverhalten

Durch das Selbstinstruktionstraining sollen die Selbstregulationsfähigkeiten und reflexiven Problemlösestrategien des Kindes verbessert werden. Die Therapie soll dem Kind helfen, seine Aufmerksamkeit anhaltender zu zentrieren, seine Impulse besser zu kontrollieren und Handlungspläne zu entwickeln, um dadurch Aufgaben besser lösen zu können. Das Kind lernt am Modell des Therapeuten, indem dieser laut denkt, wie man mit Schwierigkeiten umgehen kann, nämlich

Schritte bei Selbstinstruktion

- die Schwierigkeiten zuerst einmal erkennt,
- verschiedene Lösungsmöglichkeiten überlegt und abwägt,
- abschätzt, ob die Lösungsmöglichkeiten angemessen sind,
- die Richtigkeit der Lösung kontrolliert und
- sich schließlich selbst für seinen Erfolg bestätigt.

Das Kind übernimmt dieses laute Denken vom Therapeuten, das dann im Verlauf der Behandlung ausgeschlichen wird. Die einzelnen Problemlöseschritte werden durch Signalkarten verdeutlicht. Nachdem ein planvolles und reflexives Arbeitsverhalten in der Therapiestunde durch das Selbstinstruktionstraining aufgebaut werden konnte, sollen die Eltern in die Behandlung integriert und dazu angeleitet werden, das Selbstinstruktionstraining zu Hause fortzusetzen. Damit sollen dessen Effekte verstärkt und die Generalisierung auf häusliche Situationen (vor allem Hausaufgabensituationen) unterstützt werden.

Eine kognitive Therapie mit Methoden des *Selbstmanagements* kann bei Kindern ab dem Schulalter durchgeführt werden. Diese Methoden zielen darauf ab, das Kind anzuleiten, in seiner natürlichen Umgebung (in der Schule, in der Familie) auf die eigenen Verhaltensprobleme zu achten und sie zu registrieren. In den kritischen Situationen soll das Kind alternatives, angemessenes Verhalten zeigen, indem es versucht, sich an bestimmte Regeln zu halten, und indem es sich für eine erfolgreiche Situationsbewältigung selbst positiv verstärkt. Vor allem bei Jugendlichen ist dieser Ansatz von großer Bedeutung. Abbildung 12 zeigt ein Arbeitsblatt aus dem *Therapieprogramm THOP*, mit dem Selbstmanagement-Techniken eingeführt werden können. Wie bei der Selbstinstruktion kann auch beim Selbstmanagement prinzipiell nicht erwartet werden, daß sich die meisten Auffälligkeiten in der Familie und in der Schule allein durch diese Interventionen vermindern lassen (siehe Kap. 1). Deshalb ist es grundsätzlich sinnvoll, parallel Interventionen in der Familie und in der Schule durchzuführen und nicht den Effekt eines isolierten Selbstinstruktionstrainings abzuwarten.

Problemlösung im Alltag

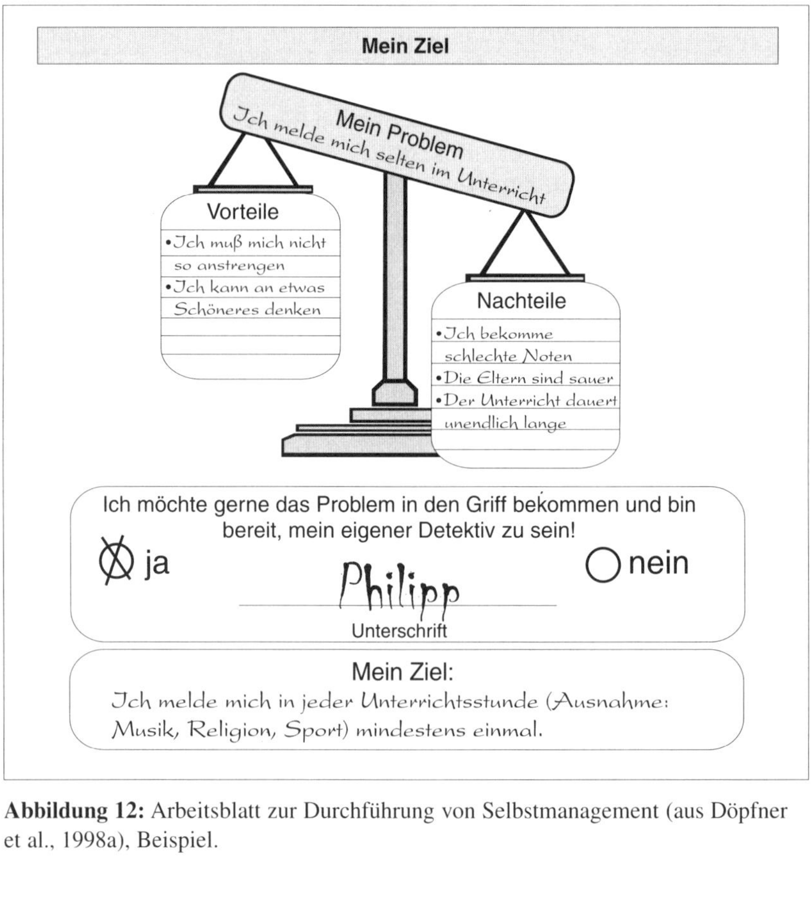

Abbildung 12: Arbeitsblatt zur Durchführung von Selbstmanagement (aus Döpfner et al., 1998a), Beispiel.

Hilfreiche Materialien

- Das *Therapieprogramm THOP* enthält eine differenzierte Anleitung durch Durchführung des Spieltrainings, des Selbstinstruktionstrainings und von Selbstmanagement. (siehe Kap. 3.2.1, S. 123).
- Das *Training mit aufmerksamkeitsgestörten Kindern* (Lauth & Schlottke, 1995) ist ein umfassendes Selbstinstruktionstraining, das vielfältige Arbeitsmaterialien zur Verfügung stellt (siehe Kap. 3.2.3, S. 125).

2.3.5 Medikamentöse Therapie

Leitlinie 14 gibt eine Übersicht über die Empfehlungen zur medikamentösen Therapie.

L14 **Leitlinie 14: Medikamentöse Behandlung**[1)]

1. Allgemeine Leitlinien zur medikamentösen Behandlung

- *Ausschluß von Kontraindikationen:* Wenn eine medikamentöse Behandlung beabsichtigt ist, sind die jeweils spezifischen Kontraindikationen für das gewählte Medikament zu berücksichtigen.
- *Aufklärung der Eltern und des Kindes:* Die Eltern und auch das Kind/der Jugendliche sind in altersangemessener Form über Nutzen und Risiken der Durchführung und Unterlassung der medikamentösen Therapie zu informieren. Die Information sollte folgende Aspekte beinhalten:
  - Erwartete Veränderungen der Symptomatik,
  - Titration, Dosierung und Dauer der medikamentösen Therapie,
  - mögliche Nebenwirkungen,
  - gegenüber dem Patienten sollte betont werden, daß das Medikament ihn dabei unterstützen kann, seine Probleme im Leistungs- und Sozialverhalten zu vermindern. Seine eigenen Anstrengungen können also möglicherweise eher zum Erfolg führen.
- *Titration:* Da die Dosis-Wirkungs-Relationen interindividuell sehr unterschiedlich sein können, ist auf jeden Fall eine individuelle Titration mit genauer Überprüfung der Effekte notwendig.
- *Monitoring:* Die erwünschten und unerwünschten Effekte medikamentöser Therapie auf das Erleben des Kindes und auf sein Verhalten in der Schule, zu Hause und während anderer Aktivitäten des Kindes sind zu kontrollieren (siehe Leitlinie L 7). Außerdem müssen die für jede Substanzklasse vorgeschriebenen somatischen Kontrollen durchgeführt werden sind. Das Kind ist als aktiver Teilnehmer in diesen Prozeß einzubinden. Je nach eingesetzter Substanz ist ein mehr oder weniger intensives Monitoring psychischer und somatischer Parameter indiziert.
- *Auslaßversuche:* Mindestens einmal pro Jahr sollte ein kontrollierter Auslaßversuch zur Überprüfung der Notwendigkeit einer Weiterführung der Behandlung durchgeführt werden. Dies sollte in Zusammenarbeit mit dem Patienten, seinen Eltern und Lehrern und mit Hilfe von Verhaltensbeurteilungen erfolgen.

2. Behandlung mit Psychostimulanzien

- Psychostimulanzien sind im Allgemeinen die Medikation der ersten Wahl. Innerhalb der Gruppe der Stimulanzien ist Methylphenidat (Ritalin®, Medikinet®) das Medikament der ersten Wahl, Medikamente der zweiten und dritten Wahl sind Amphetamin, Fenityllin und Pemolin (Tradon®).
- Die allgemeinen Leitlinien zur medikamentösen Behandlung (siehe Punkt 1) sollten beachtet werden, insbesondere die Hinweise zur Aufklärung der Eltern und des Kindes, zur Titration, zum Monitoring und zu den Auslaßversuchen.
- *Absolute Kontraindikationen* sind manifeste Psychosen und bei Pemolin Vorschädigungen der Leber. Pemolin darf nur von einem Kinder- und Jugendpsychiater unter Beachtung zusätzlicher Vorsichtsmaßnahmen verordnet werden.
- Als *relative Kontraindikationen,* vor allem für eine initiale Behandlung, gelten: akute Angstzustände, arterieller Hochdruck, kardiale Arrhythmien, Anfallsleiden, vorhandene Tic-Symptomatik beim Kind/Jugendlichen oder Familienanamnese einer Tic-Störung, Medikamentenmißbrauch/Drogenabusus im unmittelbaren Umfeld des Kindes/Jugendlichen oder durch den Jugendlichen selbst (vor allem bei Methylphenidat und Amphetamin).
- Die Dosierung und Anzahl der täglichen Gaben richtet sich nach dem Behandlungsziel. Bei einer Stimulanzientherapie zur Verminderung hyperkinetischer Auffälligkeiten in der Schule erfolgt die Gabe nur an Schultagen. Erfolgt die Medikation auch zur Verminderung hyperkinetischer Auffälligkeiten in der Familie, dann können täglich mehrfache Gaben, auch an Wochenenden, notwendig sein. Bei älteren Kindern und Jugendlichen, die durch die Stimulanzientherapie auch subjektiv eine erhebliche Veränderung erleben, kann eine durchgehende Stimulanziengabe indiziert sein. Eine Stimulanzienbehandlung kann auch während der Ferienzeit indiziert sein, wenn hierdurch die soziale Integration des Kindes in die Familie oder in die Gleichaltrigengruppen gewährleistet wird.
- Eine individuelle Einstellung der optimalen Dosierung (Titration) ist in kontrollierten Versuchen beginnend mit niedrigen Dosen notwendig. Die Tagesdosierungen von Methylphenidat liegen im Allgemeinen unter 1 mg/kg Körpergewicht. Auch bei Jugendlichen wird selten eine Tagesdosis von 60 mg überschritten.
- Vor Beginn der Behandlung und in regelmäßigen Abständen sollten Körpergröße, Gewicht, Pulsfrequenz und Blutdruck und bei Pemolin zusätzlich die Leberwerte kontrolliert werden.
- Im Vorschulalter sollte die medikamentöse Therapie mit Stimulanzien eine Ausnahme darstellen und nur dann erfolgen, wenn die Symptomatik die soziale Integration des Kindes verhindert, altersnotwendige Entwicklungsschritte nicht ermöglicht und verhaltenstherapeutische Interventionen nicht hinreichend erfolgreich waren.

3. Behandlung mit Medikamenten der zweiten und dritten Wahl

- Die allgemeinen Leitlinien zur medikamentösen Behandlung (siehe Punkt 1) sollten beachtet werden, insbesondere die Hinweise zur Aufklärung der Eltern und des Kindes, zur Titration, zum Monitoring und zu den Auslaßversuchen.
- Antidepressiva (z. B. Imipramin, Desimipramin, Bupropion und Selektive Serotonin-Wiederaufnahme-Hemmer) können in Betracht gezogen werden. Insbesondere bei trizyklischen Antidepressiva sollten folgende Kontrollen durchgeführt werden:
  - Blutdruck und Pulsfrequenz
  - Elektrokardiogramm vor Beginn der Behandlung

- Eine kontinuierliche EKG-Überwachung sollte durchgeführt werden, wenn die Tagesdosis 3,5 mg/kg übersteigt.
- Die Bestimmung von Serumspiegeln kann hilfreich sein, wenn Hinweise auf Toxizität und/oder mangelnde Medikamenten-Compliance vorliegen.

- Clonidin und Carbamazepin können vor allem bei ausgeprägter Impulsivität in Betracht gezogen werden. Clonidin erfordert allerdings ein intensives Monitoring von Puls und Blutdruck sowie des EKGs. Carbamazepin erfordert v.a. zu Beginn der Behandlung engmaschige Laborkontrollen.
- Die Risiken von Neuroleptika sind im allgemeinen größer als ihr Nutzen bei der Behandlung hyperkinetischer Störungen. Deshalb ist eine Behandlung mit Neuroleptika sorgfältig abzuwägen und allenfalls bei eretischem Verhalten retardierter Kinder indiziert.

1) In Anlehnung an Leitlinien von Fachgesellschaften und speziellen Arbeitsgruppen in den USA, in Europa und in Deutschland (American Academy of Child and Adolescent Psychiatry, 1991; 1997; vgl. Döpfner & Lehmkuhl, 1993; Taylor et al., 1998; Deutsche Gesellschaft für Kinder- und Jugendpsychiatrie und Psychotherapie et al., 2000)

Bei der medikamentösen Behandlung sind die in Leitlinie L14 beschriebenen allgemeinen Leitlinien zur medikamentösen Behandlung hinsichtlich des Ausschlusses von Kontraindikationen, der Aufklärung der Eltern und des Kindes, der Titration, des Monitorings und der Auslaßversuche zu berücksichtigen.

Hilfreiche Materialien

- Anhand der *Checkliste zur medikamentösen Therapie hyperkinetischer Störungen* (siehe M02, S. 137) können die notwendigen Befunde dokumentiert werden und die einzelnen Schritte bei medikamentösen Therapie durchgeführt werden.
- Der *Ratgeber Hyperkinetische Störungen*, Informationen für Betroffene, Eltern, Lehrer und Erzieher (Döpfner et al., 2000e), informiert in kompakter Weise zur medikamentösen Therapie, insbesondere den Wirkungen, Nebenwirkungen und der Durchführung der Behandlung.
- Umfassendere Informationen können Eltern, aber auch Erzieher oder Lehrer direkt aus dem Buch mit dem Titel „*Wackelpeter und Trotzkopf*" (siehe Kap. 3.2.2, S. 124) entnehmen.

2.3.5.1 Generelle medikamentöse Behandlungsstrategie

Stimulanzien als Mittel der ersten Wahl

Abbildung 13 zeigt einen Entscheidungsbaum für die medikamentöse Behandlung der hyperkinetischen Störung. Als Mittel der ersten Wahl für die Behandlung des Störungsbildes gelten die Psychostimulanzien, von denen aufgrund der relativ höchsten Wirksamkeit und des gering ausgeprägten Nebenwirkungsspektrums primär Methylphenidat zum Einsatz kommen sollte. Bei erfolgloser Beendigung der Austestungsphase mit Methylphenidat oder bei Auftreten subjektiv oder objektiv nicht tolerierbarer Nebenwirkungen kann ein Medikamentenwechsel

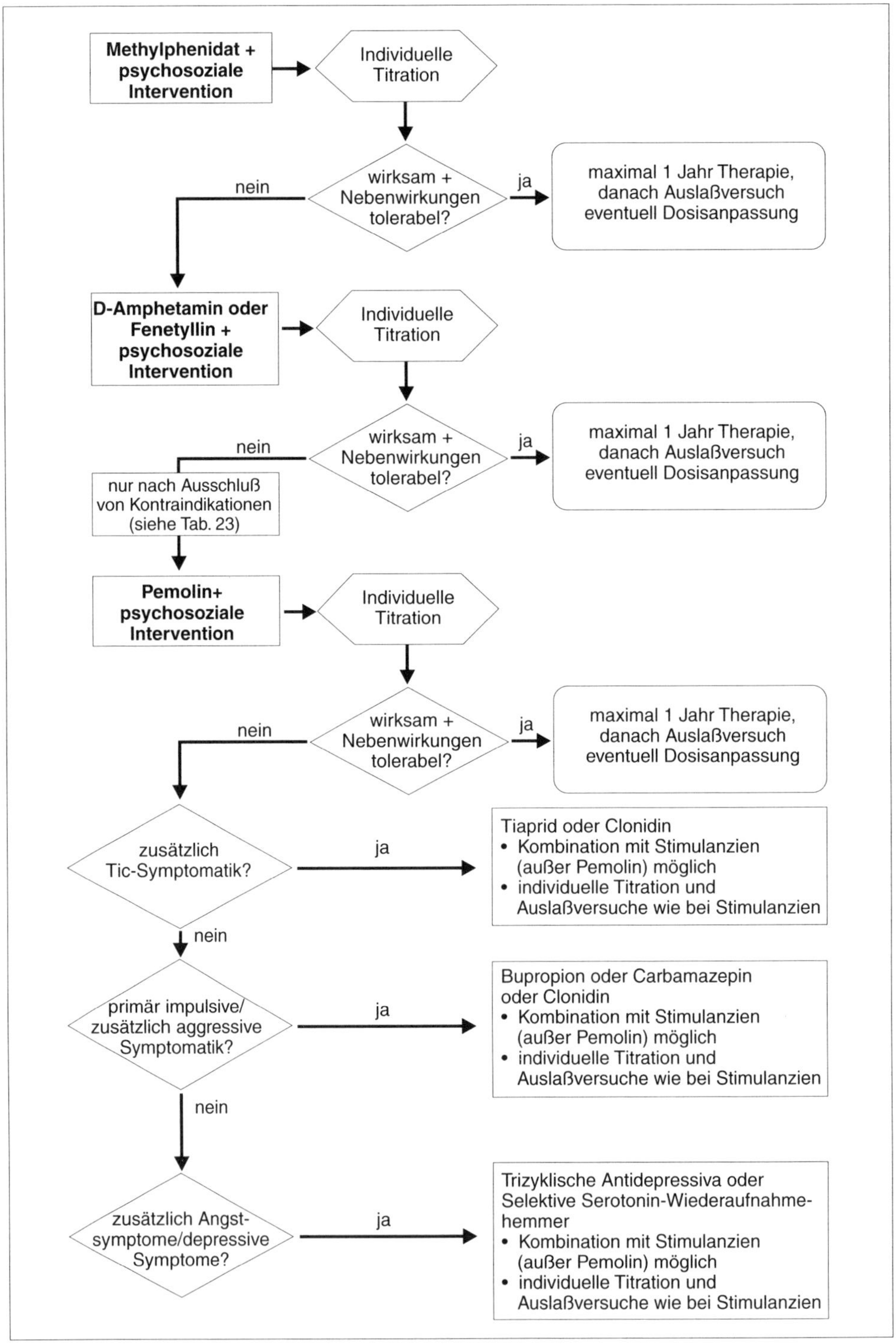

Abbildung 13: Entscheidungsbaum für die medikamentöse Behandlung hyperkinetischer Störungen

durchgeführt werden, wobei zunächst unbedingt in der Substanzklasse der Stimulanzien verblieben werden sollte. Die erste Alternative zu Methylphenidat stellt dabei Amphetamin oder Amphetaminracemat dar und auch hier muß wiederum eine individuelle Titration erfolgen. Erst bei neuerlichem Mißerfolg kann die Gabe von Pemolin erwogen werden, wobei dessen Einsatz aufgrund der potentiell schwerwiegenden Nebenwirkungen mit großer Vorsicht und Zurückhaltung möglich ist. Insofern kann alternativ bei Kindern auch von den Amphetaminen direkt auf andere Medikamente der zweiten oder dritten Wahl übergegangen werden.

Alternativsubstanzen nur nach strenger Indikation

Die Auswahl passender Alternativsubstanzen zu den Stimulanzien sollte stets nur nach strenger Indikationsstellung vorgenommen werden. Dabei sind komorbide Auffälligkeiten zu berücksichtigen, da sich hieraus die Auswahl des zum Einsatz kommenden Medikaments ergibt. Alle zur Verfügung stehenden Substanzen reduzieren generell jedoch die Kernsymptomatik der hyperkinetischen Störung in geringerem Ausmaß als dies bei der Wirksamkeit der Psychostimulanzien zu erwarten wäre. Außerdem ist das Nebenwirkungsspektrum und somit auch die Notwendigkeit eines intensiveren somatischen Monitorings beträchtlich höher. Insofern muß abgewogen werden, ob bei nicht ausreichender Wirkung der Psychostimulanzienbehandlung primär psychosoziale Interventionen zum Einsatz kommen sollten statt weiterer medikamentöser Behandlungsversuche.

2.3.5.2 Behandlung mit Psychostimulanzien

Methylphenidat (Ritalin®, Medikinet®) ist das Medikament der ersten Wahl. Es ist nur auf Betäubungsmittelrezept zu erhalten. Amphetamin und Pemolin stellen innerhalb der Substanzklasse Medikamente der zweiten Wahl dar. Tabelle 17 gibt einen Überblick über Kontraindikationen für die Stimulanzienbehandlung.

Tabelle 17: Kontraindikationen für Psychostimulanzientherapie

Substanz	Absolute Kontraindikation	Relative Kontraindikation
Methylphenidat/ Amphetamin	– Manifeste Psychose	– Schwangerschaft/Stillzeit – Akute Angstzustände – Arterieller Hochdruck – Kardiale Arrhythmien – Ticstörung/Tourette-Syndrom – Medikamenten-/Drogenabusus – Anfallsleiden
Pemolin	– Zusätzlich: Vorbestehende Leberschädigung, siehe Tabelle 18	Wie bei Methylphenidat

Vorgehen bei Kontraindikationen

Bei relativer Kontraindikation sollte erst dann eine medikamentöse Behandlung erwogen werden, wenn alternative psychologische Interventionen sich als nicht hinreichend erfolgreich erwiesen haben.

- *Tic-Störung:* Liegen eine hyperkinetische Störung und eine Tic-Störung (einschließlich Tourette-Störung) vor, dann sollte die medikamentöse Behandlung auf das im Vordergrund stehende Störungsbild gerichtet sein:
  - Falls die Tic-Störung im Vordergrund steht, kann Tiaprid (Tiapridex®) als medikamentöse Monotherapie eingesetzt werden, da die Substanz auch positive Effekte auf die hyperkinetische Symptomatik, vor allem die motorische Unruhe und die Impulsivität haben kann. Allerdings tritt gehäuft Müdigkeit auf, so daß die Aufmerksamkeitsleistungen der Kinder auch zusätzlich beeinträchtigt werden können.
  - Falls die hyperkinetische Symptomatik im Vordergrund steht, kann eine Stimulanzienbehandlung zunächst mit niedriger Dosierung begonnen werden. Gelegentlich ist initial eine leichte Zunahme von Tics festzustellen, die jedoch meist nach einigen Wochen abklingt oder sich bei Absetzen bzw. Dosisreduktion vermindert. Mitunter läßt sich auch eine Verbesserung der Tic-Symptomatik unter Stimulanzientherapie beobachten, in sehr seltenen Fällen wurde von einer irreversiblen Zunahme von Tic-Symptomen berichtet (siehe Kap. 1.5). Falls eine klinisch relevante, ausgeprägte Tic-Symptomatik persistiert, ist eine Kombinationstherapie von Psychostimulanzien mit Tiaprid möglich, auch im Hinblick auf eventuell zu erzielende synergistische Effekte. Bei einer signifikanten und anhaltenden Verschlechterung der Tic-Störung kann auch eine Kombination mit trizyklischen Antidepressiva erwogen werden, für die keine negativen Effekte auf die Tic-Symptomatik bekannt sind. Alternativ ist auch Clonidin einsetzbar. Hierbei können die Symptome beider Störungsbilder positiv beeinflußt werden (Singer et al., 1995).

selten: irreversible Tics nach Stimulanzien

Vorgehen bei Epilepsie

- *Anfallsleiden:* Ein früheres oder aktuell bestehendes Anfallsleiden oder anamnestisch zurückliegende Fieberkrämpfe sind keine absolute Kontraindikation für eine Stimulanzienbehandlung, vorausgesetzt, durch die antikonvulsive Behandlung wird Anfallsfreiheit erzielt (Gross-Tsur et al., 1997). Vorsichtsmaßnahmen bestehen in EEG Ableitungen vor Behandlungsbeginn und während der Medikation. Aufgrund möglicher medikamentöser Interaktionen sollten zudem Plasmaspiegelbestimmungen des Antikonvulsivums durchgeführt werden.

Titration von Methylphenidat und Auslaßversuche

Die Titration von Methylhenidat und anderer Medikamente kann anhand folgender Materialien vorgenommen werden.

Hilfreiche Materialien

- Anhand der *Checkliste zur medikamentösen Therapie hyperkinetischer Störungen* (siehe M02, S. 137) können die notwendigen Befunde dokumentiert werden und die einzelnen Schritte bei medikamentösen Therapie durchgeführt werden.
- Der *Fragebogen über mögliche Nebenwirkungen von Medikamenten (SERS-D)* (siehe M03, S. 139) hilft bei der Überprüfung von Nebenwirkungen.
- Der *Beurteilungsbogen für Eltern, Lehrer und Erzieher zur Austestung medikamentöser Therapie* (siehe M04, S. 140) erleichtert die Durchführung der Titration und eines späteren Auslaßversuches.

Nach Ausschluß von Kontraindikationen und Aufklärung der Eltern und des Patienten sollte die Wirksamkeit einer Psychostimulanzientherapie in folgenden Schritten geprüft werden:

1. *Erfassung potentieller Nebenwirkungen.* Da hyperkinetische Kinder gehäuft Symptome aufweisen, die auch Nebenwirkungen einer Stimulanzientherapie sein können, sollten vor Beginn des Behandlungsversuches diese Symptome erhoben werden. Nur auf diese Weise ist es möglich im Verlauf der Stimulanzientherapie eine Zunahme dieser Symptome als Reaktion auf die Medikation festzustellen. Zur Erfassung potentieller Nebenwirkungen kann der *Fragebogen über mögliche Nebenwirkungen von Medikamenten (SERS-D)* (siehe M03, S. 139) eingesetzt werden. Wenn Eltern auf diesem Bogen Symptome angeben sollte diese noch einmal exploriert werden. Die klinische Einschätzung dieser Symptome kann anhand der *Checkliste zur medikamentösen Therapie hyperkinetischer Störungen* (siehe M02, S. 137) dokumentiert werden.

Nebenwirkungen im Vorfeld erfassen

2. *Information des Klassenlehrers.* Der Therapeut nimmt Kontakt mit dem Klassenlehrer auf, klärt ihn über die Medikation und den geplanten Behandlungsversuch auf. Er weist daraufhin, daß eine möglichst genaue Überprüfung der Effekte notwendig ist und daß es zu diesem Zweck hilfreich ist, die Wirksamkeit des Medikaments duch einen Blindversuch zu ermitteln. In manchen Fällen kann es sich im Verlauf der Behandlung ergeben, daß bei rasch verstoffwechselnden und bei älteren Patienten am Vormittag eine zweite Dosierung des Medikamentes notwendig wird. Der Lehrer sollte deshalb vorsorglich darauf angesprochen werden, ob er bereit wäre, unterstützend oder erinnernd bei einer zweiten Gabe tätig zu werden. Unserer Erfahrung nach ist der Lehrer dann kooperativ, wenn er vorab über den Beginn einer Medikation informiert wurde.

Kooperation des Lehrers erzielen

Fragebogen-beurteilung ist wichtig

3. *Einführung des Wochen-Beurteilungsbogens.* Der Arzt vereinbart mit dem Lehrer für die kommenden Wochen die Durchführung spezieller Wochen-Beurteilungen. Diese erfolgen anhand des *Beurteilungsbogen für Eltern, Lehrer und Erzieher zur Austestung medikamentöser Therapie* (siehe M04, S. 140). Dieser Bogen besteht aus dem von Conners (1990) entwickelten *Hyperactivity Index* und aus der *Problemliste – Verhaltensprobleme des Kindes.* Auf einem Bogen können bis zu sieben Wochen-Beurteilungen abgegeben werden.
   - Der *Hyperactivity-Index* ist eine Zusammenfassung von zehn Items, die sich in mehreren pharmakologischen Studien als besonders änderungssensitiv erwiesen haben. Die Items erfassen anhand einer vierstufigen Antwortskala nicht nur die hyperkinetische Kernsymptomatik, sondern auch aggressives Verhalten und emotionale Labilität. Zur Auswertung wird der Summenwert über die zehn Items gebildet und in die entsprechende Spalte in der Zeile „Teil A: Summe Conners" eingetragen.
   - In *Teil B: Problemliste-Verhaltensprobleme des Kindes* werden die gemeinsam mit dem Klassenlehrer definierten individuellen Verhaltensprobleme des Kindes in der Schule, die durch die Behandlung vermindert werden sollen, eingetragen. Es sollte sich um Probleme handeln, die bei dem Kind häufig und/oder intensiv auftreten und für den Lehrer bzw. die Klasse störend sind. Die Verhaltensprobleme sollten (im Rahmen eines Telefongesprächs mit dem Lehrer) möglichst präzise formuliert werden (z. B. „Bleibt keine 5 Minuten ruhig sitzen", „Steht mindestens fünf Mal pro Unterrichtsstunde auf"; „Ruft ständig in die Klasse"). Die präzise Formulierung individueller Verhaltensprobleme trägt dazu bei, den individuellen Nutzen einer medikamentösen Behandlung besser überprüfen zu können, da die Symptome des Connors-Fragebogen oft zu global formuliert sind.

Problemliste telefonisch erstellen

4. *Austestung:* Die Austestung erfolgt in folgenden Phasen:
   - *Keine Medikation/Placebo:* In den ersten beiden Wochen (Woche 1 und Woche 2) wird keine Medikation verabreicht. Sie dienen als Baseline für die Erfassung der Effekte. Falls bei den Bezugspersonen eine ausgeprägte positive oder negative Erwartungshaltung (Nebenwirkungen) bezüglich der Medikation vorliegt, kann eine Placebogabe indiziert sein. Da keine identischen Placebos verfügbar sind, sollten zuvor über die Apotheke Kapseln zur Austestung bestellt werden, mit Placebo sowie 5 und 10 mg Dosierungen pro Kapsel.
   - *Geringe Dosis:* In den beiden folgenden Wochen (Woche 3 und Woche 4) wird mit der Anfangsdosierung von 5 bis 10 mg morgens begonnen. Bei jüngeren Kindern sollte mit einer 5-mg-Gabe Methylphenidat begonnen werden; bei älteren Kindern kann die initiale Dosis bei 10 mg zum Frühstück liegen.

Dosis-steigerung alle 1 – 2 Wochen

- *Höhere Dosierung:* In den darauffolgenden Wochen kann die Dosierung wöchentlich um 5 bis 10 mg gesteigert werden, solange noch erhebliche hyperkinetische Auffälligkeiten in der Schule auftreten, keine massiven Nebenwirkungen beobachtbar sind und die maximale Dosierung (Tagesdosis etwa 1 mg/kg Körpergewicht, maximal 60 mg) noch nicht erreicht ist. Im allgemeinen wird sich der optimale Wirkungsbereich zwischen 0,3 und 0,8 mg/kg Körpergewicht bewegen. Erfahrungsgemäß herrscht nach fünf bis sieben Wochen Klarheit über die Wirksamkeit der Medikation sowie der optimalen Dosierung.

Maximaldosis: 60 mg/d

Während dieser ganzen Zeit wird der *Beurteilungsbogen* vom Lehrer jeweils zum Ende der Woche ausgefüllt. Spätestens nach der vierten Woche, nachdem eine niedrige Dosierung zwei Wochen lang verabreicht worden ist, wird der Bogen zur Kontrolle dem Arzt vorgelegt, damit dieser in Abhängigkeit vom Verlauf die weitere Dosierung festlegen kann. *Nach* der Beurteilung durch die Lehrerin kann der Arzt die Dosierung in die entsprechende Zeile eintragen und so einen Übersicht über den Zusammenhang von Dosis und Verhaltensänderung gewinnen.

5. *Prüfung erwünschter und unerwünschter Effekte:* Der Arzt überprüft die Effekte anhand des *Beurteilungsbogens* und klärt das Auftreten von unerwünschten Nebenwirkungen ab. Dazu kann der *Fragebogen über mögliche Nebenwirkungen von Medikamenten (SERS-D)* (siehe M03, S. 139) eingesetzt werden. Eine längerfristige Behandlung sollte zunächst für einen Zeitraum von neun bis zwölf Monaten dann empfohlen werden, wenn sich in dem kontrollierten Versuch eindeutige Effekte nachweisen ließen und keine ausgeprägten Nebenwirkungen auftraten. Bei Auftreten von Nebenwirkungen unter der Stimulanzienmedikation sollte zunächst der Hinweis auf deren zumeist vorübergehende Dauer erfolgen und das Dosierungsschema nicht verändert werden. Bei initial schweren oder bei länger anhaltenden Beschwerden ist eine Dosisreduktion, ein Behandlungsabbruch oder ein Medikamentenwechsel zu erwägen. Folgende Vorgehensweise kann empfohlen werden bei spezifischen Nebenwirkungen:

Nebenwirkungen häufig vorübergehend

   - *Schlafstörungen:* In diesem Fall müßte auf eine nachmittagliche Gabe verzichtet werden und es sollte auch keine Retardpräparation von Methylphenidat verabreicht werden.
   - *Appetitstörungen:* Falls Appetitstörungen auftreten, sollte die Gabe des Medikaments zum Essen erfolgen oder auf eine mehrmalige Gabe am Tag verzichtet werden. Ein Abbruch der Medikation ist aber zumeist nicht notwendig.
   - *Tic-Störungen:* Auf Maßnahmen bei neu auftretenden oder sich verstärkenden Tic-Symptomen wurde bereits hingewiesen.
   - *Überdosierungen* von Stimulanzien gehen zumeist auf sympathikusstimulierende Effekte zurück. Es treten Blutdrucksteigerun-

gen, Tachykardie und Hyperthermie auf sowie selten auch psychotische Symptome. Da es sich um einen internistischen Notfall handelt, ist eine Intensivüberwachung des Patienten indiziert.

Mehrfachgabe am Tag möglich

6. *Mehrfache Dosierung am Tag oder Retard-Form:* Falls eine deutliche Symptomzunahme im Laufe des späten Schulvormittages zu beobachten ist, kann eine zweite medikamentöse Gabe im Laufe des Vormittags notwendig werden. Diese beträgt in der Regel die Hälfte der morgendlichen Erstdosis. Alternativ wäre bei mangelnder Compliance von Kindern oder des Lehrers hier auch die Retardform von Methylphenidat einsetzbar, was eine zweite Gabe am Vormittag erübrigen würde.

   Häufig vermindern sich auch die Verhaltensprobleme des Kindes in der Familie bei einer oder zwei Gaben am Vormittag. Falls ausgeprägte hyperkinetische Auffälligkeiten des Kindes in der Familie persistieren, kann die Wirkung einer bis zweier zusätzlicher Medikamentengaben um die Mittagszeit und am Nachmittag in der Familie in gleicher Form überprüft werden. Auch in diesen Fällen kann eine Retard-Form verabreicht werden.

   Rebound-Effekte

   In Einzelfällen können ausgeprägte Rebound-Effekte bei einer einmaligen Gabe am Vormittagsgabe einsetzen, denen mit einer erneuten Gabe am späten Vormittag oder am Nachmittag begegnet werden kann, in der Regel in verringerter Dosierung wie am Vormittag. Alternativ kann in diesem Fall aber auch Methylphenidat in Retard-Form eingesetzt werden.

Medikation am Wochenende/ in Ferien möglich

7. *Dosierung an Wochenenden und in Ferien.* Falls die Medikation nur für den Schulvormittag verabreicht wird, erfolgt am Wochenende und in den Ferien in der Regel keine Medikation. Falls durch die Medikation auch Auffälligkeiten des Kindes in der Familie vermindert werden und die soziale Integration des Kindes in die Familie oder in die Gleichaltrigengruppen verbessert wird kann die Tabletteneinnahme auch an Wochenenden und in der Ferien erfolgen. In diesen Fällen sollte auf gelegentlich auftretende Wachstumsverzögerungen geachtet werden.

Auslaßversuch nach 12 Monaten

8. *Auslaßversuch:* Nach neun, spätestens nach zwölf Monaten (aber nicht kurz vor Beginn oder kurz nach Ende der Ferien) wird ein Auslaßversuch der Medikation von einer bis zwei Wochen durchgeführt, um die Notwendigkeit der Weiterführung der Behandlung zu überprüfen. Dabei sollte auch wieder eine Überprüfung der Effekte anhand des *Beurteilungsbogens für Eltern, Lehrer und Erzieher zur Austestung medikamentöser Therapie* (siehe M04, S. 140) vorgenommen werden.

   Bei deutlicher (meist wachstumsbedingter) Gewichtszunahme kann eine entsprechende Erhöhung der Dosierung notwendig sein. Der Auslaßversuch kann aber auch zeigen, daß die gleichen Effekte schon mit einer niedrigeren Dosierung erzielt werden können. In der Regel ist die Fortführung der Langzeittherapie über mehrere Jahre notwendig. Mit Beginn der Pubertät kann die Behandlung häufig beendet werden. Allerdings gibt es dabei eine erhebliche interindividuelle Variabilität, weshalb die regelmäßige Kontrolle der Notwendigkeit einer Weiterführung der medikamentösen Therapie unabdinglich ist.

9. *Somatische Kontrollen.* Vor Beginn der Behandlung und in regelmäßigen Abständen sollten Körpergröße, Gewicht, Pulsfrequenz und Blutdruck überprüft werden. Außerdem sollten zusätzlich folgende somatische Kontrollen durchgeführt werden:
   - Transaminasen im Serum, vor allem bei Verdacht vorbestehender Leberschädigung sowie bei Auftreten von Hepatopathie;
   - weißes Blutbild, da unter Methylphenidatgaben vereinzelt Leukopenien beschrieben worden sind.
   - EKG-Untersuchung, vor allem bei Verdacht auf kardiale Rhythmusstörungen;
   - EEG Untersuchung, vor allem bei bestehendem zerebralen Anfallsleiden und bei Dosiserhöhungen der Stimulanzien.

2.3.5.3 Behandlung mit anderen Stimulanzien

Tabelle 18 faßt die Dosierungsstrategie bei Stimulanzien zusammen.

Tabelle 18: Dosierungsstrategie für die Psychostimulanzienbehandlung

Substanz	Konzentration des Wirkstoffs/ Verabreichungsform	Startdosis	Klinische Wirkung in Stunden	mittlere therapeutische Dosis	maximale Dosis
Methylphenidat (Ritalin®, Medikinet®)	10 mg Tabletten	5 mg ED	3–4 h	0,3–0,8 mg/ kg/Dosis	60 mg/d
D-Amphetamin	Saft/ Kapseln à 5–10 mg	5 mg ED	4–5 h	0,2–0,5 mg/ kg/Dosis	40 mg/d
D-L Amphetamin-racemat	Saft/ Kapseln à 5–10 mg	5 mg ED	4–5 h	0,15–0,4 mg/ kg/ Dosis	40 mg/d
Fenetyllin (Captagon®)	50 mg Tabletten	25 mg ED	5–8 h	0,5–1,5 mg/ kg/Dosis	100 mg/d
Pemolin (Tradon®)	20 mg Tabletten	20 mg ED	7–8 h	1–2 mg/kg/ 24h	3mg/kg/d oder 120 mg/d

Amphetamin: D-Amphetamin ist als Fertigarznei in Deutschland nicht im Handel erhältlich, sondern muß über die Apotheke hergestellt werden (siehe Tabelle 19). Auch hier erfolgt die Verschreibung über Betäubungsmittelrezept. Gegenüber Methylphenidat ist bei D-Amphetamin eine geringere Dosis, ungefähr 50 %, zu wählen (American Academy of Pediatrics, 1996). Der klinische Wirkungsbereich liegt zwischen 0,1 und 1,0 mg/kg Körpergewicht pro Tag. Erfahrungsgemäß sollte mit einer Einmalgabe von 5 mg täglich begonnen werden, um dann jeweils in 5 mg-Schritten die Dosierung zu steigern. Für die optimale Dosisfindung sollte zunächst das Präparat als Saft verabreicht werden, um dann auf Kapseln umzusteigen (Cyr & Brown, 1998). Die maximale Dosis von 40 mg/Tag sollte nicht überschritten werden. Wegen der etwas verzögerten Halbwertzeit ist damit zu rechnen, daß mit maximal zwei Gaben am Tag auszukommen ist. Wegen des für Psychostimulanzien typischen Nebenwirkungsspektrums gelten für Dextroamphetamin die gleichen Kontraindikationen und Kontrolluntersuchungen wie für Methylphenidat.

D-Amphetamin in Deutschland kein Fertigpräparat

Tabelle 19: Verordnung von Amphetamin (nach Trott, 1998)

Amphetamin-Saft

D,L Amphetaminsulfat 0,2724 Gramm
(null komma zwei sieben zwei vier)
Acid citric 0,2
Sirup simpl. 30,0 ml
Aqua conserv 70,0 ml
kons. mit 0,1 % Sorbinsäure
100 (einhundert) Milliliter
(10 ml entsprechen 20 mg Amphetamin)

Amphetamin – Kapseln à 10 mg

D, L Amphetaminsulfat 0,01362 Gramm
(null komma eins drei sechs zwei)
Mannit Aerosil 99,5 T + 0,5 qs
m.f. caps. d. tal dos
40 (vierzig) Stück

Fenetyllin kaum untersucht

Fenetyllin (Captagon®) setzt sich aus D-Ampehtamin, L-Amphetamin und Theophyllin zusammen. Diese Substanz ist außerhalb Deutschlands kaum in Gebrauch. Wissenschafltiche Studien zur Wirksamkeit bei Kindern mit hyperkinetischen Störungen liegen kaum vor. Die Wirksamkeit scheint ähnlich zu der von Methylphenidat zu sein.

Pemolin (Tradon®): Die klinische Wirkung von Pemolin setzt etwa zwei Stunden nach Einnahme ein und hält für etwa sieben Stunden an. Die maximale Wirkung kann zwei bis vier Stunden nach Einnahme erwartet werden. Aus diesem Grunde ist eine einmalige Gabe am Tag zumeist ausreichend mit entsprechenden Vorteilen bezüglich der Compliance, aber auch Nachteilen im Hinblick auf die Steuerbarkeit der Medikation.

Da möglicherweise erst nach etwa drei bis vier Wochen ein wirksamer Spiegel aufgebaut ist, kann erst dann eine Entscheidung darüber getroffen werden, ob die Substanz wirksam ist. Dosiserhöhungen sollten entgegen der Medikation mit Methylphenidat nur in größeren Intervallen, d. h. alle drei bis vier Wochen, erfolgen. Die klinische Wirksamkeit wird in Dosierungen ab etwa 20 mg angenommen. Es wird empfohlen, mit einer morgendlichen Gabe von 0,5 bis 1,0 mg/kg/Tag zu beginnen und eine maximale Dosierung von 3 mg/kg/Tag nicht zu überschreiten. Die maximale Gesamtdosis wird nach US amerikanischen Angaben mit 112 mg angegeben (Physicians Desk Reference, 1997). Pelham und Mitarbeiter (1995) favorisieren demgegenüber ein aggressiveres Vorgehen und schlagen vor, mit 40 bis 60 mg zu beginnen und Höherdosierungen alle drei bis vier Tage vorzunehmen. Da es im Zusammenhang mit der Anwendung von Pemolin zu Fällen von lebensbedrohlichem Leberversagen gekommen ist, sind die in Tabelle 20 zusammengefaßten Kontraindikationen und Kontrolluntersuchungen obligatorisch zu beachten (siehe Gebrauchs- und Fachinformation für Tradon®)

Lebertoxizität beachten

Tabelle 20: Kontraindikationen und notwendige Kontrolluntersuchungen bei Therapie mit Pemolin (Tradon®)

- Die Verordnung von Pemolin darf nur durch Kinder- und Jugendpsychiater anhand der derzeit gültigen Diagnosekriterien erfolgen.
- Pemolin darf nur verwendet werden, wenn eine Behandlung des Kindes/Jugendlichen zuvor sowohl mit Methylphenidat als auch mit Amphetamin erfolglos war und andere Behandlungsformen allein nicht ausreichend sind.
- Pemolin darf nur bei lebergesunden Patienten mit normalen Leberfunktionswerten verschrieben werden.
- Bei Vorliegen von Autoimmunerkrankungen oder Muskelerkrankungen oder bei gleichzeitiger Behandlung mit anderen Stimulanzien oder trizyklischen oder tetrazyklischen Antidepressiva darf keine Behandlung mit Pemolin durchgeführt werden.
- Zur Überwachung der Leberfunktion sind Transaminasenuntersuchungen vor sowie in zweiwöchentlichem Abstand nach Therapiebeginn notwendig.
- Die Behandlung mit Pemolin muß abgebrochen werden, wenn klinisch bedeutsam erhöhte Aktivitätswerte der genannten Leberenzyme auftreten, spätestens bei Erhöhung der Werte auf das Doppelte des oberen Normalwertes oder wenn andere Symptome einer Leberfunktionsstörung beobachtet werden.
- Eltern und andere Betreuungspersonen der behandelten Kinder müssen auf die Frühsymptome einer Leberschädigung hingewiesen werden (z. B. Appetitlosigkeit, Übelkeit, Abgeschlagenheit, Leistungsabfall, gastrointestinale Symptome, Bilirubinurie, Ikterus).

2.3.5.4 Behandlung mit Medikamenten anderer Stoffgruppen

Die nachfolgend gemachten Angaben über durchzuführende somatische Kontrollen vor und während der Behandlung mit Medikamenten anderer Stoffgruppen beziehen sich nur auf die wichtigsten, zwingend zu beachtenden Aspekte. Bei ihrem Einsatz empfiehlt sich darüber hinaus die Literatur einschlägiger Werke der Psychopharmakologie.

Trizyklische Antidepressiva: Wegen der kurzen Halbwertszeit wird empfohlen, die Medikation z. B. mit Imipramin (Tofranil®) niedrig dosiert mit 2 x 10 mg/Tag zu beginnen. Nachfolgend sollte alle 4-5 Tage eine Aufdosierung auf mindestens 3 mg/kg/Tag erfolgen. Die maximale Dosierung liegt bei 5 mg/kg. Für Desipramin (Pertrofan®) werden gute Langzeiterfolge in einer Dosierung von > 4 mg/kg KG beschrieben (Biederman et al., 1986), für Nortryptilin (Nortrilen®) eine Dosierung von 2 mg/kg KG (Wilens et al., 1996). Maximale Verhaltenseffekte treten zumeist erst nach erreichen der Enddosis, d.h. nach einigen Wochen, auf. Wegen eintretender Tachyphylaxie kann es überdies notwendig sein, im Behandlungsverlauf die Dosierung anzupassen (Quinn & Rapoport, 1975). Trizyklische Antidepressiva sind durchgängig, ohne kurzfristige Behandlungspausen zu verabreichen. Ein engmaschiges EKG-Monitoring vor und im Verlauf der Behandlung (v.a. bei Dosissteigerungen) ist aufgrund der potentiellen Kardiotoxizität der TZA dringend indiziert (Wilens et al., 1996). Eine familiäre Belastung durch ein QT-Syndrom oder das Auftreten unklarer familiärer Todesfälle ist anamnestisch ebenfalls zu berücksichtigen.

EKG-Überwachung

Plasmaspiegelbestimmungen können die Sicherheit der Medikation erhöhen. Letztere eignen sich allerdings nicht zur Steuerung optimaler therapeutischer Effekte, da keine lineare Korrelation zwischen Plasmaspiegel und klinischer Wirkung vorhanden ist (Spencer et al., 1996a). Schließlich sind bei bekanntem zerebralen Anfallsleiden EEG-Kontrollen durchzuführen. Das übrige Nebenwirkungsspektrum umfaßt zumeist milde anticholinerge Effekte wie Mundtrockenheit, Obstipation, Schwindel und Sehstörungen sowie initiale Sedierung.

Clonidin (z. B. Catapressan®): Wegen des nicht unerheblichen Sedierungseffektes, vor allem zu Anfang der Behandlung, sollte mit einer Einmalgabe von 0,05 mg abends begonnen werden. Im weiteren Verlauf sollte dann schrittweise ca. alle 3 Tage eine Dosissteigerung anvisiert werden bis auf max. 0,3 mg/kg/Tag. Die Medikation ist einschleichend aufzuteilen auf 3 bis 4 Dosen, da die klinischen Verhaltenseffekte nur für drei bis sechs Stunden anhalten und somatische Reboundsymptome auftreten können. Maximaleffekte sind erst nach Wochen zu erwarten. Clonidin verringert die Herzrate und den Blutdruck. Vor Beginn der Behandlung sind deshalb anamnestisch und kardiodiagnostisch bradykarde Herzrhythmusstörungen (AV-Block), Sick-Sinus-Syndrom, arterielle Hypotonie und ungeklärte Synkopen abzuklären. Die körperliche Untersuchung, Puls- und Blutdruckmessung sowie EKG stellen einen absoluten diagnostischen Standard dar, v. a. zu Beginn der Aufdosierungsphase. Nach Erreichen des steady state genügen Kontrolllen alle acht Wochen, vorausgesetzt, daß keine Symptome wie Schwindel oder Synkopen auftreten.

somatische Kontrollen

Zu Beginn der Behandlung können daneben Sedierung und Müdigkeit auftreten. Bei Beendigung der Behandlung muß Clonidin ebenfalls schrittweise ausgeschlichen werden, da sonst sympathikusüberschießende Reboundeffekte auftreten können mit arteriellem Hochdruck und Tachykardie. Aus diesem Grund ist auch im Gegensatz zu den Stimulanzien eine durchgängige Behandlung ohne kurzfristige Medikamentenpausen zu gewährleisten.

durchgängige Medikation

Bupropion: Das Medikament ist auf dem deutschen Markt nicht zugelassen. Es werden Dosierungen von 4–6 mg/kg/Tag empfohlen. Die Substanz hat sich als gut verträglich erwiesen. Allerdings sollte die Verabreichung trotz der langen Halbwertszeit von 14 Stunden auf zwei Gaben erfolgen, zur Minderung des Risikos einer zerebralen Anfallsauslösung. Bei bestehendem zerebralen Anfallsleiden sollte regelmäßig eine EEG Untersuchung erfolgen.

Nebenwirkungen

Carbamazepin (z. B. Timonil®, Tegretal®): Aufgrund des Nebenwirkungsspektrums ist vor dem Beginn der Behandlung eine normale rote und weiße Blutbildung sowie hepatische Funktion abzuklären. Weitere Kontrollen unter der Behandlung sind alle sechs Monate durchzuführen. Die Behandlung wird einschleichend begonnen werden mit einer Dosissteigerung alle drei Tage. Aufgrund einer während der Behandlung eintretenden Enzymautoinduktion ist nach einigen Wochen mit einem Absinken des Plasmaspiegels zu rechnen. Das therapeutische Fenster wird mit 4–12 mg/L angegeben. Die angestrebte psychotrope Wirkung ist individuell zu ermitteln. Bei der zu empfehlenden Verabreichung der Substanz als Retardform ist eine zweimalige Gabe pro Tag ausreichend. Bei Beendigung der Behandlung ist ebenfalls eine ausschleichend Vorgehensweise zu wählen.

Kombinierte Pharmakotherapie: Grundsätzlich ist eine kombinierte Pharmakotherapie mit Stimulanzien durchführbar. Die Ausnahmen bezüglich Pemolin wurden bereits dargestellt (siehe Tab. 23). Sie sollte entsprechend der bereits genannten Indikationen erfolgen. Individuell recht unterschiedlich können sogar synergistische Effekte im Hinblick auf eine Beeinflussung der hyperkinetischen Symptomatik erzielt werden. Bezüglich der Nebenwirkungen, z. B. bei kombinierter Behandlung von Stimulanzien mit TZA scheinen diese zwar umfassender zu sein als bei Monotherapie. Schwerwiegende Nebenwirkungen traten dagegen nicht auf (Pataki et al., 1993; Rapport et al., 1993).

3 Verfahren zur Diagnostik und Therapie

Verfahren zur Diagnostik hyperkinetischer Störungen	
DCL-HKS	Diagnose-Checkliste für Hyperkinetische Störungen
EKI	Eltern-Interview zur Eltern-Kind-Interaktion
FBB-HKS	Fremdbeurteilungsbogen für Hyperkinetische Störungen
HSQ-D	Elternfragebogen über Problemsituationen in der Familie
HPC-D	Checkliste für Eltern über Verhaltensprobleme bei den Hausaufgaben
VWU	Beurteilungsbogen: Verhalten während der Untersuchung
Problemliste	Problemliste: Verhaltensprobleme des Kindes

Verfahren zur Therapie
Therapieprogramm für Kinder mit hyperkinetischem und oppositionellem Problemverhalten (THOP)
Wackelpeter und Trotzkopf
Aufmerksamkeitstraining mit Kindern
Elternratgeber

3.1 Verfahren zur Diagnostik

3.1.1 DCL-HKS – Diagnose-Checkliste für Hyperkinetische Störungen

Kurzbeschreibung	
Beurteiler:	klinische Beurteilung auf der Basis eines klinischen Interviews
Spezifität:	störungsspezifisch – hyperkinetische Störungen
Altersbereich:	gesamtes Kindes- und Jugendalter
Quelle:	Bestandteil des Diagnostik-Systems für psychische Störungen im Kindes- und Jugendalter nach ICD-10 und DSM-IV (DISYPS-KJ); Döpfner & Lehmkuhl (1998a)
Bezug:	Testzentrale Göttingen

Die Diagnose-Checkliste enthält alle Kriterien für die Diagnose einer hyperkinetischen Störung sowohl nach ICD-10 als auch nach DSM-IV. Da sich die Symptomkriterien nach ICD-10 (Forschungskriterien) und nach DSM-IV weitgehend entsprechen, ist nur eine einzige Checkliste mit den Symptomkriterien notwendig. Inhaltlich bedeutsame Abweichungen zwischen beiden Diagnose-Systemen sind entsprechend gekennzeichnet (siehe Abb. 6, S. 46). Bei der Formulierung der Symptom-Kriterien wurden neben der deutschen Übersetzung der ICD-10 Forschungskriterien (Dilling et al., 1994) und des DSM-IV (Saß et al., 1996) auch die englischsprachigen Originale (World Health Organization, 1993, American Psychiatric Association, 1994) herangezogen, weil die deutschen Fassungen einige Übersetzungsprobleme enthalten.

Zur Beurteilung der einzelnen Kriterien wird eine vierstufige Antwortskala vorgegeben, wobei 0 kodiert wird, wenn die in dem Kriterium definierte Symptomatik nicht vorhanden ist. Liegt die Symptomatik in einer leichteren Ausprägungsform vor als im Kriterium definiert ist, dann wird eine 1 kodiert. Die Kodierungen 2 und 3 werden vergeben, wenn das Kriterium erfüllt ist, wobei die Kodierung 3 dann vorgenommen wird, wenn die Symptomatik deutlich stärker als im Kriterium definiert ausgeprägt ist. Basis der Beurteilung ist in der Regel die Exploration der Eltern, des Kindes/Jugendlichen und der Erzieher/Lehrer.

Die Auswertung der Diagnose-Checklisten erfolgt erstens kategorial mit Hilfe eines Entscheidungsbaumes und zweitens dimensional. Zur *dimensionalen Auswertung* werden Kennwerte für Aufmerksamkeitsstörungen, für Überaktivität und für Impulsivität gebildet, indem die Ausprägungen auf den entsprechenden Items summiert und durch die Anzahl der Beurteilungen dividiert werden. Die *kategoriale Auswertung* erfolgt anhand eines Entscheidungsbaumes. Da sich beide Diagnose-Systeme zwar kaum in den Symptomkriterien, wohl aber in den Regeln zur Kombination dieser Symptomkriterien zu Diagnosen unterscheiden, enthalten die Diagnose-Checklisten für ICD-10 und DSM-IV getrennte Entscheidungsbäume, die an die Liste der Symptomkriterien angelegt werden können.

3.1.2 EKI – Eltern-Interview zur Eltern-Kind-Interaktion

Kurzbeschreibung	
Beurteiler:	klinische Beurteilung auf der Basis eines klinischen Interviews
Spezifität:	störungsspezifisch – hyperkinetische Störungen und oppositionelle Verhaltensstörungen
Altersbereich:	gesamtes Kindes- und Jugendalter
Quelle:	Bestandteil des Therapieprogrammes für Kinder mit hyperkinetischem und oppositionellem Problemverhalten (THOP); Döpfner et al. (1998a)
Bezug:	Buchhandlung

Das *Elterninterview zur Eltern-Kind-Interaktion* ist ein halbstrukturiertes Interview, mit dem Eltern hinsichtlich 17 alltäglicher Familiensituationen exploriert werden, die in Familien mit hyperkinetisch/oppositionell auffälligen Kindern häufig zu Problemen führen (z. B. Spiel mit anderen, Mahlzeiten, Bettgehzeit, Hausaufgaben). Im Interview wird für jede Situation neben der Topographie, der Häufigkeit und Intensität des Verhaltens auch die Reaktionen der Bezugsperso(en) erfaßt. Der Interviewer beurteilt pro Situation die Problemstärke dieser Situation anhand einer zehnstufigen Skala. Außerdem werden Verhaltenskategorien angegeben, die mögliche Explorationsrichtungen markieren.

3.1.3 FBB-HKS/SBB-HKS – Fremdbeurteilungsbogen/Selbstbeurteilungsbogen für Hyperkinetische Störungen

Kurzbeschreibung	
Beurteiler:	Eltern oder Erzieher bzw. Lehrer (FBB) bzw. Kinder/Jugendliche ab 11 Jahren (SBB)
Spezifität:	störungsspezifisch – hyperkinetische Störungen
Altersbereich:	gesamtes Kindes- und Jugendalter
Quelle:	Bestandteil des Diagnostik-Systems für psychische Störungen im Kindes- und Jugendalter nach ICD-10 und DSM-IV (DISYPS-KJ); Döpfner & Lehmkuhl (1998a)
Bezug:	Testzentrale Göttingen

Der Fremdburteilungsbogen kann sowohl von den Eltern als auch von den Erziehern/Lehrern beurteilt werden. Er enthält wie die entsprechende Diagnose-Checkliste (siehe 3.1.1) die Diagnose-Kriterien für hyperkinetische Störungen. Er besteht aus 20 Items, welche die Symptomkriterien erfassen. Für jedes Item wird anhand von vierstufigen Antwortskalen erstens beurteilt, wie zutreffend die Beschreibung ist und zweitens, wie problematisch das Verhalten erlebt wird. Im zweiten Teil werden Zusatzkriterien nach ICD-10 bzw. DSM-IV erhoben und den Beurteilern steht Platz für weitere Bemerkungen zur Verfügung.

Analog zu den Diagnose-Checklisten kann der Bogen kategorial und dimensional ausgewertet werden. Die *kategoriale Auswertung* gibt Hinweise auf die Diagnose einer hyperkinetischen Störung nach ICD-10 oder nach DSM-IV auf der Grundlage der Elterneinschätzung. Für eine Diagnosestellung müssen die Symptomkriterien in den Diagnose-Checklisten jedoch durch einen Arzt/Psychologen beurteilt werden.

Zur *dimensionalen Auswertung* werden analog zu den Diagnose-Checklisten Kennwerte für Aufmerksamkeitsstörungen, für Überaktivität und für Impulsivität gebildet, indem die Ausprägungen auf den entsprechenden Items summiert und durch die Anzahl der Beurteilungen dividiert werden. Außerdem wird ein Gesamtwert aus den drei Skalenwerten gebildet. Eine Normierung liegt für den Elternbogen vor (Brühl et al., 2000). Die Skalenwert und der Gesamtwert eignen sich erstens zum Vergleich zwischen verschiedenen Beurteilern (Eltern, Lehrer, klinisches Urteil in der Diagnose-Checklisten) und zweitens zur Überprüfung von Therapieeffekten im Rahmen der Verlaufskontrolle. Außerdem ist eine inhaltliche Auswertung auf Item-Ebene für klinische Zwecke ausgesprochen informativ und kann wertvolle Anhaltspunkte für eine Vertiefung der Exploration der Eltern geben.

Der Selbstbeurteilungsbogen kann ab dem Alter von 11 Jahren parallel zum Fremdbeurteilungsbogen eingesetzt werden.

3.1.4 HSQ-D – Elternfragebogen über Problemsituationen in der Familie

Kurzbeschreibung	
Beurteiler:	Eltern
Spezifität:	störungsspezifisch – hyperkinetische und oppositionelle Störungen
Altersbereich:	gesamtes Kindes- und Jugendalter
Quelle:	Bestandteil des Therapieprogrammes für Kinder mit hyperkinetischem und oppositionellem Problemverhalten (THOP); Döpfner et al. (1998a)
Bezug:	Buchhandlung

Im *Elternfragebogen über Problemsituationen in der Familie, HSQ-D* schätzen die Eltern ein, wie problematisch sie das Verhalten des Kindes in 16 alltäglichen familiären Situationen erleben. Für jede Situation geben die Eltern zunächst an, ob in diesen Situationen Probleme gibt, wenn das Kind Aufforderungen, Anweisungen oder Regeln befolgen soll (Antwort: ja/nein). Falls die Situation als problematisch eingestuft wird, beurteilen die Eltern anhand einer neunstufigen Skala (von 1 = schwach bis 9 = sehr stark) wie stark die Problematik ausgeprägt ist. Der Fragebogen ist eine modifizierte deutsche Fassung des Home Situations Questionnaire (Barkley, 1987) und ist parallel zum Elterninterview zur Eltern-Kind-Interaktion (siehe 3.1.2) aufgebaut. Er wurde für deutsche Verhältnisse adaptiert und auf seine Güte geprüft.

Die Gesamtrohwerte eignen sich zur Überprüfung von Therapieeffekten im Rahmen der Verlaufskontrolle. Außerdem ist eine inhaltliche Auswertung auf Item-Ebene für klinische Zwecke ausgesprochen informativ und kann wertvolle Anhaltspunkte für eine Vertiefung der Exploration der Eltern geben. Wenn der Fragebogen vor dem Elterninterview zur Eltern-Kind-Interaktion (EKI) ausgefüllt wird, kann dieses Interview zielgerichteter und schneller durchgeführt werden.

3.1.5 HPC-D – Checkliste für Eltern über Verhaltensprobleme bei den Hausaufgaben

Kurzbeschreibung	
Beurteiler:	Eltern
Spezifität:	störungsspezifisch – hyperkinetische und oppositionelle Störungen
Altersbereich:	gesamtes Kindes- und Jugendalter
Quelle:	Bestandteil des Therapieprogrammes für Kinder mit hyperkinetischem und oppositionellem Problemverhalten (THOP); Döpfner et al. (1998a)
Bezug:	Buchhandlung

Die *Checkliste für Eltern über Verhaltensprobleme bei den Hausaufgaben* ist eine modifizierte deutsche Fassung der Homework Problem Checklist (Anesko et al., 1987). Sie erfragt anhand einer vierstufigen Antwortskala (0=nie, 1=selten, 2=manchmal, 3=oft) die Häufigkeit von Verhaltensproblemen, die bei der Durchführung der Hausaufgaben auftreten können. Zusätzlich beurteilen die Eltern für jede Verhaltensweise, ob diese ein Problem für sie darstellt bzw. ihnen Sorgen bereitet (Antwort: ja/ nein).

Die Skalenrohwerte eignen sich, wie die des HSQ-D, zur Überprüfung von Therapieeffekten im Rahmen der Verlaufskontrolle. Die inhaltliche Auswertung auf Item-Ebene ist für klinische Zwecke ausgesprochen informativ und kann wertvolle Anhaltspunkte für eine Vertiefung der Exploration der Eltern geben.

3.1.6 VWU – Beurteilungsbogen: Verhalten während der Untersuchung

Kurzbeschreibung	
Beurteiler:	Untersucher
Spezifität:	Spektrum der Verhaltensauffälligkeiten in Untersuchungssituationen, vor allem hyperkinetische Auffälligkeiten
Altersbereich:	gesamtes Kindes- und Jugendalter
Quelle:	Bestandteil des Therapieprogrammes für Kinder mit hyperkinetischem und oppositionellem Problemverhalten (THOP); Döpfner et al. (1998a)
Bezug:	Buchhandlung

Der Beurteilungsbogen *Verhalten während der Untersuchung (VWU)* dient der Einschätzung des Verhaltens von Kindern und Jugendlichen während der Durchführung von psychologischen Testverfahren, die anhand von elf Items mit vier bis sieben Antwortkategorien erfolgt (z. B.: grobmotorische Aktivität, Ablenkbarkeit und Konzentration, Frustrationstoleranz, Kooperation).

Die Beurteilungen auf diesem Bogen können für die Intervention von großer Relevanz sein, weil anhand der Einschätzungen festgestellt werden kann, in welchem Umfang das Kind in der Lage ist, Impulsivität, Konzentrationsschwierigkeiten oder Unruhe unter entsprechenden Rahmenbedingungen zu kontrollieren.

3.1.7 Problemliste: Verhaltensprobleme des Kindes

Kurzbeschreibung	
Beurteiler:	Eltern oder Erzieher/Lehrer
Spezifität:	störungsspezifisch und individuell
Altersbereich:	gesamtes Kindes- und Jugendalter
Quelle:	Bestandteil des Therapieprogrammes für Kinder mit hyperkinetischem und oppositionellem Problemverhalten (THOP); Döpfner et al. (1998a)
Bezug:	Buchhandlung

Die *Problemliste: Verhaltensprobleme des Kindes* dient der individualisierten Diagnostik die eine Erhebung der individuellen Ausgestaltung psychischer Auffällgikeiten ermöglicht. Sie basiert auf der Erfassung der Zielerreichungs-Skalierung (goal attainment scaling) und der Erhebung von Zielbeschwerden (target complaints) (vgl. Kiresuk & Sherman, 1983; Mintz & Kiesler, 1982).

In der Problemliste werden jene Probleme, die Gegenstand der Therapie sein sollen festgelegt. Abbildung 8 (Kap. 2.1.6) zeigt ein Beispiel einer individuellen Problemliste. Diese Festlegung führt der Therapeut gemeinsam mit dem Patienten (etwa ab dem Alter von 10 Jahren) bzw. den Bezugspersonen (Eltern oder Erzieher/Lehrer) zum Abschluß der diagnostischen Phase durch. Der Therapeut kann mit den einzelnen Bezugspersonen und dem Patienten unterschiedliche Probleme definieren. Es werden drei bis vier konkrete Verhaltensprobleme definiert, deren Verminderung das Ziel der Behandlung darstellen. Die einzelnen Verhaltensprobleme sollten möglichst konkret formuliert und gegeneinander abgegrenzt werden. Die Konkretisierung sollte sich auf die Situationen und auf die Intensität beziehen, mit der das Verhalten in den Situationen auftritt.

Die Problemliste wird von den Eltern in regelmäßigen Abständen (in der Regel zu Beginn jeder Therapiesitzung) beurteilt. Analog dazu können die individuellen Probleme des Kindes im Kindergarten bzw. in der Schule gemeinsam mit der Erzieherin/dem Erzieher bzw. der Klassenlehrerin/dem Klassenlehrer festgelegt und in regelmäßigen Abständen beurteilt werden. Anhand eines *Kontrollbogens: Verhaltensprobleme des Kindes* (Döpfner et al., 1998a) können die Problembeurteilungen übersichtlich zusammengefaßt werden, wodurch die Verlaufskontrolle erleichtert wird.

3.2 Verfahren zur Therapie

3.2.1 Therapieprogramm für Kinder mit hyperkinetischem und oppositionellem Problemverhalten

Das *Therapieprogramm für Kinder mit hyperkinetischem und oppositionellem Problemverhalten, THOP* (Döpfner et al., 1998a), ist ein multimodales Interventionsprogramm, bei dem je nach Indikation verhaltenstherapeutische Interventionen in der Familie, im Kindergarten bzw. in der Schule und beim Kind selbst mit medikamentösen Interventionen kombiniert werden können. Das Therapieprogramm ist zur Behandlung von Kindern mit hyperkinetischen oder oppositionellen Verhaltensauffälligkeiten im Alter von drei bis zwölf Jahren geeignet. Im Anschluß an eine umfassende Diagnostik ermöglicht das Programm eine Therapie, die an den individuellen Verhaltensproblemen des Kindes in der Familie und im Kindergarten bzw. in der Schule ausgerichtet ist.

Das *Eltern-Kind-Programm* besteht aus 21 Behandlungsbausteinen, die in sechs Themenkomplexen gruppiert und in denen zwei Interventionsformen miteinander verknüpft sind:

- die familienzentrierten Interventionen und
- die kindzentrierten Interventionen.

Bei den familienzentrierten Interventionen steht die Arbeit mit den Eltern im Mittelpunkt und das Kind wird je nach Behandlungsbaustein, Problematik und Alter unterschiedlich stark integriert. Je älter das Kind ist, um so stärker wird es generell in die familienzentrierten Interventionen einbezogen. Die familienzentrierten Interventionen stellen das Kernstück des Eltern-Kind-Programmes dar. Sie können auch unabhängig von den kindzentrierten Interventionen durchgeführt werden.

Bei den kindzentrierten Interventionen steht die therapeutische Arbeit mit dem Kind im Mittelpunkt, die Eltern werden jedoch auch hier integriert. Die kindzentrierten Interventionen werden nicht unabhängig von den familienzentrierten Interventionen durchgeführt.

Die 21 Behandlungsbausteine sind in sechs Themenkomplexe gruppiert:

1. Problemdefinition, Entwicklung eines Störungskonzeptes und Behandlungsplanung
2. Förderung positiver Eltern-Kind-Interaktionen und Eltern-Kind-Beziehungen
3. Pädagogisch-therapeutische Interventionen zur Verminderung von impulsivem und oppositionellem Verhalten
4. Spezielle operante Methoden
5. Interventionen bei spezifischen Verhaltensproblemen
6. Stabilisierung der Effekte.

In der Regel werden nicht alle Einheiten in dieser Abfolge bearbeitet, sondern können entsprechend der individuellen Problemkonstellation zusammengestellt werden. Das Therapieprogramm hat sich in einer umfassenden Therapieevaluation als wirkungsvoll erwiesen.

3.2.2 Wackelpeter und Trotzkopf. Hilfen bei hyperkinetischem und oppositionellem Verhalten

Wackelpeter und Trotzkopf (Döpfner et al., 1999a) ist ein Buch für Eltern von hyperkinetischen und oppositionellen Kindern im Alter von etwa drei bis zwölf Jahren. Es kann aber auch von Erziehern und Lehrern genutzt werden. Das Buch lehnt sich an das Therapieprogramm für Kinder mit hyperkinetischem und oppositionellem Problemverhalten (THOP) an und besteht aus vier Teilen.

- *Information:* Im ersten Teil des Buches finden die Eltern Antworten auf Fragen, die sich viele Eltern von hyperkinetischen und oppositionellen Kindern stellen. Die Eltern werden über die Problematik, die Ursachen, den Verlauf und vor allem die Hilfsmöglichkeiten aufgeklärt.
- *Elternleitfaden:* Der zweite Teil enthält einen Elternleitfaden, der in 14 Stufen schrittweise Möglichkeiten zur Verminderung der Verhaltensprobleme in der Familie aufzeigt.

- *Anwendungsbeispiele:* Der dritte Teil ergänzt den Elternleitfaden durch weitere konkrete Anwendungsbeispiele, in denen typische Probleme und ihre Lösungsmöglichkeiten beschrieben sind.
- Der vierte Teil enthält Arbeitsblätter und Memo-Karten, die bei der Umsetzung des Elternleitfadens hilfreich sind.

3.2.3 Training mit aufmerksamkeitsgestörten Kindern

Das *Training mit aufmerksamkeitsgestörten Kindern* (Lauth & Schlottke, 1995) ist ein Selbstinstruktionstraining, das im wesentlichen aus zwei Teilen, einem Basistraining und einem Strategietraining, besteht. Neben diesem Therapieprogramm für Kinder gibt es noch Hinweise zur Elternanleitung und zur Zusammenarbeit mit Lehrern.

Ziele des Basistrainings sind:
- Vermittlung von Wissen über Aufmerksamkeitsstörungen
- Förderung von Basisfertigkeiten (genau hinschauen, genau zuhören, Wahrgenommenes wiedergeben)
- Ausbildung von Reaktionskontrolle/Reaktionsverzögerung
- Entwicklung von Handlungsregulation durch verbale Selbstanweisungen

Ziele des Strategietrainings sind:
- Erkennen der Ziele und Elemente von Aufgabensituationen
- Verhaltensplanung und Orientierung an übergeordneten Problemlösestrategien
- Verhaltensregulation durch Selbstinstruktionen
- Erwerb von Strategien zur Bewältigung von Ablenkungen, Fehlern und Frustrationen

3.2.4 Elternratgeber (Liste)

Neben dem Elternbuch *Wackelpeter und Trotzkopf* (siehe 3.2.2), das sich eng an das Therapieprogramm THOP anlehnt und sowohl als Ratgeber als auch in der Therapie genutzt werden kann, liegt eine Reihe von kleineren Ratgebern für Eltern vor. Eine Auswahl an solchen Ratgebern ist in folgender Liste zusammengefaßt.

- Bernau, S. (1997). Hilfen für den Zappelphilipp, 3. Auflage. Freiburg: Herder.
- Czerwenka, K., Bovlansky, R. & Kinze, W. (1997). Hyperaktive Kinder. Weinheim: Beltz.
- Eichlseder, W. (1998). Hilfen für hyperaktive Kinder und ihre Eltern, 5. Auflage. Weinheim: Beltz.
- Hartmann, J. (1997). Zappelphilipp Störenfried, 6. Auflage. München: Beck'sche Verlagsbuchhandlung.

- Lauth, W., Schlottke, P. & Nauman, K. (1998). Rastlose Kinder, ratlose Eltern. München: Deutscher Taschenbuch Verlag.
- Neuhaus, C. (1998). Das hyperaktive Kind und seine Probleme, 4. Auflage. Berlin: Urania-Ravensburger.
- Schäfer, U. (1998). Mußt Du dauernd rumzappeln? Göttingen: Huber.
- Krause, J. (1996). Leben mit hyperaktiven Kindern, 2. Auflage. München: Piper.

Ergänzend zu diesem Buch ist ein kurzer Ratgeber für Betroffene, Eltern und andere Bezugspersonen publiziert worden:

- Döpfner, M., Frölich, J. & Lehmkuhl, G. (2000). Ratgeber Hyperkinetische Störungen. Informationen für Betroffene, Eltern, Lehrer und Erzieher. Göttingen: Hogrefe.

4 Materialien

Übersicht	
M01	Explorationsschema für Hyperkinetische und Oppositionelle Verhaltensstörungen (ESHOV)
M02	Checkliste zur medikamentösen Therapie hyperkinetischer Störungen
M03	Fragebogen über mögliche Nebenwirkungen von Medikamenten (SERS-D)
M04	Beurteilungsbogen für Eltern, Lehrer und Erzieher zur Austestung medikamentöser Therapie

M01 Explorationsschema für Hyperkinetische und Oppositionelle Verhaltensstörungen (ESHOV)

Patient: **Untersucher:** **Datum:**

Beurteilungsbasis: O Patient O Eltern/Bezugspersonen O Erzieher/Lehrer O Beobachtung

Angaben zum Patienten Geburtsdatum: Alter:

Eltern Mutter: ____________

Vater: ____________

Geschwister (Alter): 1) ____________ ( )

2) ____________ ( )

3) ____________ ( )

Kindergarten/Schule: Klasse: Erzieher(in)/Lehrer(in):

Adresse:

Zustimmung der Eltern zu Kontaktaufnahme?

Aktuelle Schulleistungen

Schullaufbahn (Umschulung/Klassenwiederholung)

Vorstellungsanlaß/spontan berichtete Probleme

Vorstellung veranlaßt durch:

1

2

3

Interessen/Freizeitaktivitäten/Kompetenzen des Patienten
(entspricht Punkt 3 der Explorationsleitlinien)

Freizeitaktivitäten/Interessen

Besondere Fähigkeiten/Kompetenzen/Eigenschaften (z. B. Sportlichkeit, Witz, Charme, vielseitig interessiert)

1 **Aktuelle hyperkinetische/oppositionelle/aggressive Problematik** und Grad der Beeinträchtigung/Belastung des Patienten und seines Umfeldes Problemstärke: 0 = nicht vorhanden; 1 = leicht; 2 = deutlich; 3 = stark ausgeprägt	Stärke	Alter (bei Beginn)
1.1 in der Familie nach Angaben: O der Eltern O der Erzieher/Lehrer O des Patienten (weitere Exploration durch Elterninterview zur Eltern-Kind-Interaktion, EKI)		
1 Motorische Unruhe/Impulsivität/Aufmerksamkeitsstörung (bei selbst- und bei fremdbestimmten Aktivitäten)		
2 Oppositionelles/aggressives Verhalten gegenüber Eltern		
3 Geschwisterrivalität/aggressives Verhalten gegenüber Geschwistern		
4 Dissoziales Verhalten in der Familie (z. B. Lügen, Stehlen)		
1.2 im Kindergarten/in der Schule nach Angaben: O der Eltern O der Erzieher/Lehrer O des Patienten		
1 Motorische Unruhe/Impulsivität/Aufmerksamkeitsstörung (bei selbst- und bei fremdbestimmten Aktivitäten), Lernstörungen		
2 Oppositionelles/aggressives Verhalten gegenüber Erziehern/Lehrern		
3 Dissoziales Verhalten (z. B. Lügen, Stehlen, Schuleschwänzen)		
1.3 bei Gleichaltrigen nach Angaben: O der Eltern O der Erzieher/Lehrer O des Patienten		
1 Motorische Unruhe/Impulsivität/Aufmerksamkeitsstörung		
2 Dominantes/aggressives Verhalten		
3 Dissoziales Verhalten außerhalb von Familie/Schule (z. B. Stehlen)		
4 Integration in Gleichaltrigengruppe/Freunde		
1.4 Klinische Diagnose **Instrumente:** • Diagnose-Checkliste für Hyperkinetische Störungen (DCL-HKS) • Diagnose-Checkliste für Störungen des Sozialverhaltens (DCL-SSV)		
Diagnose(n):		

2 Spezifische psychische Komorbidität/differentialdiagnostische Abklärung (andere als hyperkinetische, oppositionelle oder aggressive Symptome)		
Instrumente zur klinischen Beurteilung: • Psychopathologisches Befund-System für Kinder und Jugendliche (CASCAP-D) • Weitere Diagnose-Checklisten aus DISYPS (Angst, Depression, Autismus, Tic, Bindungsstörung, Mutismus)		
Exploration Problemstärke: 0= nicht vorhanden; 1= leicht; 2= deutlich; 3= stark ausgeprägt	Stärke	Alter (bei Beginn)
Entwicklungsstörungen/Teilleistungsschwächen/Intelligenzminderung		
Schulische Unterforderung/hohe Intelligenz		
Tiefgreifende Entwicklungsstörung (Autismus)		
Tic-Störung (Tourette-Störung)		
Depressive Symptome (u. a. mangelndes Selbstvertrauen/negatives Selbstkonzept)		
Angst (u. a. Leistungsangst)		
Andere Störungen (z. B. Borderline-Störung, schizophrene Störung, Manie, substanzinduzierte Störung, Schlafstörung)		
Beeinträchtigung der Beziehungen zu Eltern, Geschwistern, Erziehern, Lehrern, Gleichaltrigen		

3	**Relative Stärken/Interessen des Patienten**
(siehe Deckblatt: Angaben zum Patienten)	
4	**Störungsspezifische Entwicklungsgeschichte des Patienten**
Schwangerschafts-/Geburtskomplikationen, Komplikationen in der Neugeborenenperiode.	
Verzögerungen der frühkindlichen Entwicklung (Sitzen, Krabbeln, Laufen, erste Worte, Sauberkeit)	
Temperamentsmerkmale im Säuglings- und Kleinkindalter (Schlafprobleme, Störungen der Nahrungsaufnahme, häufiges Schreien, Koliken, Unruhe; Belastungen der Eltern dadurch)	
Verhaltensprobleme im Kindergartenalter (nur bei Schulkindern)	
Verhaltensprobleme im Grundschulalter (nur bei Kindern > 10 Jahre)	
Beginn der hyperkinetischen/aggressiven/oppositionellen Symptomatik, Belastungen zu diesem Zeitpunkt, Reaktionen/Konsequenzen auf Symptomatik	
Verlauf der Symptomatik und Zusammenhang mit psychosozialen Be- und Entlastungen	
5	**Spezifische medizinische Anamnese**
Medizinische/neurologische Primär-Diagnose (Alkoholembryopathie, Blei-Intoxikation, Epilepsie, Hyperthyreose, Schädel-Hirn-Trauma, genetische/metabolische Störung, Migräne, primäre Schlafstörung)	
Medikation, die hyperkinetische Symptome verursachen kann (Antiasthmatika, Phenobarbital, Antihistaminika, Sympathomimetika)	

6 **Spezifische Familienanamnese**
Psychische Störungen bei Familienmitgliedern/erstgradig Verwandten (vor allem: Hyperkinetische Störungen, Tic-Störungen, Störungen im Zusammenhang mit psychotropen Substanzen, Störungen des Sozialverhaltens, Persönlichkeitsstörungen, Affektstörungen, Angst- und Zwangsstörungen, Schizophrenie, Entwicklungs- und Lernstörungen)
Vergangene und gegenwärtige Belastungen und Krisen in der Familie (Eheprobleme, Probleme mit anderen Familienmitgliedern, mit Verwandten, Nachbarn); Veränderungen der Familienzusammensetzung
Organisationsgrad der Familie und besondere Ressourcen
Erziehungsverhalten, spezifische Bewältigungsstrategien in kritischen Erziehungssituationen; Hinweise auf Mißhandlung/Vernachlässigung (weitere Exploration durch Elterninterview durch Eltern-Kind-Interaktion, EKI)
Eltern-Kind-Beziehung und Beziehung zu Geschwistern

7 Bedingungen im Kindergarten/in der Schule und in der Gleichaltrigengruppe
Integration des Kindes in Gruppen (Kindergarten, Schule, Gleichaltrige, Freizeitgruppen)
Belastende Bedingungen im Kindergarten/in der Schule (z. B. Gruppen-/Klassengröße, Anteil verhaltensauffälliger Kinder, Cliquen-Bildung)
Ressourcen im Kindergarten/in der Schule (z. B. Kleingruppenunterricht, Kleingruppenbeschäftigung, Integrationsmaßnahmen, Förderunterricht)
Erzieher-/Lehrer-Kind-Beziehung und Eltern-Erzieher-/Lehrer-Beziehung

8 Therapie
Bewältigungsversuche durch den Patienten, durch die Familie, den Kindergarten/die Schule und ihre Ergebnisse

Vorbehandlung			
Alter (bei Beginn)	Behandlung (bei Medikation: Dosierung)	Dauer (Monate)	Verlauf

Ursachen der Probleme (organische, psychische, familiäre Ursachen) nach Meinung des Patienten:
... der Eltern:
... der Erzieher/Lehrer:
Therapieerwartungen (z. B.: Kind muß sich ändern, Medikament, emotionale Probleme vermindern, Veränderung in der Familie) des Patienten:
... der Eltern:
... der Erzieher/Lehrer:
Therapieziele (Zielsymptome und konkrete Ziele) des Patienten: 1 2 3
Therapieziele der Eltern: 1 2 3
Therapieziele der Eltern/Lehrer: 1 2 3

Therapiemotivation/-compliance: 0 = keine, 1 = gering, 2 = deutlich, 3 = stark ausgeprägt

Therapieart	Patient	Eltern	Erzieher Lehrer
Beratung der Eltern/Intervention in der Familie			
Beratung der Erzieher/Lehrer; Intervention in Kindergarten/Schule			
Verhaltens-/Psychotherapie des Kindes			
Pharmakotherapie			

9 Verhaltensauffälligkeiten während der Exploration/Untersuchung und psychopathologische Beurteilung (0= nicht vorhanden; 1= leicht; 2= deutlich; 3= stark ausgeprägt) differenzierte Beurteilung durch: Psychopathologisches Befund-System für Kinder und Jugendliche (CASCAP-D)				
Verhalten	**Situationen (z. B. Exploration der Eltern, Spielsituation, Testsituation)**			
Kooperation				
Motorische Unruhe				
Ablenkbarkeit				
Impulsivität				
Frustrationstoleranz				
Unsicherheit/Ängstlichkeit				
Andere:				
Andere:				

10 Weitere Diagnostik

10.1 Elternfragebogen

Breitbandverfahren, z. B.:
- Elternfragebogen - Verhaltensbeurteilungsbogen für Vorschulkinder (VBV-EL)
- Elternfragebogen über das Verhalten von Kindern und Jugendlichen (CBCL/4-18)

Ergebnis:

Störungsspez. Verfahren, z. B.:
- Fremdbeurteilungsbogen für Hyperkinetische Störungen (FBB-HKS) Verfahren
- Fremdbeurteilungsbogen für Störungen des Sozialverhaltens (FBB-SSV)
- Elternfragebogen über Verhaltensprobleme in der Familie (HSQ-D)

Ergebnis:

10.2 Fragebögen für Erzieher-/Lehrer

Breitbandverfahren, z. B.:
- Erzieherfragebogen - Verhaltensbeurteilungsbogen für Vorschulkinder (VBV-ER)
- Lehrerfragebogen über das Verhalten von Kindern und Jugendlichen (TRF)

Ergebnis:

Störungsspez. Verfahren, z. B.:
- Fremdbeurteilungsbogen für Hyperkinetische Störungen (FBB-HKS)
- Fremdbeurteilungsbogen für Störungen des Sozialverhaltens (FBB-SSV)
- Elternfragebogen über Problemsituationen in der Familie (HSQ-D)

Ergebnis:

10.3 Selbsturteil des Patienten über Verhaltensprobleme (ab ca. 10 Jahre)

Breitbandverfahren, z. B.:
- Fragebogen für Jugendliche (YSR)

Störungsspez. Verfahren, z. B.:
- Selbstbeurteilungsbogen für Hyperkinetische Störungen (SBB-HKS)
- Selbstbeurteilungsbogen für Störungen des Sozialverhaltens (SBB-SSV)

Ergebnis:

10.4 Intelligenz- und Leistungsdiagnostik

Intelligenztest:

Schulleistungstest:

Entwicklungstest:

10.5 Organische Diagnostik siehe M02

11 Verlaufskontrolle, Datum: nach Angaben: O der Eltern O der Erzieher/Lehrer O des Patienten O anhand von Fragebögen	
Veränderung: – 2 = stark verschlechtert, **-1** = leicht verschlechtert, **0** = unverändert, **+1** = leicht verbessert, Therapieziel noch nicht erreicht **+2** = stark verbessert, Therapieziel erreicht, **9** = keine Symptomatik	Veränderung
Aufmerksamkeitsstörung, Impulsivität und Hyperaktivität (insbesondere Zielsymptome siehe 8) in der Familie	
... in Kindergarten/Schule	
Andere Verhaltensauffälligkeiten/emotionale Entwicklung (insbesondere Zielsymptome siehe 8) in der Familie	
... in Kindergarten/Schule	
Leistungen in der Schule/Entwicklungsstand (Verminderung von Defiziten)	
Beziehungen zu Gleichaltrigen und Freizeitaktivitäten	
Familiäre Interaktionen und familiäre Beziehungen	
Weitere Behandlungsplanung	

M02 Checkliste zur medikamentösen Therapie hyperkinetischer Störungen

Patient:		**Untersucher:**	**Datum:**
1	**Angaben zum Patienten**	**Geburtsdatum:**	**Alter:**
2	**Somatischer Befund:**		
Körpergröße:		Körpergewicht:	
Blutdruck, Puls:			
Leberwerte (bei beabsichtigter Pemolin-Medikation)			
neurologischer Befund Dysmorphiezeichen Hirnnerven/Reflexstatus Seh-/Hörfähigkeit Feinmotorik/Koordination Sprache			
internistischer Befund			
andere Befunde			
3	**Abklärung von absoluten/relativen Kontraindikationen (KI) für Stimulanzientherapie**		
	kein Hinweis auf Psychose (absolute KI):		
	kein Hinweis auf Leberschädigung (absolute KI für Pemolin):		
	kein Anfallsleiden (relative KI):		
	kein arterieller Hochdruck (relative KI):		
	keine kardialen Arrhythmien (relative KI):		
	keine Tic-Störung (relative KI):		
	kein Medikamenten-/Drogenabusus (relative KI):		
4	**Klinische Diagnose**		
Diagnose(n):			

5 Exploration potentieller psychischer Nebenwirkungen (anhand des Fragebogens über mögliche Nebenwirkungen von Medikamenten, SERS-D; siehe M03)	
Hinweise auf psychische Auffälligkeiten, die auch durch Stimulanzien ausgelöst/verstärkt werden können:	
6 Aufklärung der Eltern und des Patienten (schriftliche Materialien siehe Ratgeber)	
hinsichtlich: – erwarteter Veränderung der Symptomatik – Dosierung und Verlauf der medikamentösen Einstellung – möglicher Nebenwirkungen	
Aufklärung erfolgt am:	
7 Titration (anhand des Beurteilungsbogens für Eltern, Lehrer und Erzieher zur Austestung medikamentöser Therapie, siehe M04)	
Beginn der Titration:	Anfangsdosis:
Veränderung der Dosierung am:	Dosis:
Veränderung der Dosierung am:	Dosis:
Veränderung der Dosierung am:	Dosis:
Enddosis:	

8 Verlaufskontrolle und Auslaßversuche				
Datum				
bisherige Dosierung				
Körpergewicht/-größe				
Blutdruck/Puls				
andere somatische Kontrollen				
hyperkinetische Symptomatik im Kindergarten in der Schule				
hyperkinetische Symptomatik in der Familie				
andere psychische Symptomatik				
Nebenwirkungen (siehe Fragebogen)				
Auslaßversuch am				
Ergebnis des Auslaßversuchs				
weitere Dosierung				

M03 Fragebogen über mögliche Nebenwirkungen von Medikamenten (SERS-D) nach Barkley (1981)

Name des Kindes ______________________ Datum heute: ______________

Beurteiler: ____

Sie finden eine Liste von Verhaltensweisen und Problemen, die in einzelnen Fällen bei einer medikamentösen Behandlung von Kindern und Jugendlichen auftreten können. Beurteilen Sie bitte *für die zurückliegende Woche*, wie stark diese Verhaltensweisen und Probleme ausgeprägt waren, indem Sie eine der Zahlen zwischen 0 (überhaupt nicht) und 9 (sehr häufig/sehr stark) ankreuzen.

Wenn Sie das Verhalten oder Problem in der vergangenen Woche *nicht beobachtet* haben, dann kreuzen sie bitte die 0 an. Wenn Sie das Verhalten oder Problem *sehr häufig beobachtet haben oder wenn es sehr stark ausgeprägt war*, dann kreuzen Sie bitte die 9 an. Sie können auch eine andere Zahl ankreuzen, wenn das Verhalten oder Problem weniger stark oder weniger häufig aufgetreten ist. Kreuzen Sie bitte immer eine Zahl an, auch wenn Sie sich nicht ganz sicher sind.

		überhaupt nicht									sehr häufig! sehr stark
1.	hat Probleme beim Einschlafen oder andere Schlafstörungen	0	1	2	3	4	5	6	7	8	9
2.	hat Alpträume	0	1	2	3	4	5	6	7	8	9
3.	starrt ins Leere oder hat Tagträume	0	1	2	3	4	5	6	7	8	9
4.	spricht mit anderen wenig	0	1	2	3	4	5	6	7	8	9
5.	interessiert sich nicht für andere	0	1	2	3	4	5	6	7	8	9
6.	hat wenig Appetit	0	1	2	3	4	5	6	7	8	9
7.	ist empfindlich oder reizbar	0	1	2	3	4	5	6	7	8	9
8.	hat Magenschmerzen	0	1	2	3	4	5	6	7	8	9
9.	hat Kopfschmerzen	0	1	2	3	4	5	6	7	8	9
10.	klagt über Schwindel	0	1	2	3	4	5	6	7	8	9
11.	wirkt traurig	0	1	2	3	4	5	6	7	8	9
12.	weint schnell	0	1	2	3	4	5	6	7	8	9
13.	ist ängstlich	0	1	2	3	4	5	6	7	8	9
14.	beißt Fingernägel	0	1	2	3	4	5	6	7	8	9
15.	wirkt über die Maßen fröhlich oder euphorisch	0	1	2	3	4	5	6	7	8	9
16.	ist müde	0	1	2	3	4	5	6	7	8	9
17.	hat nervöse Zuckungen oder Tics	0	1	2	3	4	5	6	7	8	9

M04 Beurteilungsbogen für Eltern, Lehrer und Erzieher
zur Austestung medikamentöser Therapie

Name des Kindes/Jugendlichen: Alter: Datum:

beurteilt von: 0 Vater 0 Mutter 0 Lehrer(in) 0 Erzieher(in) 0 Anderen:
Name:

Beurteilen Sie bitte das Verhalten des Kindes zum Ende der Woche. Tragen Sie hinter jede Feststellung eine Zahl in die entsprechende Spalte ein.	Woche 1	Woche 2	Woche 3	Woche 4	Woche 5	Woche 6	Woche 7
Teil A: Conners-Bogen	Datum	Datum	Datum	Datum	Datum	Datum	Datum
Beurteilungs-Skala: 0 überhaupt nicht; 1 ein wenig; 2 ziemlich; 3 sehr stark							
01. Ist unruhig oder übermäßig aktiv.							
02. Ist erregbar oder impulsiv.							
03. Stört andere Kinder.							
04. Beendet angefangene Aufgaben nicht (kurze Aufmerksamkeitsspanne).							
05. Ist ständig zappelig.							
06. Ist unaufmerksam oder ablenkbar.							
07. Seinen Forderungen muß sofort nachgekommen werden; kann nicht abwarten, ist rasch enttäuscht.							
08. Hat Wutausbrüche und explosives oder unüberlegtes Verhalten.							
09. Weint schnell.							
10. Hat abrupte Stimmungsschwankungen							
Teil B: Problemliste – Verhaltensprobleme des Kindes							
Beurteilungs-Skala (Fragen 1 bis 4): Wie häufig trat das Problemverhalten auf? 0 nie; 1 einmal; 2 2-3 Mal; 3 täglich; 4 mehrm. täglich; 5 ständig							
1.							
2.							
3.							
4.							
5. Wie problematisch war das Verhalten des Kindes insgesamt? kein Problem 0 1 2 3 4 5 6 7 8 9 Es hätte nicht schlimmer sein können							
Wird vom Arzt / Psychologen ausgefüllt – Teil A: Summe Conners							
Teil B: Summe Problemliste (1–4)							
Dosierung							

Andere Auffälligkeiten oder zusätzliche Bemerkungen bitte auf der Rückseite

5 Fallbeispiel

Das Fallbeispiel ist entsprechend den Richtlinien für Berichte an den Gutachter im Rahmen der Beantragung von Verhaltenstherapie abgefaßt (Gliederungspunkte 5.1 bis 5.8). Der Umfang dieses Fallbeispiels überschreitet jedoch den üblichen Umfang eines solchen Berichtes. Das Fallbeispiel orientiert sich außerdem an dem *Explorationsschema für Hyperkinetische und Oppositionelle Verhaltensstörungen, ESHOV* (siehe M01, S. 128).

5.1 Angaben zur spontan berichteten und erfragten Symptomatik

Der siebenjährige Jan wird von seiner Mutter auf Empfehlung der Klassenlehrerin (1. Klasse Grundschule) und des Kinderarztes vorgestellt. Spontan beschreibt die Mutter folgende Hauptprobleme:

- Leistungsanforderungen verweigert Jan in der Schule überwiegend, zu Hause bei den Hausaufgaben fast durchgängig.
- Oppositionelles Verhalten zu Hause, vor allem der Mutter gegenüber; aggressives Verhalten gegenüber der Schwester; oppositionelles Verhalten gegenüber der Lehrerin in der Schule.
- Ausgeprägte motorische Unruhe und Ablenkbarkeit zu Hause und in der Schule

Nach Meinung der Klassenlehrerin (telefonische Exploration) sind die Leistungsverweigerung sowie die heftigen Streitereien mit Klassenkameraden am problematischsten. Allerdings würden die Klassenkameraden Jan auch sehr hänseln. Er versuche immer wieder Anschluß zu bekommen, werde aber zurückgewiesen, weil er ständig das Geschehen zu dominieren suche.

Folgende *Kernprobleme* des Kindes *in der Familie* werden exploriert:

1. Ausgeprägte *motorische Unruhe* den ganzen Tag über in der Familie, besonders belastend bei den Mahlzeiten, während der Hausaufgaben (falls sie überhaupt gemacht werden) und beim Waschen und Baden. In diesen Situationen auch impulsiv. Fragliche Aufmerksamkeitsschwächen in Lernsituationen.
2. *Oppositionelles Verhalten* vor allem der Mutter gegenüber, bei den meisten Anforderungen. Er akzeptiert Familienregeln nicht, will meist nicht rechtzeitig zu Bett gehen. Häufige Wutausbrüche. Auch beim Vater oppositionell, der sei aber strenger.
3. Ausgeprägte *Rivalität* mit der zwei Jahre jüngeren Schwester. Jan möchte immer genau das haben, was die Schwester hat; er lasse sie nicht in Ruhe spielen. Es komme häufig zu körperlichen Streitereien. Die Schwester habe Angst vor Jan.

In der Schule werden nach Angaben der Mutter als auch der Lehrerin (telefonische Exploration) folgende Hauptprobleme herausgearbeitet:

1. Im Unterricht sehr *unruhig*. Jan zapple ständig auf dem Stuhl herum. Ständig fallen Arbeitsmaterialien vom Tisch.
2. *Verweigert* häufig *schriftliche Arbeiten*. Beim Rechnen ist er gelegentlich kooperativ. Reagiert häufig nicht auf Grenzsetzungen der Lehrerin.

Im Kontakt mit *Gleichaltrigen* treten folgende Probleme auf:

1. Beim Spiel mit den Spielkameraden sehr *unruhig*. Jan hat ständig neue Ideen und bemerkt nicht, wenn er an der Reihe ist.
2. Versucht Spielkameraden zu *dominieren*. Häufig auch körperliche Streitereien mit Klassenkameraden, die ihn hänseln.
3. In Gleichaltrigengruppe *schlecht integriert*.

Neben diesen hyperkinetischen und oppositionellen Symptomen werden folgende *komorbiden Auffälligkeiten* exploriert:

- Seit etwa einem halben Jahr fallen der Mutter Tics auf. Jan verziehe die Nase und zwinkere mit den Augen.
- Nach Einschätzung der Lehrerin zeigt Jan in allen Fächern mündlich gute Leistungen; allerdings große Probleme beim Lesen. Die schriftlichen Leistungen sind mangels Kooperation nicht sicher beurteilbar. Vermutlich habe Jan große Probleme beim Schreiben.

5.2 Lebensgeschichtliche Entwicklung des Patienten und Krankheitsanamnese

Jan lebt zusammen mit seinen leiblichen Eltern und seiner zwei Jahre jüngeren Schwester. Er besucht die erste Klasse der Grundschule. Die Einschulung erfolgte regelrecht. Keine Schwangerschafts- und Geburtskomplikationen, keine Komplikationen in der Neugeborenenperiode und keine Verzögerungen in der frühkindlichen Entwicklung. Jedoch *im Säuglings- und Kleinkindalter* heftige Einschlaf- und Durchschlafprobleme, schon damals sehr unruhig und umtriebig; Eltern waren völlig gerädert. Vater warf Mutter Erziehungsunfähigkeit vor. Auf die Geburt der Tochter im Alter von zwei Jahren reagierte Jan anfangs sehr verstört und warf sie häufig um, als sie begann, gehen zu lernen. Im *Kindergartenalter* war Jan zu Hause wegen der Unruhe sehr anstrengend; im Kindergarten fiel ebenfalls erhöhte Unruhe auf.

Die *hyperkinetische Symptomatik* habe schon sehr früh begonnen. Bereits im Säuglingsalter sei Jan sehr anstrengend gewesen. Erhebliche motorische Unruhe vor allem, nachdem er laufen konnte. Aggressive Verhaltensauffälligkeiten und heftige Wutausbrüche mit 2;6 (Geburt der Schwester). Belastungen zu diesem Zeitpunkt: Eheprobleme etwa seit der Geburt von Jan. Die Mutter war anfangs eher nachgiebig, manchmal aber auch überlastet und reagierte dann sehr aufbrausend, was ihr Schuldgefühle machte. Der Vater war von Anfang an strenger, kümmerte sich aber schon damals wenig um die Erziehung. Im weiteren Verlauf war die hyperkinetische Symptomatik konstant vorhanden; seit der Einschulung nahm die Symptomatik eher noch zu. Das aggressives Verhalten zunächst nur gegenüber der Schwester; später auch im Kindergarten, auf dem Spielplatz, in der Schule. Bei Familienmitgliedern sind keine Tics bekannt. Jan entwickelte erstmals mit fünf Jahren Blinzeltics für den Zeitraum von etwa vier bis fünf Monaten; erneutes Auftreten nach der Einschulung.

An aktuellen *Belastungen* gibt die Mutter an, daß der Vater häufiger zu viel Alkohol trinke (einmal pro Woche), sei aber kein Alkoholiker. Außerdem sei die Mutter oft mit den Nerven richtig fertig, sei oft depressiv. Es falle ihr dann schwer, den Haushalt zu bewältigen. Seit etwa sieben Jahren gebe es heftige Eheprobleme; schon mehrfach wurde an Trennung gedacht.

Bisherige *Bewältigungsversuche* seien wenig erfolgreich verlaufen. In der Familie habe man schon alles probiert: Strenge, Nachgiebigkeit, Nichtbeachtung – nichts habe richtig geholfen. Unterstützung durch die Großmutter mütterlicherseits, die sei sehr warmherzig aber auch konsequent. Bei ihr sei Jan auch weniger problematisch. Eine tiefenpsychologisch fundierte Spieltherapie, die mit fünf Jahren begonnen und zweimal pro Woche fast ein Jahr lang durchgeführt wurde, habe nichts gebracht. Die Klassenlehrerin sei sehr bemüht, wisse jetzt aber nicht mehr weiter und habe auch schon an eine Sonderbeschulung gedacht.

5.3 Psychischer Befund zum Zeitpunkt der Antragstellung

Jan verhält sich in der Untersuchungssituation leicht distanzgemindert bei spürbarer innerer Unruhe, jedoch keine ausgeprägte Hyperaktivität. Er wirkt leistungsängstlich mit geringem Selbstvertrauen. Außerdem sind in der Untersuchungssituation häufige Blinzel-Tics und gelegentlich auch Gesichts-Tics zu beobachten. Während der Intelligenzdiagnostik unruhig, sonst unauffällig. Während der Rechtschreibdiagnostik unruhig, ablenkbar, geringe Frustrationstoleranz und Impulskontrolle. Bei der Durchführung der Hausaufgaben mit dem Therapeuten konnte eine noch steuerbare motorische Unruhe und Impulsivität sowie eine deutliche Leistungsunsicherheit beobachtet werden.

Die Ergebnisse der Fragebogenverfahren und der struktruierten Interviews lassen sich wie folgt zusammenfassen:

- Im Elternfragebogen über das Verhalten von Kindern und Jugendlichen (CBCL) wird Jan auf den Skalen *Aggressives Verhalten*, *Aufmerksamkeitsstörungen* und *Soziale Probleme* als auffällig eingeschätzt. Die Werte auf den Skalen *Sozialer Rückzug*, *Angst/Depressivität* und *Dissoziales Verhalten* sind erhöht.
- Im Lehrerfragebogen über das Verhalten von Kindern und Jugendlichen (TRF) wird Jan auf den Skalen *Aggressives Verhalten*, *Aufmerksamkeitsstörungen* und *Soziale Probleme* als auffällig beurteilt.

- Im FBB-HKS (Fremdbeurteilungsbogen – Hyperkinetische Störungen) wird sowohl nach dem Urteil der Mutter als auch der Lehrerin eine ausgeprägte *Aufmerksamkeitsstörung*, *Überaktivität* und *Impulsivität* erkennbar. Im FBB-SSV (Fremdbeurteilungsbogen – Störungen des Sozialverhaltens) wird sowohl von der Mutter als auch von der Lehrerin ein ausgeprägtes oppositionelles Verhalten aber kein dissoziales Verhalten beschrieben.
- Im Elterninterview zur Eltern-Kind-Interaktion (EKI) werden von der Mutter vor allem folgende familiären Situationen als problematisch eingeschätzt: Spiel mit Schwester, Waschen und Baden, Zubettgehen, Hausaufgaben, Verbote und Grenzsetzungen. Im Elternfragebogen über Problemsituationen in der Familie (HSQ-D): Ausgeprägte Problembelastung. Ausgenommen eine Situation (Wenn das Kind alleine spielt) werden alle Situationen als zumindest etwas problematisch eingeschätzt.

Überdurchschnittliche Intelligenzleistung im CFT1. Rechtschreibleistung (TGR 1/2) weit unterdurchschnittlich. Lesefähigkeit nach klinischer Prüfung unterdurchschnittlich.

5.4 Somatischer Befund

Bei der internistischen und neurologischen Untersuchung unauffällig. Die Mutter gibt an, Jan leide gelegentlich unter Kopfschmerzen.

5.5 Verhaltensanalyse

Auf der motorischen Ebene (Handlungsebene) lassen sich motorische Unruhe, impulsives Verhalten sowie aggressive und dominante Verhaltensweisen feststellen. Auf der kognitiven Ebene sind vor allem Aufmerksamkeitsstörungen und kognitive Impulsivität nachweisbar. Auf der emotionalen Ebene sind Gefühle von Wut und Ärger festzustellen.

Die hyperkinetische Symptomatik hat sich bereits in der frühen Kindheit entwickelt. Ihr sind Regulationsstörungen im Säuglingsalter (schwieriges Temperament) vorangegangen. Generell geht man bei diesem Störungsbild von einer erheblichen genetischen Disposition aus (O-Variable). Durch frühe Regulationsstörungen und damit einhergehenden Interaktionsstörungen zwischen Mutter und Kind wurden angemessene Verhaltenselemente bei dem Kind von den Bezugspersonen vermutlich nur in geringem Maße positiv verstärkt. Jan lernte früh durch aversive Verhaltensweisen, das Verhalten der Bezugspersonen zu beeinflussen (positive und negative Verstärkung durch Bezugspersonen). Die Bezugspersonen wurden kurzfristig von Jan negativ verstärkt, wenn sie Grenzen zurücknahmen und sich inkonsistent verhielten. Die Geburt der kleinen Schwester und die chronifizierte Partnerproblematik zwischen den Eltern erschwerten ein konsistentes Erziehungsverhalten und den Aufbau eine warmen Beziehung. Die Aufrechterhaltung der aktuellen Verhaltensprobleme lassen beispielhaft für die Hausaufgabensituation wie folgt darstellen:

S	Die Mutter fordert Jan auf, die Hausaufgaben zu machen.
O	Disposition zu hyperkinetischen Symptomen, Hausaufgaben werden als völlig aversiv erlebt (u. a. aufgrund der Rechtschreibstörung).
R	Jan beginnt zu Trödeln, wird zunehmend unruhiger, verweigert häufig, bekommt gelegentlich Wutausbrüche.
$\not{C}^-$	Eltern geben kurzfristig nach; aversive Situation wird vermieden,
C^-	negative Interaktionen nehmen zu,
C^-	Schulleistungsdefizte (Rechtschreiben) verstärken sich.

5.6 Diagnose zum Zeitpunkt der Antragstellung

Anhand der Diagnose-Checklisten und der Ergebnisse der testpsychologischen Untersuchung werden nach ICD-10 folgende Diagnosen gestellt:
- Hyperkinetische Störung des Sozialverhaltens (F90.1),
- Vorübergehende Tic-Störung (F95.0),
- Isolierte Rechtschreibstörung (F81.1).

5.7 Therapieziele und Prognose

Störungskonzepte und Therapiemotivation: Jan meint, alle übertreiben. Er werde in der Familie, in der Schule und von Gleichaltrigen meist ungerecht behandelt. Seine Unruhe spüre er und er merke, daß die anderen in der Schule besser bei der Sache sind. Aber er könne, wenn er wolle. Er wolle bloß nicht! Hilfe vom Therapeuten brauche er eigentlich nicht. Aber er wolle ein paarmal kommen, um zu sehen, was da abläuft.

Die Mutter meint, daß sie in der Erziehung vieles falsch gemacht habe und daß die Eheprobleme eine erhebliche Belastung für Jan darstellen. Sie erwarte von der Therapie konkrete Ratschläge für den Umgang mit Jan und Hilfe, damit Jan nicht auf die Sonderschule kommt. Von Medikamenten und Diäten habe sie schon gehört. Von Medikamenten halte sie nicht viel, von Diäten mehr. Sie möchte gerne darüber Informationen haben.

Der Vater meint, daß die Mutter die Kinder nicht erziehen könne. Er denke, daß sie sich ändern müsse. Die Lehrerin solle sich etwas mehr anstrengen. Die Therapie halte er für wenig sinnvoll, habe aber nichts dagegen. Die Lehrerin erklärt sich bereit, die Therapie bis zum Schuljahresende zu unterstützen und auch Interventionen in der Schule durchzuführen. Zum Ende des Schuljahres müsse aber über die Frage der Sonderbeschulung noch einmal diskutiert werden.

Als *Therapieziele* wurde mit der Mutter und Jan sowie mit der Lehrerin (für die Schule) die Verminderung folgender Verhaltensprobleme vereinbart:

In der Familie
1. Verweigert die schriftlichen Hausaufgaben oder schimpft und mault permanent während der Hausaufgaben.
2. Bleibt bei keiner Mahlzeit bis zum Ende sitzen, trödelt und spielt mit dem Essen und ist ständig in Bewegung.
3. Traktiert seine kleine Schwester permanent; schlägt sie, beschimpft sie, nimmt ihr Spielsachen weg.
4. Akzeptiert so gut wie keine Grenzsetzungen und Verbote. Er macht dann, was er will oder er wird wütend.
In der Schule
1. Arbeitet im Unterricht nicht mit, befolgt Anweisungen nicht.
2. Ist motorisch sehr unruhig, zappelt ständig an seinem Platz.
3. Leicht ablenkbar, bringt angefangene Dinge nicht zu Ende.
4. Körperlich und verbal aggressiv gegenüber Mitschülern

Die *Prognose* für die Behandlung ist als günstig einzuschätzen, weil sowohl die Mutter als auch die Lehrerin eine große Kooperationsbereitschaft signalisiert haben und weil die ersten Sitzungen zeigten, daß auch Jan eine Veränderung der gegenwärtigen Situation als Entlastung empfinden würde. Mit Jan konnte erfolgreich am Aufbau einer tragfähigen Beziehung gearbeitet werden.

5.8 Behandlungsplan

Folgende Behandlungsschritte sind geplant:

1. Aufklärung der Eltern und der Klassenlehrerin über das Störungsbild und Entwicklung eines gemeinsamen Bedingungsmodelles (Störungskonzeptes).
2. Festigung der therapeutischen Beziehung zu Jan durch spielerisches Angebot.
3. Aufbau eines Störungskonzeptes und einer Änderungsmotivation bei Jan durch Besprechung von Geschichten aus dem Therapieprogramm für Kinder mit hyperkinetischem und oppositionellem Problemverhalten (THOP).
4. Gemeinsame Gespräche mit den Eltern zur Thematisierung der Partnerproblematik und möglicherweise zum Aufbau einer Therapiemotivation für eine Paartherapie bei einem Paartherapeuten.
5. Aufbau von positiven Eltern-Kind-Interaktionen und damit Stärkung der positiven Eltern-Kind-Beziehung durch Therapiebausteine aus THOP (vor allem „Gemeinsame Spielzeit“).
6. Hausaufgabentraining entsprechend den Therapiebausteinen aus THOP, vor allem mit Token-System zur positiven Verstärkung von angemessenem Verhalten bei den Hausaufgaben.

7. Therapiebausteine aus THOP zum Formulieren angemessener Aufforderungen und Grenzsetzungen, zur positiven Verstärkung bei angemessenem Verhalten in diesen Situationen und zu negativen Konsequenzen.
8. Token-Systeme und Token-Entzugssysteme in der Schule zur Verminderung der hyperkinetischen Verhaltensweisen im Unterricht und des aggressiven Verhaltens gegenüber Gleichaltrigen.
9. Falls sich die hyperkinetische Symptomatik nicht hinreichend vermindern läßt, Stimulanzientherapie.

5.9 Therapieverlauf

Zunächst wurden Jans Eltern und seine Lehrerin eingehend über die Diagnose sowie die multifaktorielle Genese hyperkinetischer Störungen aufgeklärt und die Untersuchungsbefunde wurden ihnen vermittelt. Der Hinweis auf die genetischen Faktoren führte zu deutlicher Entlastung bei der Mutter und der Lehrerin. Der Vater berichtete, daß er als Junge ähnliche Probleme gehabt, sie aber selbst in den Griff bekommen habe. Die Partnerproblematik konnte thematisiert werden, der Vater war jedoch nicht zur Aufnahme einer Paartherapie bereit, sondern wünschte sich zunächst weitere Gespräche im Rahmen der begleitenden Behandlung der Bezugspersonen. In weiteren fünf Gesprächen konnten wesentliche Streitpunkte thematisiert und das Kommunikationsverhalten der Eltern positiv beeinflußt werden.

Parallel dazu wurde mit Jan für einige Sitzungen alleine gearbeitet. Das spielerische Angebot nahm Jan an, und er hörte aufmerksam den Geschichten aus dem Therapieprogramm THOP über einen hyperkinetischen Jungen zu. Darüber konnte der Therapeut in ein Gespräch mit Jan über seine eigenen Probleme kommen und eine Änderungsmotivation aufbauen.

Dem Aufbau von positiven Eltern-Kind-Interaktionen mit Hilfe einer „Gemeinsamen Spielzeit" stand die Mutter reserviert gegenüber. Sie ließ sich schließlich darauf ein und konnte in fünf Sitzungen zu einer spielerischen Beschäftigung mit Jan angeleitet werden. Jan nahm dieses Angebot begeistert auf. Parallel dazu wurde bereits das Hausaufgabentraining entsprechend den Therapiebausteinen aus THOP eingeführt, weil die Mutter sehr unter dieser Situation litt. Mit Hilfe eines Token-Systems konnte ein angemessenes Aufgabenverhalten aufgebaut werden. Die Therapiebausteine aus THOP zum Formulieren angemessener Aufforderungen und Grenzsetzungen, zur positiven Verstärkung bei angemessenem Verhalten in diesen Situationen und zu negativen Konsequenzen konnte die Mutter teilweise umsetzen. Die Geschwister-Rivalität verminderte sich bereits während der Einführung regelmäßiger Spielstunden mit der Mutter und Jan.

Mit der Lehrerin wurde zunächst ein Token-System erarbeitet, das Jan half, während des Unterrichtes auf seinem Platz sitzen zu bleiben und aktiv am Unterricht teilzunehmen (schriftliche Aufgaben zu beginnen und zu beenden). Die Aggressivität gegenüber Gleichaltrigen reduzierte sich im Verlauf dieser Interventionen, so daß keine spezifische Intervention notwendig wurde. Die Aufmerksamkeitsstörung und die Rechtschreibstörung waren jedoch weiterhin deutlich ausgeprägt. Zur Verminderung der Rechtschreibstörung wurde eine Nachhilfe organisiert und angeleitet.

Obwohl sich die Symptomatik im Verlauf der halbjährlichen Behandlung sowohl in der Familie als auch in der Schule deutlich vermindert hatte, wurde zur weiteren Reduktion hyperkinetischer Symptome eine ergänzende medikamentöse Therapie mit Stimulanzien vorgeschlagen, die nun auch von den Eltern angenommen werden konnte. Nach organischer Abklärung wurde die Wirksamkeit einer Stimulanzientherapie in Kooperation mit der Klassenlehrerin ausgetestet (2 Wochen keine Medikation, 2 Wochen morgens 5 mg, 2 Wochen morgens 10 mg). Bei Einnahme einer Tablette am Morgen wurde die Aufmerksamkeitsstörung im Unterricht deutlich geringer und auch die hyperaktive und impulsive Restsymptomatik verminderte sich. Nachmittags stabilisierte sich das Verhalten in der Familie, so daß eine erneute Gabe am Mittag nicht indiziert war. Die Tic-Symptomatik, die sich bereits im Verlaufe der verhaltenstherapeutischen Interventionen reduziert hatte, verminderte sich während der Stimulanzientherapie weiter.

5.10 Nachkontrollen

Nach 30 Sitzungen wurde die psychotherapeutische Intensivbehandlung beendet und weitere Sitzungen wurden in zunächst vierwöchigem Abstand vereinbart. Die Stimulanzientherapie wurde fortgeführt und nach neun Monaten wurde per Auslaßversuch die Notwendigkeit einer Weiterführung bestätigt. Das Verhalten von Jan stabilisierte sich weiter; es gelang ihm schließlich auch, tragfähige Freundschaften zu entwickeln, und die Rechtschreibschwäche reduzierte sich schrittweise. Zu Beginn der vierten Klasse, nach insgesamt zweieinhalbjähriger Stimulanzientherapie, konnte die Medikation abgesetzt werden. Mit Unterstützung eines Token-Systems stabilisierte sich das Arbeitsverhalten im Unterricht auch nach Absetzen der Medikation. Nach dem Wechsel in die Realschule kam es erneut zu Anpassungsproblemen, die aber durch kurze psychosoziale Interventionen sowohl in der Familie als auch in der Schule behoben werden konnten.

6 Literatur

Abikoff, H. (1985). Efficacy of training interventions in hyperactive children. A critical review. The Clinical Psychological Review 5, 479-512.

Abikoff, H. (1987). An evaluation of cognitive behavior therapy for hyperactive children. In: Lahey, B.B. & Kadzin, A.E. (Eds.). Advances in clinical child psychology, Vol.10, S. 171-216, New York, Plenum.

Abikoff, H. (1991). Cognitive training in ADHD children: less to it than meets the eye. Journal of Learning Disabilities 24, 205-209.

Abikoff, H. & Gittelmann, R. (1985). Hyperactive children treated with stimulants: is cognitive training a useful adjunct? Archives of General Psychiatry 42, 953-961.

Abikoff, H. & Klein, R.G. (1992). Attention-deficit hyperactivity and conduct disorder: comorbidity and implications for treatment. Journal of Consulting and Clinical Psychology 60, 881-892.

Abikoff, H., Ganeles, D., Reiter, G., Blum, C., Foley, C.& Klein, R.G. (1988). Cognitive training in academically deficient ADDH boys receiving stimulant medication. Journal of Abnormal Child Psychology 16, 411-432.

Ackermann, P.T., Anhalt, J.M., Dykman, R.A. & Holcomb, P.J. (1986). Effortful processing deficits in children with reading and/or attention disorders. Brain and Cognition 5, 22-40.

Adler, L.A., Resnick, S., Kunz, M. & Devinsky, O. (1995). Open-label trial of venlafaxine in adult patients with attention deficit hyperactivity disorder. Psychopharmacology Bulletin 31, 785-788.

Ahmann, P.A., Waltonen, S.J., Olson, K.A., Theye F.W., Van-Erem, A.J. & LaPlant, R.J. (1993). Placebo-controlled evaluation of ritalin side effects. Pediatrics 91, 1101-1106.

Aman, M.G. & Turbott, S.H. (1991). Prediction of clinical response in children taking methylphenidate. Journal of Autism and Developmental Disorders 21, 211-227.

Aman, M.G. (1996). Stimulant drugs in developmental disabilities revisited. Journal of Developmental and Physical Disabilities 8, 347-365.

Aman, M.G., Kern, R.A., Osborne, P., Tumuluru, R., Rojahn, J. & del-Medico, V. (1997). Fenfluramine and methylphenidate in children with mental retardation and borderline IQ: Clinical effects. American Journal of Mental Retardation 101, 521-534.

American Academy of Child and Adolescent Psychiatry (1991). Practice parameters for the assessment and treatment of attention-deficit hyperactivity disorder. Journal of the American Academy of Child and Adolescent Psychiatry 30, I-III.

American Academy of Child and Adolescent Psychiatry (1997). Practice parameters for the assessment and treatment of children, adolescents and adults with attention-deficit /hyperactivity disorder. Journal of the American Academy of Child and Adolescent Psychiatry 36, 85S-121S.

American Academy of Pediatrics (1996). Committee on children with diabilities and committee on drugs. Medication for children with attentional disorders. Pediatrics 198, 301-304.

American Psychiatric Association (1994). Diagnostic and statistical manual of mental disorders DSM-IV. Washington, DC: American Psychiatric Association.

Anderson, J.C., Williams, S., McGee, R. & Silva, P.A. (1987). DSM-III disorders in preadolescent children: prevalence in a large community sample. Archives of General Psychiatry 44, 69-76.

Anesko, K.M., Schoiock, G., Ramirez, R. & Levine, F.M. (1987). The homework problem checklist: assessing children's homework difficulties. Behavioral Assessment, 9, 179-185.

Arbeitsgruppe Deutsche Child Behavior Checklist (1993a). Lehrerfragebogen über das Verhalten von Kindern und Jugendlichen; deutsche Bearbeitung der Teacher's Report Form der Child Behavior Checklist (TRF). Einführung und Anleitung zur Handauswertung, bearbeitet von M. Döpfner & P. Melchers. Köln: Arbeitsgruppe Kinder-, Jugend- und Familiendiagnostik (KJFD).

Arbeitsgruppe Deutsche Child Behavior Checklist (1993b). Elternfragebogen über das Verhalten von Kleinkindern (CBCL/2-3). Köln: Arbeitsgruppe Kinder-, Jugend- und Familiendiagnostik (KJFD).

Arbeitsgruppe Deutsche Child Behavior Checklist (1998a). Elternfragebogen über das Verhalten von Kindern und Jugendlichen; deutsche Bearbeitung der Child Behavior Checklist (CBCL/4-18). Einführung und Anleitung zur Handauswertung. 2. Auflage mit deutschen Normen, bearbeitet von M. Döpfner, J. Plück, S. Bölte, K. Lenz, P. Melchers & K. Heim. Köln: Arbeitsgruppe Kinder-, Jugend- und Familiendiagnostik (KJFD).

Arbeitsgruppe Deutsche Child Behavior Checklist (1998b). Fragebogen für Jugendliche; deutsche Bearbeitung der Youth Self-Report Form der Child Behavior Checklist (YSR). Einführung und Anleitung zur Handauswertung. 2. Auflage mit deutschen Normen, bearbeitet von M. Döpfner, J. Plück, S. Bölte, K. Lenz, P. Melchers & K. Heim. Köln: Arbeitsgruppe Kinder-, Jugend- und Familiendiagnostik (KJFD).

Armentano, M.E. (1995). Assessment, diagnosis, and treatment of the dually diagnosed adolescent. The Pediatric Clinics of North America 42, 479-490.

August, G.J., Stewart, M.A. & Holmes, C.S. (1983). A four-year follow-up of hyperactive boys with and without conduct disorder. The British Journal of Psychiatry 143, 192-198.

Barkley, R.A. (1981). Hyperactive children: A handbook for diagnosis and treatment. New York, Guilford Press.

Barkley, R.A. (1987). Defiant children. A clinician's manual for parent training. New York: Guilford.

Barkley, R.A. (1990). Attention-Deficit Hyperactivity Disorder: A handbook for diagnosis and treatment. New York, Guilford Press.

Barkley, R.A. (1991). The ecological validity of laboratory and analogue assessment methods of ADHD symptoms. Journal of Abnormal Child Psychology 19, 726-726.

Barkley, R.A. (1997). Behavioral inhibition, substained attention, and executive functions: Constructing a unifying theory of ADHD. Psychological Bulletin 121, 65-94.

Barkley, R.A. (1998) Attention-Deficit Hyperactivity Disorder: A Handbook for Diagnosis and Treatment, 2nd edition. New York, , Guildford Press.

Barkley, R.A., Copeland, A. & Sivage, C. (1980). A self-control classroom for hyperactive children. Journal of Autism and Developmental Disorders, 1, 75-89.

Barkley, R.A., DuPaul, G.J. & McMurray, M.B. (1991). Attention deficit disorder with and without hyperactivity: Clinical response to three dose levels of methylphenidate. Pediatrics 87, 519-531.

Barkley, R.A., Fischer, M., Edelbrock, C. & Smallish, L. (1993). The adolescent outcome of hyperactive children diagnosed by research criteria - III. Mother-child interactions, family conflicts and maternal psychopathology. Journal of Child Psychology and Psychiatry, 32, 233-255.

Barkley, R.A., Fischer, M., Edelbrock, C.S. & Smallish, L. (1990). The adolescent outcome of hyperactive children diagnosed by research criteria, I: an 8-year prospective follow-up study. Journal of the American Academy of Child and Adolescent Psychiatry 29, 546-557.

Barkley, R.A., Fisher, M., Edelbrock, C. S. & Smallish, L. (1991). The adolescent outcome of hyperactive children diagnosed by research criteria: III. Mother-child interactions, family conflicts, and maternal psychopathology. Journal of Child Psychology and Psychiatry 32, 233-256.

Barkley, R.A., Karlsson, J., Pollard, S. & Murphy, J. V. (1985). Developmental changes in mother-child interactions of hyperactive boys: Effects of two dose levels of Ritalin. Journal of Child Psychology and Psychiatry and Allied Disciplines 26, 705-715.

Barkley, R.A., McMurray, M.B., Edelbrock, C.S. & Robbins, K. (1991). Side effects of methylphenidate in children with attention deficit hyperactivity disorder: a systemic, placebo-controlled evaluation. Pediatrics 86, 184-192.

Barkley, R.A., DuPaul, G.J. & McMurray, M.B. (1990). Comprehensive evaluation of attention deficit disorder with and without hyperactivity as defined by research criteria. Journal of Consulting and Clinical Psychology 58, 775-789.

Barrickman, L., Noyes, R., Kuperman, S., Schumacher, E. & Verda, M. (1991). Treatment of ADHD with fluoxetine: a preliminary trial. Journal of the American Academy of Child and Adolescent Psychiatry 30, 762-767.

Barrickman, L., Perry, P., Allen, A., Kuperman, S., Arndt, S., Herrman, K. & Schumacher, E. (1995).

Bupropion versus methylphenidate in the treatment of attention-deficit hyperactivity disorder in adults. Journal of the American Academy of Child and Adolescent Psychiatry 34, 649-657.

Baumgaertel, A., Wolraich, M. & Dietrich, M. (1995). Comparison of diagnostic criteria for attention deficit disorders in a German elementary school sample. Journal of the American Academy of Child and Adolescent Psychiatry, 34, 629-638.

Bender, B. & Milgrom, H. (1992). Theophylline-induced behavior change in children: an objective evaluation of parents' perceptions. JAMA 267, 2621-2624.

Berkovitch, M., Pope, E., Philips, J. & Koren, G. (1995). Pemoline-associated fulminant liver failure: testing the evidence for causation. Clinical Pharmacological Therapeutics 57, 696-698.

Bezchlibnyk-Butler, K.Z., Jeffries, J.J. (Eds.) (1996).Clinical handbook of psychotropic drugs. Toronto, Hogrefe & Huber.

Biederman, J., Faraone, S. V., Keenan, K., Benjamin, J., Krifcher, B., Moore, C., Sprich-Buckminster, S., Ugaglia, K., Jellinek, M. S., Steingard, R., Spencer, T., Norman, D., Kolodny, R., Krau, I., Perrin, J., Keller, M. B. & Tsuang, M. T. (1992). Further evidence for family-genetic risk factors in attention deficit hyperactivity disorder; Patterns of comorbidity in probands and relatives in psychiatrically and pediatrically referred samples. Archives of General Psychiatry 49, 728-738.

Biederman, J., Faraone, S. V., Mick, E., Spencer, T., Wilens, T., Kiely, K., Guite, J., Ablon, J. S., Reed, E. & Warburton, R. (1995). High risk for attention deficit hyperactivity disorder among children of parents with childhood onset of the disorder: A pilot study. American Journal of Psychiatry 152, 431-435.

Biederman, J., Faraone, S., Mick, E.& Lelon, E. (1995). Psychiatric comorbidity among referred juveniles with major depression: fact or artifact? Journal of the American Academy of Child and Adolescent Psychiatry 34, 579-590.

Biederman, J., Faraone, S.V., Keenan, K., Steingard, R. & Tsuang, M.T. (1991). Familial association between attention deficit disorder and anxiety disorders. American Journal of Psychiatry, 148, 251-256.

Biederman, J., Gastfreind, D.R. & Jellinek, M.S. (1986). Desipramine in the treatment of children with attention deficit disorders. Journal of Clinical Psychopharmacology 6, 359-363.

Biederman, J., Munir, K. & Knee, D. (1987). Conduct and oppositional disorder in clinically referred children with attention deficit disorder: a controlled family study. Journal of the American Academy of Child and Adolescent Psychiatry 26, 724-727.

Biederman, J., Newcorn, J. & Sprich, S. (1991). Comorbidity of attention deficit hyperactivity disorder with conduct, depressive, anxiety, and other disorders. American Journal of Psychiatry, 148, 564-577.

Biederman, J.; Milberger, S.; Faraone, S. V.; Guite, J.; Warburton, R. (1994). Associations between childhood asthma and ADHD: Issues of psychiatric comorbidity and familiality. Journal of the American Academy of Child and Adolescent Psychiatry 33, 842-848.

Blank, R. (1995). Allergische Diathese bei Kindern mit hyperkinetischen Störungen und hyperkinetisches Verhalten bei Kindern mit Atopien. In: Steinhausen, H. C. (Hrsg.). Hyperkinetische Störungen im Kindes- und Jugendalter, 102-111. Stuttgart, Kohlhammer.

Bloomquist, M.L., August, G.J. & Ostrander, R. (1991). Effects of a school-based Cognitive-Behavioral Intervention for ADHD children. Journal of Abnormal Child Psychology, 19, 591-605.

Borcherding, B.G., Keysor, C.S., Rapoport, J.L., Elia, J. & Amass, J. (1990). Motor/vocal tics and compulsive behavior on stimulant drugs: is there a common vulnerability? Psychiatry Research 33, 83-94.

Botting, N., Powls, A., Cooke, R. W., Marlow, N. (1997). Attention deficit hyperactivity disorders and other psychiatric outcomes in very low birthweigt children at 12 years. Journal of Child Psychology and Psychiatry 38, 931-941.

Bowers, D.S., Clement, P.W., Fantuzzo, J.W., Soren, D.A. (1985). Effects of teacher-administered and self-administered reinforcers on learning disabled children. Behavior Therapy 16, 357-369.

Brown, R.T. (1980). Impulsivity and psychoeducational intervention in hyperactive children. Journal of Learning Disabilities 13, 249-254.

Brown, R.T., Borden, K.A., Wynne, M.E. Schleser, R. & Clingerman S.R. (1986). Methylpenidate and cognitive therapy with ADHD children: a methodological reconsideration. Journal of Abnormal Child Psychology 14, 481-497.

Brown, R.T., Wynne, M.E. & Medenis, R. (1985). Methylphenidate and cognitive therapy: A comparison of treatment approaches with hyperactive boys. Journal of Abnormal Child Psychology 13, 69-87.

Brühl, B., Döpfner, M. & Lehmkuhl, G. (2000). Der Fremdbeurteilungsbogen für hyperkinetische Störungen (FBB-HKS) - Prävalenz hyperkinetischer Störungen im Elternurteil und psychometrische Kriterien. Kindheit und Entwicklung 9, 115-125.

Burd, L., Kerbeshian, J. & Fisher, W. (1987). Does the use of phenobarbital as an anticonvulsant permanently exacerbate hyperactivity? Canadian Journal of Psychiatry 32, 10-13

Calis, K.A., Grothe, D.R. & Elia, J. (1990). Attention deficit hyperactivity disorder. Journal of Clinical Psychopharmacology 9, 632-642.

Cameron, J.R. (1978). Parental treatment, children´s temperament, and the risk of childhood behavioral problems: Initial temperament, parental attitudes, and the incidence and form of behavioral problems. American Journal of Orthopsychiatry 48, 140-147.

Cameron, M.E. & Robinson, V.M.J. (1980). Effects of cognitive training on academic and on-task behavior of hyperactive children. Journal of Abnormal Child Psychology 8, 405-420.

Camp, B.W. & Bash, M.A. (1981). Think aloud: Increasing social and cognitive skills – a problem-solving program for children. Campain, IL, Research Press.

Campbell, S.B. (1987). Parent-referred problem three-year-olds: Developmental changes in symptoms. Journal of Child Psychology and Psychiatry 28, 835-845.

Campbell, S.B. (1990). Behavior problems in preschool children. New York, Guilford.

Campbell, S. B.; Breaux, A. M.; Ewing, L. J. & Szumowski, E. K. (1986a). Correlates and predictors of hyperactivity and aggression: a longitudinal study of parent-referred problem preschoolers. Journal of Abnormal Child Psychology, 14, 217-234.

Campbell, S. B.; Ewing, L. J.; Breaux, A. M. & Szumowski, E. K. (1986b). Parent-referred problem three-year-olds: follow-up at school entry. Journal of Child Psychology and Psychiatry 27, 473-488.

Cantwell, D. P. (1996). Attention Deficit Disorder: A Review of the Past 10 Years. Journal of the American Academy of Child and Adolescent Psychiatry 35, 8, 978-987.

Cantwell, D.P., Swanson, J.& Connor, D.H., (1997). Case study: adverse response to clonidine. Journal of the American Academy of Child and Adolescent Psychiatry 36, 539-544.

Carter, C. M.; Urbanowiwicz, M.; Hemsley, R.; Mantilla, L.; Strobel, S.; Graham, P. J. & Taylor, B. (1993). Effects of a few food diet in attention deficit disorder. Archives of Disorders in Childhood 69, 564-568.

Castellanos, F.X., Giedd, J.N., Elia, J., Marsh, W.L., Ritchie, G.F., Hamburger, S.D. & Rapoport, J.L. (1997). Controlled stimulant treatment of ADHD and comorbid Tourette´s syndrome: effects of stimulant and dose. Journal of the American Academy of Child and Adolescent Psychiatry, 36, 589-596.

Cohen, M.L., Kelly, P.C. & Atkinson, A.W. (1989). Parent, teacher, child: a trilateral approach to attention deficit disorder. American Journal of Diseases in Children 143, 1229-1233.

Cohen, P., Cohen, J., Kasen, S., Velez, C.N., Hartmark, D., Johnson, J., Rojas, M., Brook, J. & Streuning, E.L. (1993). An epidemiological study of disorders in late childhood and adolescence. I: age and gender specific prevalence. Journal of Child Psychology and Psychiatry 34, 851-867.

Cohen, N.J., Sullivan, J., Minde, K., Novack, C. & Helwig, C. (1981). Evaluation of the relative effectiveness of methylphenidate and cognitive behavior modification in the treatment of kindergarten-aged hyperactive children. Journal of Abnormal Child Psychology 9, 43-54.

Comings, D.E. (1990). Tourette syndrome and human behavior. Duarte, CA, Hope Press.

Comings, D.E. & Comings, D.G. (1987). Tourette-syndrome and attention deficit hyperactivity disorder. Archives of General Psychiatry 44, 1023-1025.

Conners, C.K. (1990). Conners‘ rating scales manual. New York, Multi-Health Systems.

Conners, C.K., Casat, C.D., Gualtieri, C.T., Weller, E., Reader, M., Reiss, A., Weller, R.A., Khayrallah,

M. & Ascher, J. (1996). Bupropion hydrochloride in attention deficit disorder with hyperactivity. Journal of the American Academy of Child and Adolescent Psychiatry 35, 1314-1321.

Conners, C.K., Wells, K.C., Erhardt, D. (1994) Multimodality therapies: methodologic issues in research and practice. Child and Adolescent Psychiatric Clinic in North America 3, 361-377.

Creer, L.T. & Gustafson, K.E. (1989). Psychological problems associated with drug therapy in childhood asthma. Journal of Pediatrics 115, 850-855.

Cruikshank, B. M., Eliason, M., Merrifield, B. (1988). Long-term sequelae of water near-drowning. Journal of Pediatric Psychology 13, 379-388.

Crumrine, P.K., Feldman, H.M., Teodori, J., Handen, B.L. & Alvia, R.M. (1997). The use of methylphenidate in children with seizures and attention deficit disorder. Annual Neurology 22, 441-442.

Crijnen, A.A., Achenbach, T.M. & Verhulst, F.C. (1999). Problems reported by parents of children in multiple cultures: The Child Behavior Checklist syndrome constructs. American Journal of Psychiatry 156, 569-574.

Cyr, M. & Brown, C.S. (1998). Current drug therapy recommendations for the treatment of attention deficit hyperactivity disorder. Drugs 56, 215-223.

Deutsche Gesellschaft für Kinder- und Jugendpsychiatrie und Psychotherapie, Berufsverband der Ärzte für Kinder- und Jugendpsychiatrie und Psychotherapie in Deutschland, Bundesarbeitsgemeinschaft der leitenden Klinikärzte für Kinder- und Jugendpsychiatrie und Psychotherapie (2000). Leitlinien für Diagnostik und Therapie, Kinder- und Jugendpsychiatrie und –psychotherapie. Deutscher Ärzte Verlag. Internet: www.uni-duesseldorf.de/www/awmf.

Diamond, I.R., Tannock, R. & Schachar, R.J. (1999). Response to methylphenidate in children with ADHD and comorbid anxiety. Journal of the American Academy of Child and Adolescent Psychiatry 38, 402-409.

Dilling, H., Mombour, W. & Schmidt, M.H. (1991). Internationale Klassifikation psychischer Störungen ICD-10 Kapitel V (F). Klinisch-diagnostische Leitlinien. Bern: Huber.

Dilling, H., Mombour, W. & Schmidt, M.H. (1994). Internationale Klassifikation psychischer Störungen ICD-10 Kapitel V (F). Forschungskriterien. Bern: Huber.

Döpfner, M. (1993). Wirksamkeit teilstationärer Behandlung. In M. Döpfner & M. Schmidt (Hrsg.), Kinderpsychiatrie - Vorschulalter (165-183). München: Quintessenz.

Döpfner, M. (1998). Verhaltenstherapie bei Verhaltensstörungen im Kindes- und Jugendalter. Verhaltenstherapie und Verhaltensmedizin 19, 171-206.

Döpfner, M. (2000). Hyperkinetische Störungen. In Petermann, F. (Hrsg.) Lehrbuch der klinischen Kinderpsychologie, 4. Auflage 153 - 189. Göttingen, Hogrefe.

Döpfner, M., Berner, W., Flechtner, H., Lehmkuhl, G. & Steinhausen, H.-C. (1998b) Psychopathologisches Befund-System für Kinder und Jugendliche (CASCAP-D): Befundbogen, Glossar und Explorationsleitfaden. Göttingen, Hogrefe.

Döpfner, M., Berner, W., Fleischmann, T. & Schmidt, M.H. (1993). Verhaltensbeurteilungsbogen für Vorschulkinder (VBV). Weinheim, Beltz.

Döpfner, M., Berner, W. & Schmidt, M.H. (1989). Effekte einer teilstationären Behandlung verhaltensauffälliger und entwicklungsrückständiger Vorschulkinder. Zeitschrift für Kinder- und Jugendpsychiatrie 17, 131-139.

Döpfner, M., Breuer, D. & Lehmkuhl, G. (2000c) The Cologne Mulitmodal Intervention Study (COMIS): Study design and overall treatment outcomes. Paper submitted for publication.

Döpfner, M., Frölich, J. & Lehmkuhl, G. (2000e). Ratgeber Hyperkinetische Störungen. Informationen für Betroffene, Eltern, Lehrer und Erzieher. Göttingen, Hogrefe.

Döpfner, M. & Lehmkuhl, G. (1993). Zur Notwendigkeit von Qualitätsstandards in der Kinder- und Jugendpsychiatrie. Zeitschrift für Kinder- und Jugendpsychiatrie, 21, 188-193.

Döpfner, M. & Lehmkuhl, G. (1997). Von der kategorialen zur dimensionalen Diagnostik. Praxis der Kinderpsychologie und Kinderpsychiatrie 46, 519-547.

Döpfner, M. & Lehmkuhl, G. (1998a). Diagnostik-System für psychische Störungen im Kindes- und Jugendalter nach ICD-10 und DSM-IV (DISYPS-KJ). Bern, Huber.

Döpfner, M. & Lehmkuhl, G. (1998b). Die multimodale Therapie von Kindern mit hyperkinetischen Störungen: I. Indikation und medikamentöse Interventionen. Der Kinderarzt 29, 171-181.

Döpfner, M. & Lehmkuhl, G. (1998c). Die multimodale Therapie von Kindern mit hyperkinetischen Störungen, Teil II: Psychologische Interventionen. Der Kinderarzt 29, 331-335.

Döpfner, M., Lehmkuhl, G. & Schürmann, S. (1996a). Das Therapieprogramm für Kinder mit hyperkinetischem und oppositionellem Problemverhalten (THOP) - Aufbau und Einzelfall-Evaluation. Zeitschrift für Kinder- und Jugendpsychiatrie und Psychotherapie 24, 145-163.

Döpfner, M., Lehmkuhl, G., Heubrock, D. & Petermann, F. (2000a). Diagnostik psychischer Störungen im Kindes- und Jugendalter. Leitfaden Kinder- und Jugendpsychotherapie, Band 2. Göttingen, Hogrefe

Döpfner, M., Lehmkuhl, G., Petermann, F. & Scheithauer, H. (2000b). Diagnostik psychischer Störungen. In Petermann, F. (Hrsg.) Lehrbuch der klinischen Kinderpsychologie, 4. Auflage 95-130. Hogrefe, Göttingen.

Döpfner, M., Plück, J., Berner, W., Fegert, J., Huss, M., Lenz, K., Schmeck, K., Lehmkuhl, U., Poustka, F. & Lehmkuhl, G. (1997c). Psychische Auffälligkeiten von Kindern und Jugendlichen in Deutschland - Ergebnisse einer repräsentativen Studie: Methodik, Alters-, Geschlechts- und Beurteilereffekte. Zeitschrift für Kinder- und Jugendpsychiatrie und Psychotherapie 25, 218-233.

Döpfner, M., Plück, J., Berner, W., Fegert, J.M., Huss, M., Lenz, K., Schmeck, K., Lehmkuhl, U., Poustka, F. & Lehmkuhl, G. (2000d). Covariation and comorbidity of empircally based syndroms in matched clinical and general population samples. Paper submitted for publication.

Döpfner, M. & Sattel, H. (1992) Verhaltenstherapeutische Interventionen bei hyperkinetischen Störungen im Vorschulalter. Zeitschrift für Kinder- und Jugendpsychiatrie, 19, 254-262.

Döpfner, M., Schmeck, K., Poustka, F., Berner, W., Lehmkuhl, G. & Verhulst, F. (1996b). Verhaltensauffälligkeiten von Kindern und Jugendlichen in Deutschland, den Niederlanden und den USA. Eine kulturvergleichende Studie mit der Child Behavior Checklist. Nervenarzt, 67, 960-967.

Döpfner, M., Schürmann, S. & Frölich, J. (1998a). Das Therapieprogramm für Kinder mit hyperkinetischem und oppositionellem Problemverhalten (THOP), 2. korrigierte Auflage. Weinheim, Psychologie Verlags Union.

Döpfner, M., Schürmann, S. & Lehmkuhl, .G. (1999a). Wackelpeter & Trotzkopf. Hilfen bei hyperkinetischem und oppositionellem Verhalten. Weinheim, Psychologie Verlags Union.

Döpfner, M., Schürmann, S. & Lehmkuhl, G. (1997a). Hyperkinetische Störungen. In Petermann, F. (Hrsg.): Fallbuch der klinischen Kinderpsychologie 35-58. Göttingen: Hogrefe

Döpfner, M., Schürmann, S., Frölich, J., Quast, C., Wolff Metternich, T. & Lehmkuhl, G. (1997b). THOP - das Therapieprogramm zur Behandlung von Kindern mit hyperkinetischem und oppositionellem Problemverhalten. Kindheit und Entwicklung 6, 230-246.

Döpfner, M. & Wolff Metternich, T. (2000). Oppositionelle Verhaltensstörungen im Kindesalter: Behandlungsansätze und praktisches Vorgehen. Kindheit & Entwicklung (im Druck)

Douglas, V. (1975). Are drugs enough? To treat or train the hyperactive child. International Journal of Mental Health 4, 199-212.

Douglas, V. (1980). Treatment and training approaches to hyperactivity: Establishing internal or external control. In: Wahlen, C.K. & Henker, B. (Eds.). Hyperactive children. The social ecology of identification and treatment, 283-318. New York, Academic Press.

Dubey, D.R., O'Leary, S.G. & Kaufman, K.F. (1983). Training parents of hyperactive children in child management: A comparative outcome study. Journal of Abnormal Child Psychology, 11, 229-246.

Dulcan, M.K. (1990). Using psychostimulants to treat behavioral disorders of children and adolescents. Journal of Child and Adolescent Psychopharmacology 1, 7-20.

DuPaul, G.J., Barkley, R.A. & Connor, D.F. (1998). Stimulants. In: Barkley, R.A. (Ed.) Attention-deficit hyperactivity disorder, 510-551. New York, Guilford.

DuPaul, G.J., Barkley, R.A. & McMurray, M.B. (1994). Response of children with AHDH to methylphenidate: interaction with internalizing symptoms. Journal of the American Academy of Child and Adolescent Psychiatry 33, 894-903.

Earls, F. & Jung, K.G. (1987). Temperament and home environment characteristics as causal factors in the early development of childhood psychopathology. Journal of the American Academy of Child and Adolescent Psychiatry 26, 491-498.

Edelbrock, C.S., Rende, R., Plomin, R. & Thompson, L. (1995). A twin study of competence and problem behavior in childhood and early adfolescence. Journal of Child Psychology and Psychiatry 36, 775-786.

Egger, J. (1995). Möglichkeiten von Diätbehandlungen bei hyperkinetischen Störungen. In: Steinhausen, H. C. (Hrsg.), Hyperkinetische Störungen im Kindes- und Jugendalter, 128-135. Stuttgart, Kohlhammer.

Egger, J., Carter, C.M., Graham, P.J., Gumley, D. & Soothill, J.F. (1985). Controlled trial of oligoantigenic treatment in the hyperkinetic syndrome. Lancet, 1, 940-955.

Elia, J. (1993). Drug treatment for hyperactive children: therapeutic guidelines. Drug Safety 9, 38-50.

Elia, J., Borcherding, B.G., Rapoport, J.L. & Keysor, C.S. (1991). Methylphenidate and dextroamphetamine treatments of hyperactivity: are there true nonresponders? Psychiatry Research 36, 141-155.

Erenberg, G., Cruse, R.P. & Rothner A.D. (1985). Gilles de la Tourette's syndrome: effects of stimulant drugs. Neurology 29, 1346-1348.

Erhardt, D. & Baker, B.L. (1990). The effects of behavioral parent training on families with young hyperactive children. Journal of Behavior Therapy and Experimental Psychiatry, 21, 121-132.

Esser, G. & Schmidt, M. H. (1987). MCD-Leerformel oder Syndrom? Stuttgart, Enke.

Esser, G., Schmidt, M. & Woerner, W. (1990). Epidemiology and course of psychiatric disorders in school-age childen - results of a longitudinal study. Journal of Child Psychology and Psychiatry, 31, 243-263.

Evans, R.W., Gaultieri, C.T. & Hicks, R.E. (1986). A neuropathic substrate for stimulant drug effects in hyperactive children. Clinical Neuropharmacology 9, 264-281.

Ferguson, D.M. & Horwood, L.J. (1992). Attention deficit and reading achievement. Journal of Child Psychology and Psychiatry 33, 375-385.

Fine, S. & Johnson, C. (1993). Drug and placebo side effects in methylphenidate-placebo trial for attention deficit hyperactivity disorder. Child Psychiatry and Human Development 24, 25-30.

Firestone, P., Kelly, M.J., Goodman, J.T. & Davey, J. (1981). Differential effects of parent training and stimulant medication with hyperactives. Journal of the American Academy of Child Psychiatry, 20, 135-147.

Fischer, M. & Newby, R.F. (1991). Assessment of stimulant response in ADHD children using a refined multimethod clinical protocol. Journal of Clinical Child Psychology 20, 232-244

Fischer, M., Barkley, R.A., Edelbrock, C.S. & Smallish, L. (1990). The adolescent outcome of hyperactive children diagnosed by research criteria: II. academic, attentional , and neuropsychological status. Journal of Consulting and Clinical Psychology 58, 580-588.

Fischer, M., Barkley, R.A., Fletcher, K.E. & Smallish, L. (1993). The adolescent outcome of hyperactive children: III. predictors of psychiatric, academic, social, and emotional adjustment. Journal of the American Academy of Child and Adolescent Psychiatry 32, 324-332.

Friedling, C. & O'Leary, S. (1979). Effects of self-instructional training on second and third-grade hyperactive children: A failure to replicate. Journal of Applied Behavior Analysis 12, 211-219.

Frölich, J. (1993). Möglichkeiten des pädagogischen Umgangs mit hyperkinetischen Kindern mit Störungen des Sozialverhaltens im Alter von 6-12 Jahren. Universität Bonn, Dissertation.

Frölich, J., Döpfner, M., Berner, W. & Lehmkuhl, G. (2000). Effects of combined behavioral treatment with parent management training in ADHD. Paper, submitted for publication.

Gadow K.D., Nolan, E. Sprafkin, J. & Sverd, J. (1995a). School observations of children with attention-deficit hyperactivity disorder and comorbid tic disorder: effects of methylphenidate treatment. Journal of Developmental and Behavioral Pediatrics 16, 167-176.

Gadow, K.D., Werd, H. Sprafkin, J. Nolan, E. & Ezor, N. (1995b). Efficacy of methylphenidate for attention deficit hyperactivity disorder in children with tic disorder. Archives of General Psychiatry 52, 444-455.

Gammon, G.D. & Brown, T.E. (1993). Fluoxetine and methylphenidate in combination for treatment of attention deficit disorder and comorbid depressive disorder. Journal of Child and Adolescent Psychopharmacology 3, 1-10.

Gillberg, C., Melander, H., von Knorring, A.L., Janols, L.O., Thernlund, G., Hagglof, B., Eideval-Wallin, L., Gustafsson, P. & Knopp, S. (1997). Long-term stimulant treatment of children with attention-deficit hyperactivity disorder symptoms: a randomized, double blind, placobo-contorlled trial. Archives of General Psychiatry 54, 857-864.

Gillis, J. J., Gilger, J. W., Pennington, B. F. & Defries, J. C. (1992). Attention deficit disorder in reading-disabled twins: Evidence for a genetic etiology. Journal of Abnormal Child Psychology 20, 303-315.

Gittelman, R., Abikoff, H., Pollack, E., Klein, D.F., Katz, S. & Mattes, J.A. (1980). A controlled trial of behavior modification and methylphenidate in hyperactive children. In C.K. Wahlen & B. Henker (Eds.), Hyperactive children: The social ecology of identification and treatment (221-243). New York: Academic Press.

Gittelman, R., Mannuzza, S., Henker, R. & Bonagura, N. (1985). Hyperactive boys almost grown up: I. Psychiatric Status. Archives of General Psychiatry 42,937-947.

Gomez, R., Harvey, J., Quick, C., Scharer, I., Harris, G. (1999). DSM-IV AD/HD: Confirmatory Factor Models, Prevalence and Gender and Age Differences Based on Parent and Teacher Ratings of Australian Primary School Children. Journal of Child Psychology and Psychiatry, 40, 265-274.

Greenhill, L.L., Halperin, J.M. & Abikoff, H. (1999). Stimulant medications. Journal of the American Academy of Child and Adolescent Psychiatry 38, 503-512.

Griffith, J.D., Griffith, C., Carranza, J. & Miller, L.L. (1983). Bupropion: clinical assay for amphetamine-like abuse potential. Journal of Clinical Psychiatry 44, 206-208.

Gross-Tsur, V., Manor, O., Van der Meere, J., Joseph, A., & Shalev, R.S. (1997). Epilepsy and attention deficit hyperactivity disorder: is methylphenidate safe and effective? Journal of pediactrics 130, 670-674.

Gunning, B. (1992). A controlled trial of clonidine in hyperkinetic children (thesis). Department of Child and Adolescent Psychiatry. Academic Hospital Rotterdam. Sophia Children's Hospital Rotterdam.

Handen, B.L., Breaux, A.M., Janosky, J., McAuliffe, S., Feldman, H. & Gosling, A. (1992). Effects and noneffects of methylphenidate in children with mental retardation and ADHD. Journal of the American Academy of Child and Adolescent Psychiatry 31, 455-461.

Handen, B.L., Janosky, J., McAuliffe, S., Breaux, A.M. & Feldman, H. (1994). Prediction of response to methylphenidate among children with ADHD and mental retardation. Journal of the American Academy of Child and Adolescent Psychiatry 33, 1185-1193.

Harris, K.R. (1986). Self-monitoring of attentional behavior versus self-monitoring of productivity: Effects on task-behavior and academic response rate among learning disabled children. Journal of Abnormal Child Psychology 13, 417-423.

Hartsough, C.S. & Lambert, N.M.(1985). Medical factors in hyperactive and normal children: Prenatal, developmental, and health history findings. American Journal of Orthopsychiatry 55, 190-201.

Hechtman, L. & Abikoff, H. (1995). Multimodal treatment plus stimulants versus stimulant treatment in ADHD children: results from a two year comparative treatment study. Proceedings of the Annual Meeting of the American Academy of Child and Adolescent Psychiatry, 17 – 22. New Orleans.

Hedges, D., Reimherr, F.W., Rogers A., Strong, R. & Wender, P.H. (1995). An open trial of venlafaxine in adult patients with attention deficit hyperactivity disorder. Psychopharmacology Bulletin 31, 779-783.

Hinshaw, W., Henker, B. & Whalen, C. (1984a). Cognitive behavioural interventions for hyperactive boys: comparative and combined effects. Journal of Consulting and Clinical Psychology 52, 739-749.

Hinshaw, W., Henker, B., & Whalen, C. (1984b). Self-control in hyperactive boys in anger-inducing situations: effects of cognitive behavioural training and of methylphenidate. Journal of Abnormal Child Psychology 12, 55-77.

Horn, W.F., Ialongo, N., Greenberg, G., Packar, T.H. & Smith-Winberry, C.H. (1990). Additive effects of behavioral parent training and self-control therapy with attention deficit hyperactivity disordered children. Journal of Clinical Child Psychology, 19, 98-111.

Horn, W.F., Ialongo, N.S., Pascoe, J.M., Greenberg, G., Packard, T., Lopez, M., Wagner, A. & Puttler, L. (1991). Additive effects of psychostimulants, parent training, and self-control therapy with ADHD Children. Journal of the American Academy of Child and Adolescent Psychiatry 30, 233-240.

Hunt, R.D., Minderaa, R.B. & Cohen, D.J. (1985). Clonidine benefits children with attention deficit disorder and hyperactivity report of a double blind placebo crossover therapy. Journal of the American Academy of Child and Adolescent Psychiatry 24, 617-629.

Hunt, R.D., Minderaa, R.B. & Cohen, D.H. (1986). The therapeutic effect of clonidine in attention deficit disorder with hyperactivity: a comparison with placebo and methylphenidate. Psychopharmacology Bulletin 22, 229-236.

Hynd, G. W., Her, K. L., Novey, E. S., Eliopulos, D., Marshall, R., Gonzales, J. J. & Voeller, K. K. (1993). Attention-deficit hyperactivity-disorder and asymmetry of the caudate nucleus. Journal of Child Neurology 8, 339-347.

Hynd, G. W.; Semrud-Clikeman, M.; Lorys, A. R.; Novey, E. S.; Eliopulos, D. & Lyytinen, H. (1991). Corpus callosum morphology in attention deficit-hyperactivity disorder: morphometric analysis of MRI. Journal of Learning Disabilities 24, 141-146.

Ialongo, N.S., Horn, W.F., Pascoe, J.M., Greenberg, G., Packard, T., Lopez, M., Wagner, A. & Puttler, L. (1993). The effects of a multimodal intervention with attention - deficit hyperactivity disorder children: A 9-month follow-up. Journal of the American Academy of Child and Adolescent Psychiatry 32, 182-189.

Jacobsen, L.K., Chappell, P.& Woolston J.L. (1994). Bupropion and compulsive behavior. Journal of the American Academy of Child and Adolescent Psychiatry 33, 143-144.

Jacobvitz, D., Sroufe, L.A., Stewart, M. & Leffert, N. (1990). Treatment of attentional and hyperactivity problems in children with sympathomimetic drugs: a comprehensive review. Journal of the American Academy of Child and Adolescent Psychiatry 29, 677-688.

Jensen, P.S., Martin, D. & Cantwell, D.P. (1997). Comorbidity in ADHD: Implications for research, practice, and DSM-V. Journal of the American Academy of Child and Adolescent Psychiatry 36, 1065-1079.

Jensen, P.S., Shervette, R.E., Xenakis, S.N. & Richters, J. (1993). Anxiety and depressive disorders in attention deficit disorder with hyperactivity: New findings. American Journal of Psychiatry 150, 1203-1209.

Johnston, C., Pelham, W.E., Hoza, J. & Sturges, J. (1988). Psychostimulant rebound in attention deficit disordered boys. Journal of the American Academy of Child and Adolescent Psychiatry 27, 806-810.

Kendall, P.C. & Braswell, L. (1985). Cognitive-behavioural therapy for impulsive children. New York, Guilford Press.

Kent, J.D., Blader, J.C., Koplewicz, H.S., Abikoff, H. & Foley, C.A. (1995). Effects of late-afternoon methylphenidate administration on behavior and sleep in attention-deficit hyperactivity disorder. Pediatrics 96, 320-325.

Kiresuk, T.J. & Sherman, R.E. (1983): Goal attainment scaling: A general method for evaluating comprehensive community mental health programs. Community Mental Health Journal 4, 443-453.

Klein, R.G. & Mannuzza, S. (1988). Hyperactive boys almost grown up: III. Methylphenidate effects on ultimate height. Archives of General Psychiatry 45, 1131-1134.

Knye, K., Roth, N., Westhus, M. & Heine, A. (1996). Continuous Performance Test (CPT). Göttingen, Hogrefe.

Kolko, D., Bukstein, O. & Barron, J. (1999). Methyiphenidate and behavior modification in children with ADHD and comorbid ODD or CD: Main and incremental effects across settings. Journal of the American Academy of Child and Adolescent Psychiatry 38, 578-586.

Kovacs, M., Akiskal, H.S., Gatsonis, C. & Parrone, P.L. (1994). Childhood onset dysthymic disorder: clinical features and prospective naturalistic outcome. Archives of General Psychiatry 51, 365-374.

Kupermann, S., Johnson, B., Arndt, S., Lindgren, S. & Wolraich, M. (1996). Quantitative EEG differences in a nonclinical sample of children with ADHD and undifferentiated ADD. Journal of the American Academy of Child and Adolescent Psychiatry 35, 1009-1017.

Kupietz, S.S. (1991). Ritalin blood levels and their correlations with measures of learning. In: Greenhill, L.L. & Osmon, B.B. (Eds.). Ritalin: Theory and patient management, 247-256, New York, Mary Ann Liebert.

Kusch, M. & Petermann, F. (2000). Tiefgreifende Entwicklungsstörungen. In Petermann, F. (Hrsg.) Lehrbuch der klinischen Kinderpsychologie und -psychotherapie, 4. Auflage 431 - 452. Göttingen, Hogrefe.

Kutcher, S.P., Reiter, S., Gardner, D.M. & Klein, R.G. (1992). The pharmacotherapy of anxiety disorders in children and adolescents. Psychiatric Clinics of North America 15, 41-57.

Lahey, B.B., Piacentini, J.C., McBurnett, K., Stone, P., Hartdagen, S. & Hynd, G. (1988). Psychopathology in the parents of children with conduct disorder and hyperactivity. Journal of the American Academy of Child and Adolescent Psychiatry 27, 163-170.

Lambert, N.M., Hartwough, C.S., Sassone, C. & Sandoval, J. (1987). Persistence of hyperactivity symptoms from childhood to adolescence and associated outcomes. American Journal of Orthopsychiatry 57, 22-23.

Langer, D.H., Sweeney, K.P., Bartenbach, D.E., Davis P.M. & Menander K.B. (1986). Evidence of lack of abuse or dependence following pemoline treatment: results of a retrospective survey. Drug Alcohol Dependance 17, 213-227.

Lauth, G.W. (1993). Dortmunder Aufmerksamkeitstest – DAT-Ki. Göttingen, Hogrefe.

Lauth, G.W., Naumann, K., Roggenkämper, A. & Heine, A. (1996). Verhaltensmedizinische Indikation und Evaluation einer kognitiv-behavioralen Therapie mit aufmerksamkeitsgestörten/hyperaktiven Kindern. Zeitschrift für Kinder- und Jugendpsychiatrie und Psychotherapie, 24, 164 - 175.

Lauth, G.W. & Schlottke, P.F. (1995). Training mit aufmerksamkeitsgestörten Kindern. Weinheim, Psychologie Verlags Union.

Lavenstein, D. (1995). Neurologic comorbidity patterns / differential diagnosis in adult attention deficit disorder. In Nadeau, K.G. (ed.) A comprehensive guide to attention deficit disorder in adults, 74-92. New York, Brunner/Mazel.

Lehmkuhl, G., Döpfner, M., Plück, J., Berner, W., Fegert, J., Huss, M., Lenz, K., Schmeck, K., Lehmkuhl, U. & Poustka, F. (1998). Häufigkeit psychischer Auffälligkeiten und somatischer Beschwerden bei vier- bis zehnjährigen Kindern in Deutschland im Urteil der Eltern - ein Vergleich normorientierter und kriterienorientierter Modelle. Zeitschrift für Kinder- und Jugendpsychiatrie und Psychotherapie 26, 83-96.

Lehmkuhl, G., Adam, C. Döpfner, M. (1998). Impulskontrollgestörte Kinder und ihre weitere Entwicklung. In Klosterkötter, J. (Hrsg.) Frühdiagnostik und Frühbehandlung psychischer Störungen, 97-121. Berlin, Springer.

Loeber, R., Brinthaupt, V.P. & Green, S.M. (1988). Attention deficits, impulsivity, and hyperactivity with or without conduct problems: relationship to delinquency and unique contextual factors. In MacMahon, R.J. & Peters, R.D. (eds.) Behavior disorders of adolescence: research, intervention, and policy in clinical and scholl settings. New York, Plenum.

Lovejoy, M.C. & Rasmussen, N.H. (1990). The validity of vigilance tasks in differential diagnosis of children referred for attention and learning problems. Journal of Abnormal Child Psychology 18, 671-681.

Malony, M.J. & Schwan, J.S. (1995): Clonidine and sudden death. Journal of Pediatrics 96, 1176-1177.

Mannuzza, S., Klein, R.G., Bessler, A., Malloy, P. & Hynes, M.E. (1997). Educational and occupational outcome of hyperactive boys grown up. Journal of the American Academy of Child and Adolescent Psychiatry 36, 1222-1227.

Mannuzza, S., Klein, R.G., Bessler, A., Malloy, P. & LaPadula, M. (1993). Adult outcome of hyperactive boys. Archives of General Psychiatry 50, 565-576.

Manuzza, S., Klein, R.G., Bonagura, N. et al. (1991). Hyperactive boys almost grown up, V: replication of psychiatric status. Archives of General Psychiatry 48, 77-83.

Manuzza, S., Klein, R.G., Konig, P.H. et al. (1989). Hyperactive boys almost grown up, IV: criminality and its relationship to psychiatric status. Archives of General Psychiatry 46, 1073-1079.

Mannuzza, S., Klein, R., Bonagura, N., König,P.H. & Shenker, R. (1988). Hyperactive boys almost grown-up. II: Status of subjects without a mental disorder. Archives of General Psychiatry 45, 13-18.

Marcus, A. (1995). Einflüsse von Ernährung auf das Verhalten im Kindesalter - Hypothesen und Fakten. In: Steinhausen, H. C. (Hrsg.), Hyperkinetische Störungen im Kindes- und Jugendalter, 112-127. Stuttgart, Kohlhammer.

Marholin, D. & Steinman, W.M. (1977). Stimulus control in the classroom as a function of the behavior reinforced. Journal of Applied Behaviour Analysis, 10, 465-478.

McBurnett, K., Lahey, B.B. & Swanson, J.M. (1991). Ritalin treatment in attention deficit disorder without hyperactivity. In: Greenhill, L.L. & Osmon, B.B. (Eds.). Ritalin: Theory and patient management, 257-265, New York, Mary Ann Liebert.

McGee, R., Feehan, M., Williams, S., Partridge, F., Silva, P. & Kelly, A. (1990). DSM-III disorders in a large sample of adolescents. Journal of the American Academy of Child and Adolescent Psychiatry 23, 270-279.

McGee, R. & Share, D.L. (1988). Attention deficit-hyperactivity and academic failure: wich comes first and what should be treated? Journal of the American Academy of Child and Adolescent Psychiatry 27, 318-325.

McGee, R., Williams, S. & Silva P.A. (1984). Behavioral and developmental characteristics of aggressive, hyperactive, and aggressive-hyperactive boys. Journal of the American Academy of Child and Adolescent Psychiatry 23, 270-279.

McGee, R., Williams, S. & Silva, P. H. (1985). Factor structure and correlates of ratings of inattention, hyperactivity, and antisocial behavior in a large sample of 9-year-old children from the general population. Journal of Consulting and Clinical Psychology 53, 480-490.

McMahon, R.J. & Forehand, R. (1984). Parent training for the noncompliant child: Treatment outcome, generalization, and adjunctive therapy procedures. In R.F. Dangel & R.A. Polster (Eds.), Parent training: Foundations of research and practice (298-329). New York: Guilford.

McMahon, R.J. & Wells, K.C. (1989). Conduct disorders. In E.J. Mash & R.A. Barkley (Eds.), Treatment of childhood disorders (73-132). New York: Guilford.

Meichenbaum, D.H. & Goodmann, J. (1971). Training impulsive children to talk to themselves: A means of developing self-control. Journal of Abnormal Child Psychology, 77, 115-129.

Mick, E., Biederman, J. & Faraone, S. V. (1996). Is season of birth a risk factor for attention-deficit hyperactivity disorder? Journal of the American Academy of Child and Adolescent Psychiatry, 35(11), 1470-1476

Milberger, S., Biederman, J., Faraone, S.V., Murphy, J. & Tsuang, M.T. (1995). Attention deficit hyperactivity disorder and comorbid disorders: issues of overlapping symptoms. American Journal of Psychiatry, 152, 1793-1799.

Mintz, J. & Kiesler, D.J. (1982). Individualized measures of psychotherapy outcome. In: Kendall, P.C & Butcher, J.N (Eds.). Handbook of research methods in clinical psychology, 491-534. New York, Wiley.

Moffitt, T.E. & Silva, P.A. (1988). Self-reported deliquency, neuropsychological deficit, and history of attention deficit disorder. Journal of Abnormal Child Psychology 16, 553-569.

MTA Cooperative Group (1999a). A 14-month randomized clinical trial of treatment strategies for attention-deficit / hyperactivity disorder. Archives of General Psychiatry 56, 1073-1086.

MTA Cooperative Group (1999b). Moderators and Mediators of treatment response for children with attention-deficit / hyperactivity disorder. Archives of General Psychiatry 56, 1088-1096.

Nehra, A., Mullick, F., Ishak, K.G. & Zimmerman, H.J. (1990). Pemoline-associated hepatic injury. Gastroenterology 99, 1517-1519.

O'Leary, S.G. & Pelham, W.E. (1978). Behavior therapy and withdrawal of stimulant medication with hyperactive children. Pediatrics, 61, 211-217.

Pataki, C. Carlson, G., Kelly, K., Rapport, M.D. & Biancaniello, T. (1993). Side effects of methylphenidate and desipramine alone and in combination in children. American Journal of Psychiatry 32, 1065-1072.

Pelham, W.E. (1977). Withdrawal of a stimulant drug and concurrent behavioral intervention in the treatment of a hyperactive child. Behavior Therapy, 8, 473-479.

Pelham, W.E. (1985). The effects of stimulant drugs on learning and achievement in hyperactive and learning disabled children. In: Torgesen, J.K. & Wong, B. (Eds.). Psychological and educational perspectives on learning disabilities, 259-295, New York, Academic Press.

Pelham, W.E. (1993). Pharmacotherapy for children with attention-deficit hyperactivity disorder. School Psychology Review 22,199-227.

Pelham, W.E., Arofnoff, H.R., Midlam, J.K., Shapiro, C.J., Gnagy, E.M., Chronis, A.M., Onyango, A.N., Forehand, G., Nguyen, A. & Waxmonsky, J. (1999). A comparison of ritalin and adderall: Efficacy and time-course in children with attention-deficit / hyperactivity disorder. Pediatrics 103, 343.

Pelham, W.E. & Bender M.E. (1982). Peer relationships in hyperactive children. Description and treatment. In: Gadow, K. & Bialer, I. (Eds.). Advances in learning and behavioral disabilities: A research annual, Vol.1, Greenwich, CT, Jai Press.

Pelham, W.E., Bender, M.E., Caddell, J., Booth, S. & Moorer, S.H. (1985). Methylphendiate and children with attention deficit disorder. Archives of General Psychiatry, 42, 958-952.

Pelham, W.E., Greenslade, K.E., Vodde-Hamilton, M., Murphy, D.A., Greenstein, J.J., Gnagy, E.M., Guthrie, K.J., Hoover, M.D. & Dahl, R.E. (1990). Relative efficacy of long-acting stimulants on children with ADHD: a comparison of standard methylphenidate, sustained-release methylphenidate, sustained-release dextroamphetamine, and pemoline. Pediatrics 86, 226-237.

Pelham, W.E., Schnedler, R.W., Bologna, N.C. & Contreras, J.A. (1980). Behavioral and stimulant treatment of hyperactive children: A therapy study with methylphenidate probes in a within-subject design. Journal of Applied Behaviour Analysis, 13, 221-236.

Pelham, W.E., Schnedler, R.W., Bender, M.E., Nilsson, D.E., Miller, J., Budrow, M.S. & Ronnei, M. (1988). The combination of behavior therapy and methylphenidate in the treatment of attention deficit disorders: A therapy outcome study. In L. Bloomingdale (Ed), Attention deficit disorder; Vol. 3 (29-48). Oxford: Pergamon.

Pelham, W.E., Swanson, J.M., Furman, M.B. & Schwindt, H. (1995). Pemoline effects on children with ADHD: a time-response by dose-response analysis on classroom measures. Journal of the American Academy of Child and Adolescent Psychiatry 34, 1504-1513.

Pellock, J.M.(1996). Pharmacological treatment of children with attention deficit hyperactivity disorder syndrome: when to start and to stop. International Pediatrics 11, 295-299.

Pfiffner, L.J. & O'Leary, S.G. (1987). The efficacy of all-positive management as a function of the prior use of negative consequences. Journal of Applied Behavior Analysis, 20, 265-271.

Pfiffner, L.J., O'Leary, S.G., Rosen, L.A. & Sanderson, W.C. (1985a). A comparison of the effects of continuous and intermittent response cost and reprimands in the classroom. Journal of Child Psychology and Psychiatry, 14, 348-352.

Pfiffner, L.J., Rosen, L.A. & O'Leary, S.G. (1985b). The efficacy of an all-positive approach to classroom management. Journal of Applied Behaviour Analysis, 18, 257-261.

Physicians Desk Reference (1997). Cylert (Pemoline). Medical Economics, 415-416. Mont Valle, N.J.

Piacentini, J., Shaffer, D., Fisher P., Schwab-Stone, M., Davies, M. & Gioia, P. (1993). The diagnostic interview schedule for Children – revised version (DISC-R). III: concurrent criterion validity. Journal of the American Academy of Child and Adolescent Psychiatry 32, 658-665.

Pisterman, S. Mcgrath, P., Firestone, P., Goodman, J.T., Webster, I. & Mallory, R. (1989). Outcome of parent mediated treatment of preschoolers with attention deficit disorder with hyperactivity. Journal of Consulting and Clinical Psychology, 57, 628-635.

Plizka, S.R. (1989). Effect of anxiety on cognition, behavior, and stimulant response in ADHD. Journal of the American Academy of Child and Adolescent Psychiatry 28, 882-887.

Plizka, S.R. (1987). Tricyclic antidepressants in the treatment of children with attention deficit disorder. Journal of the American Academy of Child and Adolescent Psychiatry 26, 127-132.

Pliszka, S.R. (1998). Comorbidity of attention-deficit/hyperactivity disorder with psychiatric disorder: an overview. Journal of Clinical Psychiatry 59 (suppl. 7), 50-58.

Popper, C. (1995).Combining methylphenidate and clonidine: Pharmacologic questions and new reports about sudden death. Journal of Child and Adolescent Psychopharmacology 5, 157-166.

Quinn, P.O. & Rapoport, J.L. (1975). One-year follow-up of hyperactive boys treated with imipramine or methylphenidate. Archives of General Psychiatry 132, 241-245.

Rapport, M.D., Carlson, G.A., Kelly, K.L. & Pataki, C. (1993). Methylphenidate and desipramine in hospitalized children: I. Separate and combined effects on cognitive function. Journal of the American Academy of Child and Adolescent Psychiatry 32, 333-342.

Rapport, M.D. & Denney, D. (1997). Titrating methylphenidate in children with attention-deficit/ hyperactivity disorder: Is body mass predictive of clinical response? Journal of the American Academy of Child and Adolescent Psychiatry 36, 523-530.

Rapport, M.D., Denney, C., DuPaul, G.J. & Gardner, M.J. (1994). Attention deficit disorder and Methylphenidate: Normalization rates, clinical effectiveness, and response prediction in 76 children. Journal of the American Academy of Child and Adolescent Psychiatry, 33, 882-893.

Rapport, M.D., DuPaul, G.J. & Kelly, K.L. (1989). Attention-deficit hyperactivity disorder and methylphenidate: The relationship between gross body weight and drug response in children. Psychopharmacology Bulletin 25, 285-290.

Rapport, M.D., Murphy, A. & Bailey, J.S. (1982). Ritalin versus response cost in the control of hyperactive children: A within-subject comparison. Journal of Applied Behavior Analysis, 15, 20-31.

Reeve, E. & Garfinkel, B. (1991). Neuroendocrine and growth regulation: The role of sympathomimetic medication. In: Greenhill, L.L. & Osmon, B.B. (Eds.). Ritalin: Theory and patient management, 257-265, New York, Mary Ann Liebert.

Reeves, J.C., Werry, J.S., Elkind, G.S. & Zametkin, A. (1987). Attention deficit, conduct, oppositional, and anxiety disorders in children. II: clinical characteristics. Journal of the American Academy of Child and Adolescent Psychiatry 26, 144-155.

Richters, J.E., Arnold, L.E., Jensen, P.S., Abikoff, H., Conners, C.K., Greenhill, L.L., Hechtman, L., Hinshaw, S.P., Pelham, W.E. & Swanson, J.M. (1995). NIMH Collaborative multisite multimodal treatment study of children with ADHD: I. Background and rationale. Journal of the American Academy of Child and Adolescent Psychiatry 34, 987-1000.

Riddle, M.A., Geller, B. & Ryan, N. (1993). Another sudden death in a child treated with desipramine. Journal of the American Academy of Child and Adolescent Psychiatry 32, 792-797.

Riddle, M.A., Nelson, J.C., Kleinmann, C.S., Rasmusson, A., Leckman, J.G., King, R.A. & Cohen, D.J. (1991). Sudden death in children receiving Norpramin®: a review of three reported cases and commentary. Journal of the American Academy of Child and Adolescent Psychiatry 30, 104-108.

Robinson, P.W., Newby, T.J. & Ganzell, S.L. (1981). A token system for a class of underachieving hyperactive children. Journal of Applied Behavior Analysis, 14, 307-315.

Rothenberger A. (1991). Wenn Kinder Tics entwickeln. Stuttgart New York, Fischer.

Rowe K.J. & Rowe K.S. (1992,a,b). The relationship between inattentiveness in the classroom and reading achievement. Part A: Methodological Issues. Part B: An exploratory study. Journal of the American Academy of Child and Adolescent Psychiatry 31, 349-356, 357-368.

Saile, H. (1996). Metaanalyse zur Effektivitä psychologischer Behandlung hyperaktiver Kinder. Zeitschrift für Klinische Psychologie, 25, 190-207.

Sallee, F., Stiller, R., Perel, J.M. & Everett, G. (1989). Pemoline-induced abnormal involuntary movements. Journal of Clinical Psychopharmacology 9, 125-129.

Saß, H., Wittchen, H.-U. & Zaudig, M. (1996). Diagnostisches und statistisches Manual psychischer Störungen, DSM-IV. Göttingen: Hogrefe.

Satterfield, J.H., Satterfield, B. & Schell, A.M. (1987). Therapeutic interventions to prevent deliquenca in hyperactive boys. Journal of the American Academy of Child and Adolescent Psychiatry 26, 56-64.

Satterfield, J.H., Satterfield, B.T. & Cantwell, D.P. (1981). Three-year multimodality treatment study of 100 hyperactive boys. Pediatrics, 98, 650-655.

Scahill, L., Schwab-Stone, M., Merikangas, K.R., Leckman, J.F., Zhang, H. & Kasl, S. (1999). Psychosocial and clinical correlates of ADHD in a community sample of school-age children. Journal of the American Academy of Child and Adolescent Psychiatry 38, 976-984.

Schachar, R. & Tannock, R. (1993). Childhood hyperactivity and psychostimulants: a review of extended treatment studies. Journal of Child and Adolescent Psychopharmacology 3, 81-97.

Schlieper, A. Alcock, D., Beaudry, P., Feldman, W. & Leikin, L. (1991). Effect of therapeutic plasma cnoncentrations of theophylline on behavior, cognitive processing, and affect in children with asthma. Journal of Pediatrics 118, 449-455.

Schmidt, M.H., Esser, G. & Moll, G.H. (1991). Der Verlauf hyperkinetischer Syndrome in klinischen und Feldstichproben. Zeitschrift für Kinder- und Jugendpsychiatrie 19, 240-253.

Schulte-Körne, G., Deimel, W., Gutenbrunner, C., Hennighausen, K., Blank, R., Rieger, Ch. & Remschmidt, H. (1996). Der Einfluß einer oligoantigenen Diät auf das Verhalten von hyperkinetischen Kindern. Zeitschrift für Kinder- und Jugendpsychiatrie 24, 176-183

Schwab-Stone, M., Fisher, P., Piacentini, J., Shaffer, D., Davies, M. & Briggs, M. (1993). The diagnostic interview schedule for children – revised version (DISC-R). II: test-retest reliability. Journal of the American Academy of Child and Adolescent Psychiatry 32, 651-657.

Semrud-Clikeman, M., Biedermann, J., Sprich-Buckminster, S., Krifcher Lehrmann, B., Faraone, S.V. & Norman, D. (1992). Co-morbidity between ADDH and learning disability: a review and report in a clinically referred sample. Journal of the American Academy of Child and Adolescent Psychiatry 31, 439-448.

Shaffer, D. (1994). Editorial: attention deficit hyperactivity disorder in adults. American Journal of Psychiatry 151, 633-638.

Shaffer, D. & Greenhill, L. (1979). A critical note on a predictive validity of „the hyperkinetic syndrome.“ Journal of Child Psychology and Psychiatry 20, 61-72.

Shapiro, A.K. & Shapiro, E. (1981). Do stimulants provoke, cause or exacerbate tics and Tourette's syndrome? Comprehensive Psychiatry 22, 265-273.

Shapiro, S.K. & Garfinkel, C.D. (1986). The occurrence of behavior disorders in children: the interdependence of attention deficit disorder and conduct disorder. Journal of the American Academy of Child and Adolescent Psychiatry 25, 809-819.

Shaywitz, S.E. & Shaywitz, B.A. (1991). Attention deficit disorder: Diagnosis and role of Ritalin in management. In: Greenhill, L.L. & Osmon, B.B. (Eds.). Ritalin: Theory and patient management, 257-265, New York, Mary Ann Liebert.

Sieg, K. G., Gaffney, G. R., Preston, D. F. & Hellings, J. A. (1995). SPECT brain imaging abnormalities in attention deficit hyperactive disorder. Clinical Nuclear Medicine 20, 55-60.

Silva, R.R., Munoz, D.M. & Alpert, M. (1996). Carbamazepine use in children and adolescents with features of attention-deficit hyperactivity disorder: a meta-analysis. Journal of the American Academy of Child and Adolescent Psychiatry 35, 352-358.

Singer, H.S., Brown, H., Quaskey, S.,Rosenberg, L.A., Mellits, E.D. & Denckla, M.B. (1995). The treatment of attention-deficit hyperactivity disorder in Tourette syndrome: a double-blind placebo-controlled study with clonidine and desipramine. Pediatrics, 95 (1), 74-81.

Smalley, S. L., Bailey, J. N., Palmer, C., Cantwell, D. P., McGough, J. J., Del'Homme, M. A., Asarnow, J.R., Woodward, J.A., Ramsey, C. & Nelson, S.F. (1998). Evidence that the dopamine D4 receptor is a susceptibility gene in attention deficit hyperactivity disorder. Molecular Psychiatry 3, 370-372.

Smith, B.H., Pelham, W.E., Evans, W.H., Gnagy, E., Molina, B., Bukstein, O., Greiner, A., Myak, C., Presnell, M. & Willoughby, M. (1998). Dosage effects of methylphenidate on the social behavior of adolescents diagnosed with attention-deficit hyperactivity disorder. Experimental and Clinical Psychopharmacology 6, 187-204.

Spencer, T.J., Biederman, J., Harding, M., O'Donnell, D., Faraone, S.V. & Wilens, T.W. (1996). Growth deficits in ADHD children revisited: Evidence of disorder-associated growth delays? Journal of the American Academy of Child and Adolescent Psychiatry 35,1460-1469.

Spencer, T. Biederman, J., Steingard R. & Wilens, T. (1993). Bupropion exacerbates tics in children with attention deficit hyperactivity disorder and Tourette´s syndrome. Journal of the American Academy of Child and Adolescent Psychiatry 32, 211-214.

Spencer, T., Biederman, J., Wilens, T., Harding, M., O´Donnell, D. & Griffin, S. (1996). Pharmacotherapy of attention-deficit hyperactivity disorder across the life cycle. Journal of the American Academy of Child and Adolescent Psychiatry 35, 409-432.

Stein, M.A., Blondis, T.A., Schnitzler, E.R., O´Brien, T., Fishkin, J., Blackwell, B., Szumowski, E. & Roizen, N.J. (1996). Methylphenidate dosing: twice daily versus three times daily. Pediatrics 98, 748-756.

Steingard, R., Biedermann, J., Spencer, T., Wilens, T. & Gonzalez, A. (1993). Comparison of clonidine response in the treatment of attention-deficit hyperactivity disorder with and without comorbid tic disorders. Journal of the American Academy of Child and Adolescent Psychiatry 32, 350-353.

Steinhausen, H.C. (1995). Verlauf hyperkinetischer Störungen. In Steinhausen, H.C, (Hrsg.) Hyperkinetische Störungen im Kindes- und Jugendalter, 225-236. Stuttgart, Kohlhammer.

Swanson, J.M., Flockhart, D., Udrea, D., Cantwell, D., Connor, D. & Williams, L. (1996). Clonidine in the treatment of ADHD: Questions about safety and efficacy. Journal of Child and Adolescent Psychopharmacology 5, 301-304.

Swanson, J.M., Lerner, M. & Williams, L. (1995). More frequent diagnosis of ADHD. The New England Journal of Medicine 333, 944.

Swanson,J. M., Sonuhara, G. A., Kennedy, J. L., Regino, R., Fineberg, E., Wigal, E., LaHoste, G. J., Wigal, S. (1997). Association of the dopamine receptor D4 (DRD4) gene with a refined phenotype of attention deficit hyperactivity disorder (ADHD): A family-based approach. Manuscript submitted for publication.

Szatmari, P., Offord, D.R. & Boyle, M.H. (1989). Ontario child health study: prevalence of attention deficit disorder with hyperactivity, Journal of Child Psychology and Psychiatry 30, 219-230.

Tallmadge, J., Barkley, R. A. (1983). The interactions of hyperactive and normal boys with their mothers and fathers. Journal of Abnormal Child Psychology 11, 565-579.

Tannock, R. (1994). Attention deficit disorders with anxiety disorders. In: Brown, T.E. (Ed.). Subtypes of attention Deficit Disorders in Children, Adolescents and Adults. New York, American Psychiatric Press.

Tannock, R. (1998). Attention deficit hyperactivity disorder: Advances in cognitive, neurobiological, and genetic research. Journal of Child Psychology and Psychiatry 39, 65-100.

Tannock, R., Ickowicz, A. & Schachar, R. (1995). Differential effects of methylphenidate on working memory in ADHD children with and without comorbid anxiety. Journal of the American Academy of Child and Adolescent Psychiatry 34, 886-896.

Taylor, E. , Everitt, B., Thorley, G., Schachar, R., Rutter, M. & Wieselberg, H. M. (1986). Conduct disorder and hyperactivity: II. A cluster analytic approach to the identification of a behavioural syndrome. British Journal of Psychiatry 149, 768-777.

Taylor, E., Sandberg, S., Thorley, C. & Giles, G. (1991). The Epidemiology of Childhood Hyperactivity. New York, Oxford University Press.

Taylor, E., Sergeant, J., Doepfner, M., Gunning, B., Overmeyer, S., Möbius, H. & Eisert, H.G. (1998). Clinical guidelines for hyperkinetic disorder. European Child and Adolescent Psychiatry 7, 184-200.

Trommer, B.L., Hoeppner, J.B., Lorber, R. & Armstrong, K. (1988). Pitfalls in the use of a continuous performance test as a diagnostic tool in attention deficit disorder. Journal of Developmental and Behavioral Pediatrics 9, 339-345.

Trott, G.E. (1998). Stimulantien. In: Friese, J., Trott, G.R. & Mirren, G. (Eds.). Psychopharmaka im Kindes- und Jugendalter, 115-128, Stuttgart, Gustaf Fischer.

Trott, G.E., Friese, H.J., Menzel, M. & Nissen, G. (1992). Use of moclobenide in children with attention deficit hyperactivity disorder. Psychopharmacology Berlin, 106, 134-136.

Tryon, W.W. & Pinto, L.P. (1994). Comparing activity measurements and ratings. Behavior Modification 18, 251-261.

Unnewehr, S., Schneider, S. & Margraf, J. (Hrsg.). (1995). Diagnostisches Interview bei psychischen Störungen im Kindes- und Jugendalter. Berlin, Springer.

van den Oord, E. J. C., Boomsma, D. I. & Verhulst, F. C. (1994). A study of problem behaviors in 10- to 15-year-old biologically related and unrelated international adoptees. Behavior Genetics 24, 193-205.

Varley, C.K. & McClellan, J. (1997). Case study: two additional sudden deaths with tricyclic antidepressants. Journal of the American Academy of Child and Adolescent Psychiatry 36, 390-394.

Varni, J.W. & Henker, B. (1979). A self-regulation approach to the treatment of three hyperactive boys. Child Behavior Therapy 1, 171-192.

Weiss, G. & Hechtman, L.T. (1993). Hyperactive children grown up: ADHD in children, adolescents, and adults, 2nd edition. New York, Guilford.

Weiss, M. (1992). Psychoeducational intervention with the family, school, and child with attention-deficit/hyperactivity disorder. Child and Adolescent Psychiatric Clinic in North America 1, 467-479.

Wender, P.H. (1995). Attention deficit hyperactivity disorder in adults. New York, Oxford University Press.

Werry, J.S., Elkind, G.S. & Reeves, J.C. (1987a). Attention deficit, conduct, oppositional, and anxiety disorders in children: III. Laboratory differences. Journal of Abnormal Child Psychology, 15, 409-428.

Werry, J.S., Reeves, J.C. & Elkind, G.S. (1987b). Attention deficit, conduct, oppositional, anxiety disorders in children: I. A review of research on differentiating characteristics. Journal of the American Academy of Child and Adolescent Psychiatry, 26, 133-143.

Whittaker, A. H., Van Rossem, R., Feldman, J. F., Schonfeld, I. S., Pinto-Martin, J. A., Torre, C., Shaffer, D. & Paneth, N. (1997). Psychiatric outcomes in low-birth-weight children at age 6 years: Relation to neonatal cranial ultrasound abnormalities. Archives of General Psychiatry 54, 847-856.

Wilens, T.E., Biederman, J., Baldessarini, R.J., Geller, B., Schleifer, D., Spencer, T.J., Birmaher, B. & Goldblatt, A. (1996). Cardiovascular effects of therapeutic doses of tricaclic antidepressants in children and adolescents. Journal of the American Academy of Child and Adolescent Psychiatry 35, 1491-1501.

World Health Organization (1993). The ICD-10 classification of mental and behavioural disorders. Diagnostic criteria for research. Genf: World Health Organization.